大数据时代背景下高校思想政治教育创新

张婷婷　黄家福　李珊珊 ◎著

北京燕山出版社
BEIJING YANSHAN PRESS

图书在版编目（CIP）数据

大数据时代背景下高校思想政治教育创新 / 张婷婷，黄家福，李珊珊著. -- 北京 : 北京燕山出版社，2021.11

ISBN 978-7-5402-6234-1

Ⅰ. ①大… Ⅱ. ①张… ②黄… ③李… Ⅲ. ①高等学校－思想政治教育－研究－中国 Ⅳ. ①G641

中国版本图书馆 CIP 数据核字(2021)第 232670 号

大数据时代背景下高校思想政治教育创新

作　　者　张婷婷　黄家福　李珊珊
责任编辑　金贝伦　贾　玮
封面设计　白白古拉其
出版发行　北京燕山出版社有限公司
社　　址　北京市丰台区东铁匠营苇子坑 138 号 C 座
电　　话　010–65240430
邮　　编　100079
印　　刷　北京四海锦诚印刷技术有限公司
开　　本　787mm × 1092mm　1/16
字　　数　244 千字
印　　张　12
版　　次　2022 年 8 月第 1 版
印　　次　2022 年 8 月第 1 次印刷
定　　价　70.00 元

前　言

随着互联网技术的迅猛发展，如今“大数据”正在掀起一场前所未有的信息革命，伴随着数据技术的飞速发展，客观数据作为分析问题的手段，其重要性不言而喻。数据成为21世纪人类工作、生活的得力助手，它的发展深刻影响着人们生活的各个领域。

作为教育重要的一环，传统的大学生思想政治教育受到大数据的猛烈冲击，面临着全新的发展方向和发展格局。作为知识创新的主要阵地，高校更应该花大力气、下大功夫去采集、汇聚与合理利用大数据的相关技术。面对当今的高校大学生，高校思想政治教育者应该高瞻远瞩，充分利用大数据技术带来的机遇，将大学生思想政治教育的主体、客体、教育效果的方方面面进行革新，以便将高校思想政治工作落到实处。

对思想政治教育而言，大数据时代更是不可抗拒也无法逃避的新环境。大数据时代的到来为我国大学生思想政治教育工作带来新的契机，促进了对大学生大数据收集、挖掘和分析的积极性。这不仅有利于观察大学生群体的总体特征，实现大学生行为的预警及预测，还有助于探究个体大学生的偏好以及习惯，实现大学生思想政治教育的个性化。如何深刻理解大数据思想政治教育的内涵，把握其对传统的思想政治教育带来的挑战，探索网络大数据背景下高校大数据思想政治教育发展新模式，是现阶段辅导员队伍开展思想政治教育理论研究与实践的重要课题。

本书从大数据和大学生思想政治教育的基础理论出发，阐述了大数据时代高校思想政治教育的新环境、新内容转型，论述了大数据环境下高校思想政治教育的模式创新、路径创新，并且将此落到实处的措施和机制，对高校思想政治教育的未来发展进行了展望。本书内容充实，可为高校思想政治教育研究的人员提供参考。

本书在写作过程中，借鉴了很多相关的研究成果及著作、期刊、论文等，在此对有关的学者、作者表示诚挚的感谢。大数据时代高校思想政治教育创新研究是一个不断探索与完善的过程，因此书中可能还有很多缺漏和不足之处，恳请广大读者积极给予指正，以期完善本书。

目　录

第一章　大数据与高校思想政治教育

大数据时代的到来，引发了大学生思想政治教育的深刻变革。为研究大数据背景下的思想政治教育，我们需要首先剖析不同角度下的大数据与大学生思想政治教育的内涵。本章着重阐释思想政治教育视域下的大数据内涵以及大数据背景下的思想政治教育内涵。

第一节　大数据的内涵阐释

一、大数据的定义

大数据这个概念是由最先经历信息爆炸的学科，如天文学和基因学创造出来的。如今这个概念已经应用到了几乎所有人类致力于发展的领域中。

大数据并非一个确切的概念。最初，这个概念是指需要处理的信息量过大，已经超出了一般电脑在处理数据时所能使用的内存量，因此工程师们必须改进处理数据的工具。

大数据不仅包含数据的体量，而且强调数据的处理速度。在数据分析领域，大数据是前沿技术，大数据以及数据仓库、数据分析、数据安全、数据挖掘是IT行业时下最火爆的词汇，大数据的商业价值已经成为信息行业争相追逐的焦点。大数据包括各种互联网信息，更包括各种交通工具、生产设备和工业器材上的传感器，随时随地进行测量，不间断地传递着海量的信息数据。利用新处理模式，大数据具有更强的决策力和洞察力，能够优化流程，实现高增长率，处理海量的多样化信息资产。归根结底，大数据技术可以快速处理不同种类的数据，从中获得有价值的信息。

随着网络、传感器和服务器等硬件设施的全面发展，大数据技术促使众多企业融合自身需求，创造出难以想象的经济效益，实现巨大的社会价值。各行各业利用大数据产生极大增值和效益，表现出前所未有的社会能力，而绝不只是数据本身。所以，大数据可以定义为在合理时间内采集大规模资料，帮助使用者更有效决策的社会过程。

在今天，大数据被认为是一种人们在大规模数据的基础上可以做到的事情，大数据是人们获得新的认知、创造新的价值的源泉，大数据还为改变各种关系服务。

二、大数据的特点

通过对大数据定义的分析，结合相关资料，总结出大数据的特点如下：

（一）海量性（Volume）

Volume（容量）是指大数据巨大的数据量与数据的完整性。在 2011 年，全球被创建和被复制的数据总量为 1.8ZB（1.8 万亿 GB），到 2020 年这一数值增长到 64.2ZB，这就是大数据的创建和产生。随着互联网以及各种传感器技术的进步，每年产生的巨大的数据量，已经从 PB 级别发展到 EB 级别。1PB=100 万 GB，这个信息量据说相当于 100 万年新闻早报的总和；1EB=1024PB，根据计算，1EB 约等于 6626 亿部《红楼梦》，差不多可以抵 4462 个美国国会图书馆的数据存储量。

导致数据规模激增的原因有很多。首先是随着互联网络的广泛应用，使用网络的人、企业、机构增多，数据获取、分享变得相对容易。以前，只有少量的机构可以通过调查、取样的方法获取数据，同时发布数据的机构数量也很有限，人们难以在短期内获取大量的数据，而现在用户可以通过网络非常方便地获取数据，同时用户有意的分享和无意的点击、浏览都可以快速地提供大量数据。其次是随着各种传感器数据获取能力的大幅提高，人们获取的数据越来越接近事物本原，描述同一事物的数据量激增。早期的单位化数据是对原始事物进行了一定程度的抽象，数据维度低，数据类型简单，多采用表格的形式来收集、存储、整理，数据的单位、量纲和意义基本统一，存储、处理的只是数值而已，因此数据量有限，增长速度慢。而随着数据应用的发展，数据维度越来越高，描述相同事物所需的数据量越来越大。以当前最为普遍的网络数据为例，早期网络上的数据以文本和一维的音频为主，维度低，单位数据量小。近年来，图像、视频等二维数据大规模涌现，而随着三维扫描设备以及 Kinect 等动作捕捉设备的普及，数据越来越接近真实的世界，数据的描述能力不断增强，而数据量本身必将以几何级数增长。

数据量大还体现在人们处理数据的方法和理念发生了根本的改变。早期，人们对事物的认知受限于获取、分析数据的能力，一直利用采样的方法，以少量的数据来近似地描述事物的全貌，样本的数量可以根据数据获取、处理能力来设定。不管事物多么复杂，通过采样得到部分样本，数据规模变小，就可以利用当时的技术手段来进行数据管理和分析，如何通过正确的采样方法以最小的数据量尽可能分析整体属性成了当时的重要问题。随着技术的发展，样本数目逐渐逼近原始的总体数据，且在某些特定的应用领域，采样数据可能远不能描述整个事物，可能丢掉大量重要细节，甚至可能得到与事实完全相反的结论，因此，当今有直接处理所有数据而不是只考虑采样数据的趋势。使用所有的数据可以带来更高的精确性，用更多的细节来解释事物属性，同时必然使得要处理的数据量显著增多。

（二）多样性（Variety）

数据类型繁多，复杂多变是大数据的重要特性。以往的数据尽管数量庞大，但通常是事先定义好的结构化数据。结构化数据是将事物向便于人类和计算机存储、处理、查询的方向抽象的结果，结构化在抽象的过程中会忽略一些在特定的应用下可以不考虑的细节，只是对有用的信息进行抽取。处理此类结构化数据，只须事先分析好数据的意义以及数据间的相关属性，构造表结构来表示数据的属性，数据都以表格的形式保存在数据库中，数据格式统一，以后不管再产生多少数据，只须根据其属性，将数据存储在合适的位置，就可以方便地处理、查询，一般不需要为新增的数据显著地更改数据聚集、处理、查询方法，限制数据处理能力的只是运算速度和存储空间。这种关注结构化信息，强调大众化、标准化的属性使得处理传统数据的复杂程度一般呈线性增长，新增的数据可以通过常规的技术手段处理。

然而伴随着互联网络与传感器的飞速发展，非结构化数据大量涌现，而非结构化数据没有统一的结构属性，难以用表结构来表示，在记录数据数值的同时还需要存储数据的结构，增加了数据存储、处理的难度。而时下在网络上流动着的数据大部分都是非结构化数据，人们上网不只是看看新闻和发送文字邮件，还会上传下载照片、视频，发送微博等。同时，遍及工作、生活中各个角落的传感器也不断地产生各种半结构化、非结构化数据。像这些结构复杂、种类多样、规模巨大的半结构化、非结构化数据逐渐成为主流数据。现在非结构化数据量已占到数据总量的 75% 以上，且非结构化数据的增长速度比结构化数据的增长速度快 10 ～ 50 倍。在数据量激增的同时，新的数据类型层出不穷，已经很难用一种或几种规定的模式来表征日趋复杂、多样的数据形式，这样的数据已经不能用传统的数据库表格来整齐地排列、表示。大数据正是在这样的背景下产生的，大数据与传统数据处理最大的不同就是重点关注非结构化信息，大数据关注包含大量细节信息的非结构化数据，强调小众化、体验化的特性使得传统的数据处理方式面临巨大的挑战。

（三）价值性（Value）

价值性是指通过分析数据获得洞察力和价值，这是数据最重要的特征。数据的意义就在于发现价值、挖掘价值并为人们所用。目前人们最关切并且讨论最多的就是数据的意义，中国社科院信息化研究中心秘书长姜奇平认为：“数据只是客体，一旦离开主体的意义，就会事与愿违。大数据好还是不好，判断标准要看意义的有无：有意义的数据是智慧的，没有意义的数据只是垃圾。”①

其实，大数据时代并不存在所谓的数据垃圾，不能只看到现在的利用价值而否定存在未来价值的可能性。数据就像钻石矿一样神奇，在挖掘到首要价值之后仍能为人类带来更大的价值。所以，数据的价值不是仅考虑眼前的用途而忽略了未来可能被使用的各种方式，而是将它最基本的用途转变为未来的潜在用途。换言之，数据的价值是其所有可能用途的总和，即数据的“潜在价值”。数据的真实价值就如同漂浮在大海中的冰山，第一眼看到的仅是一角，而大部分价值则埋藏在表面之下。不可否认，在大数据时代产生的数据是海量的，但价值密度却远远不及传统关系型数据库中已有的数据。如何从庞大的数据里

① 姜奇平：《大数据的时代变革力量》，载《互联网周刊》2013 年第 1 期，第 34 页。

迅速挖掘出有价值的数据，是大数据时代给我们提出的重要课题。

（四）时效性（Velocity）

时效性是指海量数据在大数据技术的帮助下，处理速度更快，更快地满足实时性需求，遵循“1秒定律”，在本质上不同于传统的数据挖掘技术。传统媒体不仅有固定的传播周期，而且信息的生产与传播周期较长。新兴媒体的诞生，比如数字广播、移动电视、手机短信、触摸媒体等的出现，尤其是互联网的产生，使新鲜信息快速生产与传播，而且技术的变革使数据可以存储于网络或云端中，方便人们随时搜索、下载和利用。比如我们在百度输入一条查询信息，虽然后台必须经过大量计算迅速呈现，但是我们可以在一秒内看到结果，而不是等了一小时才看到结果。

要求数据的快速处理，是大数据区别于传统海量数据处理的重要特性之一。随着各种传感器和互联网络等信息获取、传播技术的飞速普及发展，数据的产生、发布越来越容易，产生数据的途径增多，个人甚至成了数据产生的主体之一，数据呈爆炸的形式快速增长，新数据不断涌现。快速增长的数据量要求数据处理的速度也要相应提升，才能使得大量的数据得到有效的利用，否则不断激增的数据不但不能为解决问题带来优势，反而成了快速解决问题的负担。同时，数据不是静止不动的，而是在互联网络中不断流动，且通常这样的数据的价值是随着时间的推移而迅速降低的，如果数据未能及时得到有效的处理就失去了价值，大量的数据就没有了意义。

此外，在许多应用中要求能够实时处理新增的大量数据，比如大量在线交互的电子商务应用就具有很强的时效性，大数据以数据流的形式产生、快速流动、迅速消失，且数据流量通常不是平稳的，会在某些特定的时段突然激增，数据的涌现特征明显，而用户对于数据的响应时间通常非常敏感。心理学实验证实，从用户体验的角度来看，用户可以容忍的最大极限可能只停留于瞬间（通常是指3秒钟），对于大数据应用而言，很多情况下都必须在1秒钟或者瞬间内形成结果，否则处理结果就是过时和无效的。在这种情况下，大数据要求快速、持续地实时处理。对不断激增的海量数据的实时处理要求，是大数据与传统海量数据处理技术的关键差别之一。

三、大数据的分类

依据数字集合的结构状态，大数据可分为“结构化数据”“半结构化数据”和“非结构化数据”三类。结构化的数据是指具有数据结构描述信息的数据，可以用固定模型来表示，包括预定义数据类型、格式和结构的数据；非结构化的数据是不方便用固定结构来表现的数据，通常将其保存成不同类型的文档；处于结构化数据和无结构的数据之间，具有可识别的模式并可以解析的文本数据文件称为半结构化的数据。

依据数据的应用类型，也可将大数据分为海量交易数据、海量交互数据和海量处理数据三类。海量交易数据主要指从ERP应用程序到数据仓库应用程序的在线交易处理，海量交互数据的来源主要为社交媒体，海量处理数据是指基于大数据的涌现处理数据密集型的架构。

四、思想政治教育中的大数据内涵

对思想政治教育工作而言，仅仅看到大数据的技术特征是不够的。我们认为思想政治教育大数据是一种“资源—技术—社会”三元一体化现象，它是以大数据资源为原材料，以智慧化技术手段为媒介，在思想政治教育的大数据理论指引下，由教育主体和教育客体的大数据思想政治教育实践所引起的一种社会性变革现象。我们可以从资源、方法、理论和实践四个要素及其互动来进行理解。

（一）大数据构成思想政治教育的资源

思想政治大数据资源是在全员、全程、全方位育人格局下，所有可以利用的与思想政治教育相关的数据和素材的集合。它既包括智慧教育环境下所产生的数据，也包含可以访问到的网络数据资源，以及可以运用于思想政治教育的精品素材等。这里强调大数据作为宝贵的思想政治教育资源。

（二）大数据形成思想政治教育的方法

思想政治大数据方法是大数据技术在思想政治教育领域中应用所形成的新方法。它将大数据技术（大数据集成、检索、分析、挖掘和呈现等）嵌入思想政治教育全过程，形成基于大数据的思想信息获取方法、基于大数据的思想信息分析方法、基于大数据的决策方法、以大数据为媒介的思想教育实施方法、采用大数据手段的信息反馈和调节评估方法等，从而形成基于大数据的思想政治教育方法，为思想政治教育工作提供新思路和新手段。

（三）大数据创新思想政治教育的理论

思想政治教育的大数据理论是思想政治教育理论在大数据时代的新发展。它融合思想政治教育的艺术性和科学性，以定量化和自动化为显著特征。具体表现在：以量化的方式记录思想政治教育的主客体活动，以自动化手段获取、分析思想政治教育信息，形成思想政治教育的科学化决策并加以实施，进而对思想政治活动的实施进行大数据评估和调节，从大数据中发现思想政治教育的新规律、新特点，形成大数据时代思想政治教育的新理论。

（四）大数据构筑思想政治教育的实践

从政治高度出发，以思想政治教育的目标为指导，规划和设计大数据思想政治教育实施路径，践行大数据支撑下的思想政治教育活动，同时对学生思想政治教育的组织架构、工作流程和管理机制等进行调整和再设计，形成大数据条件下的思想政治教育体系，以顺应大数据思想政治教育的时代需求。这里强调大数据对思想政治教育实践活动和整个思想政治教育体系的影响力。

综合上述四大要素，资源是基础，方法是途径，理论为升华，实践为落实。它们共同构筑成大数据思想政治教育的一个整体。

第二节　大学生思想政治教育的内涵分析

大学生思想政治教育是指教育者按照我国社会发展要求和大学生思想、品德和心理等规律，用一定的政治观点、思想观念、社会规范，对大学生施加有目的、有计划、有组织的教育影响，帮助他们形成符合我国社会所要求的思想品德政治的社会实践活动。分析大学生思想政治教育的内涵，有助于其与大数据有机结合，提升教育质量。

一、大数据时代大学生思想政治教育的理论基础

（一）人的全面发展理论

关于人的全面发展的内涵，马克思认为主要包括三方面内容：第一，人的体力全面发展；第二，人的智力全面发展；第三，个人社会关系全面发展。“思想政治教育的最高目的，在于促进人的自由而全面发展。”[①] 马克思在《关于费尔巴哈的提纲》中说：“人的本质并不是单个人所固有的抽象物。在其现实性上，它是一切社会关系的总和。”[②]

大学生思想政治教育的对象是高校学生，必须通过调动学生的积极性、创造性和主动性来实现其全面发展。第一，人的全面发展理论是大学生思想政治教育理论基础的重要组成部分。大数据具有数据量大、数据处理速度快等特征，使得师生之间的交往空间无限增大、交往方式层出不穷。但面对良莠不齐的数据时，大学生受到的负面影响会大幅度提高，由此思想意识变得负面消极，行为模式倒退和封闭。因此，大学生思想政治教育的主体要利用大数据技术，重视人的全面发展理论，引导学生自我价值和社会价值的实现。第二，人的全面发展理论能够促进大数据时代大学生思想政治教育者和教育对象的发展。大数据时代为高校师生提供了自由、平等的数据交流平台，使得大学生思想政治教育者少了些威严“死板”，多了些亲切和善与平易近人，也使得大学生个人的潜能在数据交流的平台上能够得到完美的激发。但由于大学生的思想和观念并没有达到成熟阶段，对于数据的选择以及分析还是会有一定的偏差，这就导致了小部分学生会在思想上走极端、在行为模式上不断出轨。因此，制定符合大学生自身发展规律的计划措施，促进大学生全面成长是高校思想政治教育的最终目标。

（二）社会学习理论

美国心理学家阿尔伯特·班杜拉于 1977 年最早提出了社会学习理论。[③] 该理论解释了

① 张耀灿等：《论马克思主义人学视野中思想政治教育的目的》，载《马克思主义与现实》2007 年第 6 期。
② 马克思等：《马克思恩格斯选集》第一卷，人民出版社 1995 年版。
③［美］阿尔伯特·班杜拉：《社会学习心理学》，吉林教育出版社 1988 年版。

人如何在社会环境中学习、形成发展自我的个性，重视人与环境的相互作用。[①] 班杜拉认为该理论是探讨个人的认知、行为与环境因素三者及其交互作用对人类行为的影响。[②]

对于当代大学生来说，大数据时代造就了一个新的社会环境，而大学生思想政治教育工作者如何充分利用好大数据的优势，形成最优化最有利于大学生成长的环境，是值得深入思考的。大学生群体作为一个特殊的社会群体，特别是对当代00后大学生来说，一切事物都是新奇且充满诱惑的，这个群体有他们独有的个性特征。对于处在大数据成长环境里的大学生，思想政治教育者应充分利用大数据技术的积极影响，引导其树立正确的三观，帮助他们更好地发展其个性。

（三）教育信息化理论

教育信息化的概念是在20世纪90年代伴随着信息高速公路的兴建而提出来的。[③] 尽管这一概念已在我国广泛使用，但目前对于其内涵众说纷纭，还没有形成一个统一的定义。

教育信息化是信息技术在教育中有效应用的一个过程，该过程高度重视以信息的观点对教育系统进行信息分析。在基础设施方面，侧重于计算机、投影仪及其相关辅助设备与各种网络基础设施的建设；在教学管理方面，力图实现自动化的管理方式：在技术操作方面，主要是运用计算机技术和远程通信技术；在资源储备方面，主要包括数字化的图书馆、各级各类教育网站等等；在相关人员方面，重视教师与学生信息化态度与信息素养的培养。

当前，大数据是信息技术发展的又一高峰，而大数据与教育的结合正是基于教育信息化进程的推进，大数据对我国高等教育发展的推动作用正是源于教育信息化对教育各层次的影响和变革。大学生思想政治教育作为我国高等教育的重要组成部分，其教育理念、教育模式、教育机制都必须借助于信息技术的力量，以此实现大学生思想政治教育的信息化。

高校思想政治教育研究者和实践工作者应该树立思想政治教育信息化观念，努力提升自身信息化水平，充分利用大数据技术，构建“大数据＋思想政治教育”的实践模式。通过大数据技术手段，把理论的、文本的思想政治内容以喜闻乐见、易于接受的信息符号影响受教育者，从而提高大学生思想政治教育的实效性。

（四）把关人理论

把关人理论最早由美国社会心理学家库尔特·卢因在其1947年发表的《群体生活的渠道》一书中提出。通俗地说，“把关人”理论指的是：“在大众传播过程中，有一个负责搜集、过滤、处理传播信息的‘把关人’，这种行为称之为把关。”[④]

① ［美］阿尔伯特·班杜拉：《社会学习心理学》，吉林教育出版社1988年版。
② 同上。
③ 秦如祥：《教育信息化的概念、特征和目的》，载《理论探索》2004年第3期，第63页。
④ 库尔特·卢因：《群体生活的渠道》，中国传媒大学出版社2002年版。

在大数据背景之下，大学生思想政治教育工作者充当了数据信息的把关人，教育者通过多种渠道搜集出大量相关数据，并从大量数据中筛选出负面的信息数据，经过精细的处理和分析，那些准确有效的信息被认为是有价值的具有指导意义的信息，将会被保留下来，而那些无用的数据信息则被剔除直至慢慢消失。大学生思想政治教育者可以充分利用这些已被精心处理过的数据信息来指导思想政治教育实践工作，引导大学生朝正确的方向发展。

（五）思想政治教育方法论

思想政治教育方法论可以说是思想政治教育学科的一个分支理论，王玄武编写的《思想政治教育方法论》一书是学术界公认的有关于思想政治教育方法论研究的始端。思想政治教育方法是教育者与教育对象间交流沟通的重要手段，也是连接教育内容与目标的重要桥梁。

思想政治教育方法的好坏直接决定着思想政治教育的成效，因此，好的方法对大学生思想政治教育的实践效果具有至关重要的作用。在新的时代背景下，以往的传统说教式的思想政治教育方法已经不能满足现代思想政治教育的新要求了，大学生思想政治教育者必须紧跟社会形势，采取新的有效教育方法，确保教育具有实效性。在大数据背景下的新技术可以带来截然不同的教育方式，通过收集学生们的数据信息，提取最有效的信息内容纳入教学中，来改善教学效果，让学生主动参与到学习中来。

二、大数据时代大学生思想政治教育的理念与原则

（一）大数据时代大学生思想政治教育的理念

1. 个性化教育理念

个性化教育理念指根据数据分析结论和思想行为的可视化“描述”，针对不同教育对象采用相应教育对策的教育过程。大数据以种类丰富、质量高端、免费共享等教育资源优势，开启了个性化教育的新时代。大数据的价值，不仅在于数据搜集、挖掘和分析，更重要的是基于数据分析对特定学生群体或个别学生提供适合其思想需求特点的个性化教育公共产品。对此，一方面教师要根据数据呈现的问题，有针对性地对学生群体或个别学生进行以讲座、座谈、社会实践、观看影视等为主要形式的教育辅导；另一方面学生要根据数据分析结论，开展自主性学习，基于多样性、共享性和互动性的网络教育资源，根据自身知识状况、能力水平，自主选择多样学习方式并完成学习目标，如学生可以通过国内外“慕课”方式，开展个人自主网络学习或自组学习团队共同研讨学习，从而激发学生自主学习的兴趣和激情，提高学生个性化学习的动力和效果。

2. 精准研判理念

精准研判理念是指基于动态数据分析和关键热词评估，对学生的舆论舆情、思想行为的发展趋势能够做出准确的预测判断。在大数据时代，获取的是全体学生的相关数据，不

会受局部错误或个体差异干扰，能够准确把握相关因素的客观性、实证性的内在关系，从而做出精准关系判断。对思想政治教育而言，根据大学生在学习、生活、社会交往等方面呈现出的数据（包括网络行为、消费行为、宿舍门禁行为、图书馆学习行为等），能够基于数据相关关系，对学生思想行为进行整体性、全面性数据评估，判断出近期学生的舆情动态、思想状态、价值导向、心理预警等等，从而为做出有针对性的舆情对策、思想教育或心理干预提供科学依据。

（二）大数据时代大学生思想政治教育的原则

1. 可视化原则

可视化原则指基于一体化数据库不同需求分析，学生思想行为能够以图表、曲线等方式具体呈现。根据不同的需求，基于不同的大数据运算方法，利用大数据分析技术，挖掘出具有潜在价值的信息，对学生进行全面精准的画像，并以简洁明了的方式呈现给各职能部门，帮助高校思想政治教育工作者全方位认识学生，更好地把握学生动态，了解学生，更好地在学业和思想上引导学生，帮助职能部门更好地管理校园、服务于学生。

2. 个性化原则

个性化原则指根据数据分析结论，对不同类别的对象施以不同的教育方式。与传统思想政治教育理论课面向全体学生、统一评判标准和注重整体质量相比，大数据思想政治教育能够有根据地解析出学生思想行为的特点，对学生或学生群体进行“精准画像”，并以此为基础对个体学生或学生群体进行有针对性的分类教育。如根据数据呈现的不同年级学生所关注社会热点、理论困惑等的差异，根据不同群体的爱好特点，开展分众化的、有针对性的思想政治教育。

3. 即时性原则

即时性原则指基于学生思想行为数据的动态分析，且能够根据数据公式，即时呈现当前学生思想行为的基本态势。与传统思想政治教育课堂教学偏重单向度知识传授，不注重及时了解教学效果反馈和学生思想动态相比，大数据思想政治教育能够通过系统性网络平台数据分析，迅速地了解和抓取学生的课堂评价、学生关注偏向、社会热点、思想困惑等问题，形成即时图式，呈现出思想政治教育从效果、形式到学生关注热点的排序。在实践教学中，根据最新数据分析结论，及时调整教学进程、教学重点或开展有针对性的课堂研讨、专题讲座、社会实践调查等活动，以这些方式化解学生思想行为存在的问题。

三、大数据时代大学生思想政治教育的特征

大数据时代，传统的大学生思想政治教育受到巨大冲击，大学生的思想政治教育工作面临着挑战和考验，教育工作者的教学模式、思维路径和主导意识都需要重新做出认识和调整。因此，深刻理解大数据时代大学生思想政治教育的特征，有利于顺应时代发展潮

流，识别和洞悉大数据时代下大学生思想政治教育工作面临的挑战，牢牢抓住大数据带来的机遇，并在此基础上探索、找出高校大数据思想政治教育新策略。这是大数据时代背景下高校进行大学生思想政治教育的必要工作之一。大数据时代大学生思想政治教育的特征如下：

（一）全面化

与传统的大学生思想政治教育模式相比，大数据时代大学生思想政治教育模式涉及的知识面更宽泛和全面。主要表现为两方面：

一是大数据时代大学生思想政治教育的调查对象不再来自随机样本，采集的信息也不再是部分学生的少数样本数据，而是全体高校大学生的全部数据信息。在大数据时代，通过利用已掌握的全部数据，对大学生思想政治教育进行分析，能够准确分析所有高校大学生的思想动态和行为特征。摒弃了以往所依赖的问卷和访谈等调查，即通过一系列的记录、储存、分析等获得部分样本数据，以此来得出涵盖全部个体的结论。

二是大数据分析方法得出的数据更为客观真实。传统的调查是在已知的情况下进行，不能完全反映高校大学生真正的思想和状态。而大数据分析方法是在大学生完全不知情或是没有察觉的情况下获得数据，获悉所有大学生的思想动态和行为走向的同时，能够掌握他们最自然、最真实的状态，获得准确的研究指标数据，并在此基础上进行探讨和分析，最终得出更有说服力的较为客观的结论。

（二）繁杂化

大数据时代背景下，能够获取反映大学生思想状态的所有数据已成为不争的事实。然而，在所有数据的海量信息中难免存在很多不准确的、混乱的、无用的甚至是错误的信息，这繁杂和无关的信息不可避免地会同所要研究的指标数据信息一起被存放于信息采集库。因此，大数据时代大学生思想政治教育工作者要提高对繁杂信息的识别与甄选能力，并客观理性地对待研究对象之外的信息。当代大学生个性化特征较为明显，每个大学生都有其独特的思想和行为走向，这就要求大学生思想政治教育工作者及早培养数据意识，善于运用混杂的数据信息深入探索高校大学生的个性化思想与特征，并在纷繁的数据信息基础上开展大学生个性化与差别化的思想政治教育工作。

（三）数据化

大数据时代大学生思想政治教育最显著的特点就是用数据说话，即把思想政治教育研究的对象、范围和内容用不同的方法从不同的地方提取出来，转变为易于分析的量化形式。利用大数据技术对大学生思想政治教育进行信息数据量化处理通常有以下三种途径：

第一，文字数据化。通过对大学生在各大网络信息平台撰写的文章、发表的评论以及搜寻和常用的流行词等进行文本研究，据此分析大学生的思维动态和发展方向。

第二，方位数据化。通过对大学生所在位置的定位进行分析，可以明确大学生在日常生活中的主要去向，是在图书馆、宿舍，还是体育馆等其他场所。据此预测大学生将来的行为走向。

第三，交流信息数据化。微博、微信、QQ和各大论坛已成为大学生日常生活中不可或缺的交流工具，对大学生借助这些平台表达想法、获取安慰、寻求所遇问题的解决办法等行为进行分析，可以找出思想波动较大的群体，进而开展有针对性的思想政治教育工作。

第三节 大数据与大学生思想政治教育的关系

对大数据与思想政治教育关系的研究，有助于进一步认清二者各自的特征，找准二者的契合点，促进大数据与大学生思想政治教育的融合，实现大学生思想政治教育的优化。下文从大数据给大学生思想政治教育带来的机遇以及大数据应用于大学生思想政治教育的可行性分析角度来阐述二者的关系。

一、大数据时代大学生思想政治教育的机遇

与传统大学生思想政治教育相比，大数据具有海量化、复杂化、动态化和数据化等特征，使大学生思想政治教育理念、载体、内容都发生了较大的变化，同时也为大学生思想政治教育带来了新机遇。因此，当前大学生思想政治教育研究者和实践工作者应准确地认识和运用大数据所带来的机遇，积极变革思想政治教育理念和教育方式，从而增强大学生思想政治教育实效。

（一）利于大学生思想政治教育思维、理念的转变

传统的针对大学生的思想政治教育研究，囿于客观条件制约，研究成果与大学生思想现状有着较大的差距。大数据时代的到来，海量的数据信息为大学生思想政治教育研究提供了丰富多样的资料，从根本上转变了思想政治教育研究者的研究思路和研究方法。

我国传统思想政治教育缺乏有效把握大学生思想动态的工具，往往将学生复杂的思想和行为归纳为某种简单的模式。比如，在分析大学生思想动态时，通常简单地归结为受某种社会思潮的影响。这样的归纳分析法难免不切实际，显得过于牵强附会。其实，人的思想是十分复杂的，尤其对于思想极为活跃的大学生来说，简单地从某个局部对其思想行为进行定义是不科学的。所以，全面、整体、客观地把握大学生思想行为动态显得十分重要。而且传统思想政治教育很难对学生思想行为进行量化，研究的样本数量少，获取的数据信息少，难免出现以偏概全的结果。大数据时代，通过对大学生学习生活产生的数据进行挖掘和分析，就能较为全面真实地把握住学生的思想动态。

大数据在教育领域的变革首先应该是教育思维和理念的变革。正如马克思主义所强调的发展是新事物战胜旧事物的过程一样，大数据作为一种新事物，它对大学生思想政治教

育的创新和发展一定有推动作用。同时，对转变大学生思想政治教育工作者的教育理念具有重要意义。

（二）利于大学生思想政治教育载体、途径的创新

大学生思想政治教育作为一种意识形态教育，其教育过程需要一定的教育载体来完成，教育目标需要一定的教育途径来实现。传统的大学生思想政治教育载体主要是课堂教育，教育途径主要包括教师讲授、学生交流、社会实践活动等形式。可以看出，传统的思想政治教育载体固定单一，缺少灵活性；教育途径缺乏创新性，学生的接受度较低。因而很难使大学生思想政治教育产生实效。

在大数据时代，大学生思想政治教育可以借助计算机网络技术搜集丰富的信息资源，形成一个庞大的数据体系。其海量的信息源、快速的数据收集和处理能力等优势，比起以往的任何教育载体都具有根本性的跨越。微信、QQ、微博、慕课、学校官网等新媒体为大学生思想政治教育提供了载体。高校可以通过建立数据平台，利用数据平台及时了解学生的思想动态，以便有针对性地进行思想政治教育。

总之，高校大数据的产生来源于学生学习生活的信息输出，数据的收集必须借助于一定的媒介。大学生思想政治教育工作者可以利用全新的数据载体来向学生传播社会主流意识形态，它打破了传统的时空制约，丰富了教育手段，为大学生思想政治教育提供了全新的教育平台。

（三）利于大学生思想政治教育内容、空间的拓展

“高校大学生思想政治教育的过程，是信息获取、选择、传播的过程，是用丰富、正确、生动的信息，影响、熏陶大学生的思想观念、价值观念和精神状态的过程。”① 因此，大学生思想政治教育的关键在于对教育内容信息的及时获取。大数据时代极大地拓展了教育信息资源，丰富了大学生思想政治教育内容。

大数据的快速化和海量化特征，决定了大数据时代大学生思想政治教育内容的不断丰富。大学生应用众多新媒体产生的海量数据，记录了他们的思想、行为乃至情感，其中蕴含了丰富的内涵和很多的规律信息。传统的思想政治教育内容主要以教材为主，然而教材是对政治理论的集中整理，所含信息往往存在滞后性。大数据应用于大学生思想政治教育，可以第一时间收集到大量即时的教育资源，丰富大学生思想政治教育内容。

大数据与大学生思想政治教育的有机融合，拓展了思想政治教育的空间。比如，通过对学生有关信息中的对应文字进行相应分析，可以准确找到词或词组最初出现的时间和后来成为所谓流行词的时间，以此可以找到学生思维扩散和思想传播的过程。把收集到的流行词数据化后，不但有利于思想政治教育工作者阅读文字，而且方便运用大数据软件进行分析。思想政治教育工作者不仅可以将收集到的学生信息数据化，也可以将社会主流意识形态数据化之后传播给学生。在大数据技术的运用下，可以将社会主义核心价值观内容数

① 郑永廷：《思想政治教育方法论》，高等教育出版社 1999 年版，第 60 页。

据化和形象化，通过声、光、画等流行元素进行演绎，把抽象的理论具体化，最大限度增强对学生的感染力，从而达到思想政治教育的效果。

（四）利于大学生思想政治教育实效性的增强

如何提高大学生思想政治教育实效性是一切大学生思想政治教育理论研究者和实践工作者亟须解决的现实问题。大数据的各种特征使其成为高校思想政治教育工作者用来分析大学生思想和行为的显微镜，它可以较为准确地把握大学生的思想动态，并及时地做出回应，以最快的速度找到教育的切入点，从而提高思想政治教育的效率。

高校立足于大数据，以其特有的数据和技术优势为基础，对传统的大学生思想政治教育模式进行渐进性的变革，不断培育和提高大学生思想政治教育者的数据思维，构建立体化、开放化的大数据思想政治教育平台，营造良好的数据文化，从而增强大学生思想政治教育工作的实效。同时，通过对思想政治教育内容数据化、形象化，增强了其对大学生的吸引力和感染力，既提高了思想政治教育工作者的教学效率，又提高了大学生对思想政治教育内容的吸收内化效率。

（五）利于大学生思想政治教育有针对性的强化

大学生思想政治教育针对性是大学生思想政治教育的生命线，它是实现大学生全面发展的关键。不少学生对于传统的高校思想政治教育模式持不同程度的抵触心理。大学生思想政治教育应该坚持以人为本的教育原则，尊重学生的主体需求，不断探索和创新教育方式方法。大数据时代的到来，令学生的需求得到尊重和满足，使个性化思想政治教育成为可能。

高校思想政治教育工作者可以通过大数据深度挖掘学生的数据信息，及时反映学生的不同需求，学校根据学生的需求提供个性化的建议和帮助，对学生思想行为进行合理的引导。比如，面对大学生就业问题，高校可以利用大数据收集和筛选出适合毕业生的就业岗位，把就业信息及时地向毕业生传递，从而增加大学生的就业率。高校管理者也可以利用大数据平台，与企业建立起人才供应桥梁，这样既可以满足社会的人才需求，也可以改进高校人才培养模式。

（六）利于大学生思想政治教育预见性的提高

大学生思想政治教育是一个动态的教育过程，且具有未知性。传统的教育决策往往是在已有的教育经验基础上，结合国家的教育方针政策，最终做出相应的教育决策。然而，经验判断具有滞后性，尤其在信息社会，仅凭经验判断难以科学地判断未来的发展趋势，此行为增加了教育决策的难度。

在大数据时代，大学生思想政治教育工作者可以利用大数据的挖掘技术对大学生产生的数据信息进行挖掘，这样可以轻松地掌握大学生在一段时间内的思想动态，准确地掌握学生的思想轨迹。思想政治教育工作者对学生的数据挖掘不是停留在认识和了解的基础上，而是通过对学生思想轨迹的分析，对其未来思想行为的发展趋势进行预判，做到未雨绸缪，展开相应的针对性、预防性教育。

正如大数据专家舍恩伯格所说："建立在相关关系分析法基础上的预测是大数据的核心。"① 大数据的出现，使大学生思想政治教育工作者可以变被动为主动，通过对大学生的日常学习生活所产生的信息进行跟踪、挖掘和分析，就可以较为准确地预测其下一步思想行为。如校园安全是大学生思想政治教育的重中之重，在大数据时代，高校思想政治教育工作者可以通过大数据技术对大学生的思想动机进行预判，针对具有暴力倾向的学生提前做好应急预案，从而有效规避校园突发事件的发生。

二、大数据时代大学生思想政治教育优化的必要性

由于大数据在各领域的广泛应用以及大数据技术的日益成熟，将大数据应用于大学生思想政治教育既有其可能性，同时也十分必要。

大数据思维具有的开放性、全面性、即时性等特征，符合新时期大学生思想政治教育创新与发展的要求。同时，大学生思想政治教育面临的新的发展任务和新的社会环境，也需要大数据的技术和理念来解决。二者结合的可能性与必要性为大数据时代下的大学生思想政治教育优化提供了科学分析。

（一）大数据应用于大学生思想政治教育的可能性

1. 校园网的迅速发展

自"加快建设光纤网络，大幅提升宽带网络速度"写入政府工作报告，手机流量、宽带资费大幅下降，随着网费和流量费的降低，手机流量当月不清零、流量转赠等业务的推广，大学生上网的成本降低，同时，校园无线网络的全面覆盖也使得大学生上网更加便捷。其次，智能手机、平板电脑等上网终端设备在大学生中的广泛应用，也方便了大学生上网。智能手机、平板电脑等移动上网终端设备的价格一降再降，现在不到千元就能买一部，符合学生的消费水平。随着网络资费与移动上网终端设备价格的下降，大学生上网不受地域限制，因此，他们上网时长也随之延长。以前，网络世界是虚拟世界的代表，上网时间的长短并不能表现学生的思想行为。随着时代的发展，互联网越来越深入真实生活，人们越来越习惯在网络上使用真实身份，维持真实的社会关系，分享真实的生活轨迹。互联网不再是虚拟世界的代表，而是我们现实社会的一部分。这使得网站的创立者能够更准确地掌握用户的各种信息。当前每个大学生平均每天在网上花费的时间超过三个小时。他们在网上互动获取信息的同时也留下了印记，产生了不少鲜活的数据，这些产生的数据就是他们真实生活的写照，对这些数据进行整合挖掘，能够表现出学生平常的生活状况和他

① 维克托·迈尔·舍恩伯格：《大数据时代》，盛物燕等译，浙江人民出版社 2013 年版。

们的思想心理状况。

2. 新媒体的广泛应用

随着互联网web3.0技术的不断创新，去中心化、开放、共享变成互联网的显著特征。在web3.0模式下，用户可以不受时间和地域限制分享各种观点，用户也可以自己发布观点，可以在网上建立、分享他们的社会关系和兴趣爱好进而展示个性。大学生思想开放，易于接受新知识，同时也积极表达自己的观点，张扬个性，新媒体平台正好为大学生表达思想提供了便利，从而在大学生中受到欢迎。同时，各高校也建立了富有本校特色的微信公众平台，定期推送消息。2013年8月，利用大数据技术，腾讯公司又对微信做了改进，微信公众平台又增加了一种新的功能——可以对公众号文章进行数据统计。管理者可以通过用户分析模块了解到账号使用用户的增长情况及用户各种信息，通过图文分析，管理者可以发现这篇文章被多少微信用户浏览以及有多少用户分享或者转发了本篇文章。通过对用户的分析和图文分析，可以看出哪类信息受到关注的程度较高。将学生的阅读兴趣转化为数据，成为大数据分析的资料来源。同时，以兴趣为聚合点的社群也在大学生中兴起，因为大学生空闲时间比较多，对各种事情抱有很大的热情，容易参与进来，社群是基于兴趣而参与的，一般来说，用户能够保持比较高的忠诚度。这种开放共享的新媒体平台受到大学生热捧，在大学校园里几乎“无人不微信，无人不微博”，并且，他们参与讨论、分享、评论的频率很高，从大学生参与的状况中可以了解到他们对于各种社会舆论的看法，利用大数据技术对这些信息进行整理分析，就能预测他们对相关问题看法的整体趋势及倾向。

3. 大数据技术的逐渐成熟

大数据的技术也在日渐成熟，大数据的存储、挖掘、可视化技术不断进步，越来越多的企业开始使用Hardtop平台处理大数据，并对其整合功能的利用不断加深，例如，一些知名公司都分别有针对自家需求的Hardtop服务。同时，对数据安全、数据隐私的保护技术越来越完善。在大数据分析处理技术之前，IT公司经常要对公司数据进行筛选以便用户查询和分析，现在，各种大数据分析工具既方便用户查询分析数据，又能避免泄露机密。

（二）大数据应用于大学生思想政治教育的必要性

1. 思想政治教育学科的开放性、社会性

思想政治教育是指社会或社会群体用一定的思想观念、政治观点、道德规范对其成员施加有目的、有计划、有组织的影响，使他们形成符合一定社会、一定阶级所需要的思想品德的社会实践活动。思想政治教育的内容与形式是随着社会历史条件的发展而不断发生变化的，因此，思想政治教育具有社会性特点。当前我国处于全面深化改革的新时期，面临国际国内复杂的社会环境，思想政治教育也面临新任务。如何根据变化了的社会环境积极调整工作思路和方法，需要适应发展的潮流，紧密联系社会实际。社会环境瞬息万变，传统的思想政治教育方法往往是事后调节，相对滞后，大数据具有即时性的特点，能够快速即时反映学生的思想心理状况。同时，思想政治教育具有开放性的特征，思想政治教育不是一成不变的理论，而是具有开放性的，是不断吸收和借鉴新理论新方法，并在实践中不断发展的。大数据作为一种新的思维与研究方法，与大学生思想政治教育相结合，有助于思想政治教育学科的创新与发展。

2. 思想政治教育过程的交互性

思想政治教育是教育者和教育对象相互交往的过程，是教育者将思想观念、政治观点、道德规范传授给受教育者，受教育者将其内化为自己的政治信仰、道德修养的过程。然而，这一过程并不是单向的灌输，而是根据受教育者的特点，对其不断启发、双向沟通的过程，最终实现人的全面发展。因此，教育者与受教育者之间的沟通交流在思想政治教育中显得尤为重要。传统的思想政治教育环境下教育者通过主题班会、个别谈话等方式实现交流，由于各种因素事物干扰，教育者往往无法获得学生真实的思想情况，使得思想政治教育工作无的放矢。在新的历史条件下，微信、微博等新媒体应用于大学生思想政治教育中，高校微博微信公众平台的建设，既符合思想政治教育交互性特点要求，也能够以学生喜爱的方式进行思想政治教育，做到贴近实际、贴近生活、贴近学生，大大提高了思想政治教育的实效性。通过新媒体平台这一思想政治教育新载体，学生可以随时随地发表自己真实的意见想法，思想政治教育者也可以不受环境的制约，及时搜集反映学生思想动态的数据，加强与学生的沟通交流，为学生提供世界观、人生观、价值观的指导，有助于思想政治教育工作的开展。同时，通过对学生在微信微博平台的浏览、转发、评论、点赞等线上交流所产生的数据信息，利用大数据技术整理分析，能够准确研判学生的思想政治状况。

3. 思想政治教育对象的复杂性

首先，思想政治教育对象人数众多，随着高等教育的扩招，对全国高校如此庞大的群体进行思想政治教育需要充足的人力、财力和物力。其次，思想政治教育对象不但数量庞大，并且对其教育的内容复杂多样，不但要对教育对象进行信仰教育、道德教育、关心学生的精神成长的整体性的教育，还要有关注学生的个性化，根据不同教育对象的特点有针对性地进行思想政治教育，促进他们的全面发展。然而，当前高校的思想政治教育工作者人数有限，如何更好地完成对高校大学生思想政治教育的任务，需要大数据技术的支撑。大数据可以通过分析海量数据之间的相关性关系，通过对相关关系的挖掘，节省对精确性、因果关系的追求所耗费的精力，有效解决思想政治教育工作者数量有限同教育任务繁重之间的矛盾。

第二章　大数据时代开启高校思想政治教育新环境

不管我们分析多少种环境，以及选取多少重要的环境进行分析，针对这些环境的研究我们都只能探讨它的过去经验、现时存在，而很难预测它的未来，要真正把握它的趋势和走向，期待社会的进一步发展。而今天，我们明确感受到大数据的来势迅猛，大数据的核心就是预测，如何把握这一时代的核心来创新我们的工作这是值得思考和借鉴的。爆发式增长的数据量是大数据的明显表征，巨量的数据集，因可从中挖掘出有价值的信息而受到重视。可以说大数据是新一代信息技术的集中反映，虽然目前其标准和格局尚未形成，但这是我们实现跨越式发展的宝贵机会。

第一节　信息环境

因大数据时代的开启，我们已经进入一个全新的信息时代，信息已经融入社会生活的各方面。我们研究思想政治教育的环境问题也可以说在今天已经集中表征为信息环境问题，甚至可以说未来世界的实质就是信息世界。

一、信息与信息化发展

信息、能量、物质是当代世界的三大资源，是自然界和人类社会赖以生存和发展的重要基础。物质为人类提供材料，能量向人类提供动力，而信息贡献于人类的则是知识和智慧。事实上，物质和能量的相互转化，全靠信息的媒介作用。没有信息交流便没有人类社会，没有信息运动就没有自然界和人类社会的发展。大数据开启的是一个信息的世纪，我们已经进入一个全新的信息时代、信息社会。

（一）信息

信息是事物确定性的表征。这里的事物正是人们经常说的客观事物。“确定性”是事物的内涵，是事物的基本属性，是事物的存在形式，是人们认识、了解和把握事物的支点。任何事物都必须有它自己的确定性，没有确定性的事物是不存在的。确定性是对事物的肯定，表明事物是什么，如大小、颜色、种类、规格、型号、特征、属性、形态等等。确定性通常用肯定判断或其他非否定性陈述语句来表达。与事物的确定性相反的方面是不确定性，不确定性不能表征事物，只能从某一角度、某一层面、某种形态或属性等方面提供借鉴和参考，作为排除的对象，不能最终表征事物，不能说明事物是什么，不能揭示事物的本质。如，我们说某事物不是红色，不是白色，不是绿色，不是黄色，不是黑色，等等。这种不确定性的表述再多，我们仍不知道该事物是什么颜色，事物的其他属性、性状也都是如此。因此，事物必须用确定性来表征，事物也只能用确定性来表征。既然事物是由确定性来表征的，那么，反映此事物、区别于彼事物的信息也必然是事物本身的确定性。所以说，信息是事物确定性的表征。我们认识、了解和把握事物，都是从获得事物的信息开始的。我们对某事物的信息获得得越多，就越容易把握事物的确定性，把握了确定性，就是把握了事物。认识、了解和把握事物从获得信息开始，也就是从获得事物的确定性开始，获得了某些有关事物的确定性，就是获得了有关某事物的某些有关信息。获得事物的确定性，就是获得事物的信息。获得信息，是我们认识、了解和最终把握事物的开始、起点或者出发点。我们说，信息是事物确定性的表征，是说事物的确定性是它本身传递给我们的关于它自身的信息。事物的信息是事物本身的确定性，事物本身的确定性就是它自己发出的信息。我们就是通过获得信息来了解、认识其事物的确定性，进而把握该事物，没有任何别的什么路径或渠道。事物的确定性与其自身的信息是一一对应的关系。事物的确定性就是事物的信息，事物的信息就是事物的确定性。

（二）信息是事物的存在形式

任何事物都有它自己的信息，或者说关于它自身的信息；没有无信息的事物，没有无事物的信息。任何事物都必须有它自己的信息，没有无信息的事物，无信息的事物是不存在的，信息是事物的存在形式。由分子、原子构成的实体事物，其结构、组成等是其基本信息之一，这是大家所熟知的。人们通常看不见、摸不着的以“场”的形式存在的事物，如电场、磁场、能量场等，也都同样有它们的信息，如场强、方向等。抽象的事物，科学的名词、概念、术语等，这些事物也都有表征它们自己的信息，那就是它们的内涵，是它们最本质的信息。语言、声音、图像、气流、温度、光、电等，本身既是信息，也是事物。人以及人类赖以生存的社会，构成的事件更含有极其复杂和多变的信息。我们无法找到不含有信息的事物。信息反映了事物，表征了事物。

任何事物都是借助信息这种形式来表征自己的存在，信息是事物的表征手段，是事物的存在形式。我们了解、认识和把握事物，首要的都是获得事物的信息。没有关于某事物的信息，就没有对某事物的认知。一切事物都是通过信息被认知的。我们要从某个角度、某方面获得有关某事物的知识，就必须从某个角度、层面获得关于该事物的信息。离开了信息，我们就无法了解、认识和把握事物。离开了信息，何谈事物的存在；离开信息，就没有事物。信息是事物的存在形式，信息是事物的表征手段，信息表征了事物的存在，事物不能离开信息而存在，信息不能不表征事物，没有无信息的事物，没有无事物的信息。信息和事物相互依存、相互依赖，是同一问题的两方面，是辩证统一的关系。

农业经济、工业经济时代是物质的时代，是物质社会的时代。哲学家们在探讨物质社会时代基本问题时，在研究物质属性和存在的关系时，提出了物质和运动之间关系的这个基本命题和时代的结论，对时代的发展与进步，做出了划时代的贡献。现在，人类已经进入到知识经济的时代，进入知识的社会。知识经济是信息的时代，是信息的社会。知识经济是在农业经济、工业经济的基础上发展起来的。知识经济不是农业经济和工业经济的简单积累或整合，但知识经济又不能脱离农业经济和工业经济这个基础。知识经济不能超越社会存在而成为空中楼阁，不能不涉及物质和运动这一哲学问题。但是，信息已经成为时代的主角，我们正是通过获得信息知晓了事物的存在，把握了自己，了解了他人与社会。知识经济时代是信息的时代，是信息的社会。

（三）信息是事物的基本属性

任何事物都有自己的属性。以实体的形式存在的具体事物有自己的属性，以观念的形态存在的抽象事物也有自己的属性。无论是事物的形状、数量、大小、颜色、构造，还是事物的状态、程度、结构、性质等，都是事物的属性，这些属性同时又恰恰是事物本身的重要信息。任何事物都有自己的基本属性，全部事物都以自己的基本属性而存在。事物自己的这些基本属性的存在，都以其信息的形式呈现给探索、了解和认知它们的人们，任何人都是通过获得有关事物信息，从而认识或把握其事物。信息是事物的存在形式，是事物的基本属性。获得关于事物的信息，是人类探索、了解和认知事物的唯一途径，没有别的任何方法、手段或措施。为什么人类只能通过获得关于事物的信息这一唯一途径来认识和把握事物呢？这是由事物本身的存在形式或基本属性决定的。因为任何事物都以其信息的形式而存在，都以一定的信息作用于我们的感觉器官，以表征它的存在，没有其他的存在形式。所以，人类只有通过获得关于事物的信息这唯一途径来探索和认知事物，没有其他的途径。哲学上不是很早就提出了“运动是物质的存在形式”这样一个早已为大家所认可的命题吗，为什么信息又成了事物的唯一的存在形式呢？因为运动也是信息，运动呈现给人们运动的方向、运动的速度、运动的主体等一系列信息，所以说，运动本身就是信息。我们也正是通过获取关于运动的信息，来认知运动的方向、速度以及加速度等运动的性质，来把握运动，所以说，运动是信息，信息是运动的存在形式和基本属性。既然运动是信息，运动是物质的存在形式，那么，信息就是物质的存在形式。因此，运动是信息，信息是运动的存在形式。但是，反之却不能成立。信息比运动更善于呈现物质的存在或属性，信息比运动更善于表征物质的存在，更具有科学的严谨性。

物质是运动的，运动是绝对的，静止是相对的。但是，这并不否定相对静止的存在，并不否定暂时不运动的、处于相对静止状态的物质或事物的存在。既然有相对静止的物质或说暂时不运动的物质，那么，这类暂时不运动的物质也应该而且必须有它的存在形式。这类暂时不运动的物质的存在形式是什么呢？不应该是不运动，也不应该是相对静止，而应该是信息。运动的物质（事物）呈现给人们的是运动的信息，不运动或暂时相对静止的物质（事物）呈现给人们的是不运动或相对静止的信息。信息比运动更科学地表现了物质（事物)的存在。信息可以表征一切事物的存在，包括具体事物和抽象事物，运动、发展、变化的事物和相对静止的事物。

（四）信息的重要特征

共享性。信息的共享性是指信息可以同时为大家共同所有、共同分享、共同利用。信息不是一次性产品，信息多次反复利用的频率越高、范围越广泛，其共享性越好，信息的价值也就越大。信息的共享性并不表明信息一定要为大家共同所有、共同分享，信息不是公共产品。信息的分享过程是对信息的开发和利用过程，是信息的社会化过程，是社会进步的体现。信息的获得与共享的能力与教育的发展水平紧密相连。

准确性。信息的准确可靠、科学可信是非常重要的特性。信息不准确、不科学、不可信就失去了信息的本来意义。信息不准确，就不能表征事物的确定性，不能反映该事物，不能区别彼事物。信息的准确性程度是科学技术和人类认识客观世界和主观世界的尺度。

可传输性。信息的可传输性是指信息可以被开发出来，被扩散出去，以便更多的人共享。信息开发是科学发现乃至发明创造的过程，信息传输也是科学研究的重要部分。在信息社会的今天，信息传输越来越引起人们的关注。信息传输技术是当今社会最重要的技术之一。信息的可传输性是信息共享性的基础，没有信息的可传输性，就没有真正意义上的信息共享性。信息的可传输性包括很多内容。如，信息的可编辑性、可解码性，信息的可压缩性，可扩展性，信息的信号化、数字化过程，等等。信息传输是社会沟通、信息交流的必备前提，也是信息价值实现的重要基础。信息不能被封闭起来，尤其不能被封闭在特定的物理空间内。当然，信息也不能被任意传输和扩散，信息保密也是信息价值得以实现的重要基础和保证。

时间性。信息的时间性特征表明，信息的价值和意义应该经得住时间的检验。过时的信息是毫无意义的，这是对信息的时间性特征的最恰当的阐述。商业信息特别突出时间性，技术信息也非常强调时间性，显然，信息都有时间性。对事物确定性的表征——信息的获得，只有第一次才是重大发现、发明乃至创造，意义特别巨大；第二次及其以后都是重复，都不会有什么特别的科学意义和价值。所以，信息特别讲究时间性，时间性是信息的生命，是非常重要的属性。

（五）信息化发展

信息化社会有以下特征：

经济发展更多地依赖信息资源，而不再是自然资源。在信息化社会里，劳动技能主要不是靠体力，而是以智力和知识为基础。价值不是随劳动而增加，而是随知识而增加，这就是知识经济的时代。

信息的传递手段多样化。除了文字、电影、广播、电讯外，第二次世界大战后增加了电视、录音、录像等。近年来，卫星通信、电子计算机网络系统，信息高速公路得到快速发展，人们获得信息的途径、方式、手段、速度令人惊诧。

信息传递迅速化、全球化。现代信息技术的发展，加快了信息的空间传递。由于人造通信卫星在信息传递中发挥越来越大的作用及全球通信网络的建立，人类进入了全球卫星通信时代。人类在各个领域中获得的信息，可以通过全球通信网络得到广泛的交流，使信息在各个国家、各个领域中得到充分的利用。

信息综合化。现代信息量急剧增加，使信息达到高度分化并相互渗透，构成了一个整体化、综合化的网络。

信息传递普及化、系统化和集中化。当代教育迅速发展，很多国家早已在量的方面普及了中等教育，正在扩大高等教育；在质的方面，更集中、更系统地传递人类发展至今的各种知识和最新成就，把人类的认识能力提高到历史上前所未有的高度，人类的智力开发出现了新的飞跃。

伴随着社会信息化的发展，人们对信息的计量、传递、存储和使用规律的研究逐渐深入。从 1948 年美国数学家申农创立信息论到 20 世纪 70 年代信息科学的建立，信息理论已经影响到各门学科并导致人们的工作方式、生活方式发生了新的变化。教育科学和人们的教育实践也不例外。信息科学为教育提供了分析、解决问题的新的理论和新的方法，它赋予教育科学以新的活力，推动教育理论跨进现代化的社会。

二、信息化发展对思想政治教育的影响

全面实施思想政治教育首要的是更新观念，树立全新的教育理念。

（一）竞争和进取的精神

竞争是个人或团体的一种优胜心理所导致的行为，它重视人的能力，鄙视封建特权制及其所形成的关系网。要在竞争中生存与发展，就必须具备敢于竞争、锐意进取的品质。我国是一个经历了几千年封建统治的国家，有一些保守思想在人们心中根深蒂固，时时限制着人们的手脚。在社会主义市场经济的今天，汲取以及运用信息的效率决定着经济活动的成败，因此，我们必须培养学生敢于竞争、锐意进取的精神。

（二）合作精神

现代科学技术出现了整体化趋势，信息化的发展缩短了人们之间的空间距离，科学研究开始了联合攻关、协同作战和团队精神的时代。由个人完成重大发明的时代，已经一去不复返了。合作精神可以说是现代信息社会的必然产物。科学研究的趋势，要求学生从小就要培养合作精神，具备与他人合作的思想与能力。竞争与合作是矛盾统一的关系。现代社会，人们既要适应竞争，又要促进合作，既要“学会生存”，又要“学会关心”。

（三）自尊、自信、自主、自立的观念

思想政治教育要求学生在心理上要树立自尊、自信的观念。自尊是自己尊重自己，要求保持自己人格和尊严的心理需要；自信是相信自己，不人云亦云的心理状态。有了自尊和自信的心理品质，才可能具有批判和创新精神，才敢于向“权威”挑战，不畏传统势力，不受束缚，不怕打击、挫折和失败。但人既要自尊，又要尊重别人；既要自信，又能虚心听取别人的意见。

实施思想政治教育就是要使学生确立自主和自立的观念。自主就是充分发挥自己的主观能动性，事事有主见；自立就是自己能够管理自己，独立生活。自主和自立观念的培养就是独立精神的培养，它应该是学生成长的必然结果。人是自己生存和发展的主体，他们要在社会生活实践中存在和表现自己，就要求确立自己的奋斗目标，用达到自己的目标来实现社会的发展目标。主体人不满足于使自己默默无闻地融化在人群中，而要求在社会关系中应有自己的特定地位和表现自己的特定作用，以此来表现自己在社会中的存在和在社会中的价值。实施思想政治教育就要重视培养学生的主体性。不赋予一个人任何权利，就无法教育他履行义务。今日的学生已不再只是教育措施的客体，他们是思想政治教育和自身发展的主体。

（四）时效观念

信息社会是一个瞬息万变的社会，时间的价值越来越大。在农业经济、工业经济时代，人们是以年为单位来计算时间的，老牛拉车式的慢节奏、慢速度，使我们忘记了要争分夺秒。今天是信息的时代，世界上的竞争在一定意义上说就是时间和效率的竞争。人们是以分秒甚至以毫秒和微秒来计算时间的，这就要求学生树立起珍惜时间、讲求效率的观念。中小学生正处于长身体、长知识的黄金时代，时间对他们来说尤为宝贵，他们精力充沛、动作敏捷，办事喜欢高效率、高速度。这是对学生进行时效观念教育的有利条件。

（五）新的人生价值观念

不同的社会、不同的时代，人生有不同的追求、不同的价值观念。我们的社会不允许用损人利己的行为去实现个人的价值，要求人们以集体主义和共产主义精神协调个人与个人、个人与社会的关系，同时为发展个人才能、发挥个人潜能提供便利条件。对于集体利益和个人利益的关系，我们以往过分强调集体利益，忽略了个人利益。马克思说：“人们奋斗所争取的一切，都同他们的利益有关。”摆正个人利益的位置，处理好个人利益与集体利益的关系是发展社会主义市场经济的重要方面，也是实施思想政治教育使学生确立科学的世界观、人生观、价值观的新课题。

以上所谈到的几方面，是信息化的发展和新的时期对人的思想的必然要求。个体行为社会化内容的选择标准、价值取向深深植根于社会发展的要求。现代社会道德社会化内容的来源及具体内容已被拓宽。现代社会发展面临的许多复杂问题、人们在社会生活中共同

关心的问题，都开始以各种途径成为教育内容。教育本身已不仅指以往所强调的正规教育的内容，而且也包括非正式教育的内容；已经不仅指学生在校内所接受的教育，而且也将学生在家庭和社会中通过交流手段获得的所有信息纳入学校教育之中。人们对教育的理解越来越广泛。它既包括规范教育所阐明和安排的信息，也包括“潜在”或隐性的内容，即经由学校生活质量、教师态度、教学活动的背景、校外活动等传递的内容。信息不等于知识，面对着来自四面八方、各种各样并与日俱增的信息量以及这些信息的裂变，思想政治教育不仅要改变以往倾向于埋头完成教学任务，回避道德、政治和社会性的问题和具体情况，而且还应对各类信息背景制定出概念参照准则和解释准则，以便控制和吸收信息。

三、思想政治教育信息环境的优化

21 世纪是信息社会，谁掌握了信息，谁就拥有知识，谁就有进行创新的可能，信息对于青少年获取知识，进行创新，对于实施青少年政治思想教育，使之成为对社会的有用之人具有极其重要的作用。然而，信息内容的丰富多彩、千变万化与信息传播方式的多种多样又决定了信息环境的纷繁复杂，与之相应的是，实施思想政治教育的信息环境也异常复杂。从这个层面审视，无论是施教者还是受教者，都应该对这种异常复杂的信息环境中的积极因素与消极因素有较强的分辨能力，有效地利用积极因素，避开或转化消极因素来实施思想政治教育。实施思想政治教育，就应当对大量涌入学校的各类信息进行及时的处理，保留有益于学生学习和发展的各种信息，并利用有益信息排除不利信息的干扰，将自发的信息影响转化为有目的的信息教育。

思想政治教育的质量与处理信息的水平相关。所谓处理，即是在接受和输出信息之间的信息加工过程。思想政治教育的信息处理有以下几种方式。

（一）转达

转达，即把接收的信息经过提炼或转译，选择适当的方式或载体传递出去。转达的主要原则是传真和简约信息。学生获取社会信息的方式有两种：一是直接获取社会信息，二是间接获取社会信息。直接获取社会信息是指学生与社会直接接触、耳濡目染而获取的信息，不需要转达。间接获取社会信息与前者是相对的，它通过中间环节（教师、家长、学生所处相对固定的社会网络）有选择地转达。从学校的方面看，学生从与教师交往中获得的信息是学生的“闻知”，具有间接性。学生容易从教师那里获得信息并接触社会，因此，教师所转达给学生的信息必须是真实信息。如果转达的信息是错误的，就会妨碍学生对社会的正确认识与理解。从家庭方面看，孩子与父母长期生活，也会从父母那里获得大量的信息，也具有间接性。学生所处的相对固定的社会网络，即我们平常说的生活圈子，教师、家长、同学、亲戚朋友构成这一固定的社会网络，其中，同学与亲戚朋友也常常有选择地转达信息，这也是学生间接获取信息的方式。现代传媒(电影、电视、网络、手机等)是学生间接获得信息的重要方式，但是，其转达信息的选择性相对小一些，这就需要施教者进行有效的筛选。

（二）筛选

筛选，即确认信息的储存、传递、意义、使用等价值，把有特别意义和价值的信息从诸多信息中挑选出来。筛选也要求保真，但与转达不同，传递的内容不在信息本身，而由筛选者选定。因而，筛选本质上是一个价值的比较和判断过程，它要有明确的取舍标准和深入的比较分析过程。信息不同于知识，实施思想政治教育不能只顾信息刺激量，而忽视信息质量。教师传递信息，应力求准确地反映社会本质，描述社会现象，对于社会的不良现象应少向学生传递，以免产生副作用。学校、家庭、社会应三位一体，注重学生的思想政治教育，加强对不利于学生全面思想形成与发展的社会活动情境的控制，有目的地为学生创设良好的信息环境。网络完全改变了现代人的生活，它使世界越来越小，我们生活的世界变成了一个小小的村落——地球村。世界每一个角落的信息通过互联网传达给我们，这些纷繁复杂的信息，既有积极的，也有消极的；既有正面的，也有负面的。对于实施思想政治教育来说，这一信息环境尤为复杂，我们要善于应对这种形势，对互联网的信息要进行必要的筛选。

（三）综合

综合，即把各方面的信息按某种宗旨整理，组织为一组系统的信息。综合不但是一个价值判断过程，而且是一种增加信息价值的过程。它与取得的信息是否全面、丰富和系统有密切关系，也与教育者的信息能力有关。经综合处理的信息已不是直接的传真，但并不失真，它不仅具有加工的作用，而且具有“再生”性质。

（四）转化

转化，转化是一种信息的创造性生产过程，即把取得的信息经过加工制造出新的信息。转化不考虑传真，但也不失真，而是根据获取的信息创造出适合需要的新的信息。

综合和转化是创造性地处理信息的过程，这两种方式具有重要意义。信息环境对学生的影响并非完全由信息环境本身决定的，它既受信息原料的制约，也受学生认知结构的制约。所以，思想政治教育要做到积极适应环境，就必须从改善信息原料和学生认知结构两方面努力。思想政治教育信息经综合和转化之后容易纳入学生的认知结构，从而促进学生和环境之间大量的信息交流。由于经综合和转化后的信息对学生认知结构来说是上位概念，因此，它也促进了学生头脑内部各子系统间的信息交流。当学生头脑内部具备某种潜在信息稳态时，认知系统内部就会自动产生从低级结构转变为高级结构的自组织过程。

第二节　大数据战略

信息社会化是推动大数据产生的根本原因，大数据是信息社会化的必然结果。大数据是人们获得新的认知、创造新的价值的源泉，但数据的奥妙只为谦逊、愿意聆听且掌握了聆听手段的人所知。

一、大数据时代思想政治教育的特点

学校作为大数据技术充分运用、思想活跃、知识密集的先锋阵地，学生的培养、服务和管理模式以及他们的价值观念、学习方式和行为习惯必将受到大数据时代的深刻影响。在大数据时代，思想政治教育的特点主要如下。

（一）思想政治教育的主体、客体更全面

主要是两个层面，一个层面是指思想政治教育的主体不是随机样本，而是全体样本，全体学生都是学生思想政治教育的主体；一个层面是指学生思想政治教育的客体更多，不是一个学生的单一数据信息，而是全体学生的全部数据信息。

在大数据时代，做思想政治教育分析时，我们能够利用所有的数据，而不是再仅仅依靠一小部分的数据。在这里，样本＝全体，样本内容＝全部数据。很长一段时间以来，准确分析所有学生的所有思想动态对我们来说是一种不可能实现的挑战。过去，因为记录、储存和分析数据的工具不够强大，我们只能收集少数学生的少数数据进行分析，为了让分析变得简单，我们会把数据量减少到最小，我们依赖的调查方法也通常是人为的样本分析、调查问卷、访谈。通过这些方法并不能完全了解到学生的真实思想，因为他们知道这是一次调查，但是大数据分析方法就完全不同，学生完全是在不知道的情景下最自然、最真实的状态被调查、分析，这样显然是能够相对准确地了解学生的全部思想动态和行为走向的。

（二）思想政治教育的内容不是精确的，而是混杂的

在大数据的时代背景下，获取学生网上的所有数据变得可能，但是也要付出一定的代价，那就是越来越多的数据信息进入数据库必然有一些不准确的甚至是错误的、无用的信息，然而，关键是这些信息我们却是无法避免的。这些数据是混乱的，数据的混乱，不仅指内容方面的混乱，也是指格式方面的混乱。大数据时代要求我们不要执迷于思想政治教育的精确性，相反，纷繁的数据越多越好，要想获得大规模数据带来的思想政治教育的好处，混乱的数据信息应该是一种标准途径。因为每个问题只有一个答案的想法是站不住脚

的，特别是学生都各有各的个性、各有各的思想，只有这样，才能充分地了解学生的各种思想动态，才能有针对性地展开思想政治教育。

（三）思想政治教育的内容具有相关关系

在大数据时代，我们要让“数据”“发声”。这就是说我们要知道数据说的“是什么”，而不是背后的原因“为什么”，因为要了解“为什么”太过于纷繁复杂，在大数据时代，我们不用了解因果关系，只须了解数据之间的相关关系，便可以促进开展我们的思想政治教育：相关关系的核心是量化两个数据之间的梳理关系。这主要包含两方面：一是相关关系强，也就是说一个数据增强时，另外一个数据也会随之增强。比如说，当一个学校的学生，越多的人在BBS讨论评优评奖，那说明评优评奖中的问题需要关注。二是相关关系弱，如我们可以寻找关于个人的身高和评优评奖的关系，但会发现他们基本没有关系。一个“问题”学生的思想动态出现大的变化，不会是瞬间的，而是慢慢地出现问题的。通过收集分析学生的所有数据我们可以预先捕捉到学生要出问题的所有信号，比方说学生连续多日深夜上网，说明失眠，系统把这些异常情况和平时的正常情况比较就会知道学生在哪些地方遇到了问题，通过尽早地发现异常，教师可以在学生出现思想问题之前为学生展开思想政治教育，化解他的问题和矛盾。通过找出一个关联物并且监控它，我们就能预测学生即将发生的事情。

（四）思想政治教育内容是“数据化”的

大数据的思想政治教育，重在“信息”上，也就是内容上，这些内容从不同的地方提取出来，并且都要进行“数据化”。数据化是指把一种现象转变为可以制表分析的量化形式的过程。量化一切信息，这就是数据化的核心。

思想政治教育内容的数据化主要表现在以下几个方面：

1. 文字的数据化

通过对学生信息的文字进行文本分析，也可以看出一个词或者词组在第一次出现的时间以及后来成为流行词的时间，据此发现学生思维发展和思想传播的过程。当文字数据化之后，思想政治教育工作者既可以阅读文字，又可以运用大数据分析软件进行分析。

2. 方位的数据化

通过方位分析，我们可以看出一个学生主要是在实验室、在图书馆，还是在宿舍。我们可以分析学生去了哪里、见了谁，而预测出他将来的行为。

3. 沟通信息的数据化

数据化使得我们能够直接触摸到学生的人际关系、经历和情感，而且可以将学生的态度和情绪转变成一种可分析的形式。如：许多学生在遇到挂科、失恋等情况时，人人网、微博、QQ状态和搜索引擎经常会成为他们表达思想、寻求解决办法的途径。当经过数据挖掘、数据分析、数据计算后，我们可以预测有哪些人的思想行为波动比较大，进而可以对其有针对性地进行思想教育或者心理辅导。如复旦大学投毒事件，犯罪嫌疑人曾经在自己的微博以及复旦大学 BBS 中表露过过激言论，如果当时对沟通信息进行数据化处理，或许可以阻止惨案的发生。

4. 所有信息的数据化

也就是说有关学生的所有信息都是可以数据化的，都是既可以拿来阅读，又可以拿来分析的。

二、大数据时代思想政治教育的强化

在大数据时代，如果科学利用大数据技术，可以获得明显的竞争优势和广泛的影响力。对于思想政治教育来说，利用科学的信息化手段收集、存储、分析并利用大量数据，进而利用分析结果指导科学决策，是值得从长远考虑的重要问题。

（一）强化大数据意识，提高思想政治教育针对性

对思想政治教育工作来说，充分发挥大数据的价值，要进一步强化大数据意识，不断提高思想政治教育的针对性。

首先，需要思想政治教育者提高对数据信息的敏感性，主动收集、整理信息数据并认真分析。例如通过对学校图书馆图书目录检索信息的汇总分析，可以清楚地了解学生的学习和发展的需求，进而为不同的学生群体推荐不同类型的书籍，提高学生培养教育的针对性和实效性。

其次，思想政治教育者要不断创新工作的方式方法，更加重视学生的不同信息数据之间的关系。例如，通过对近些年人才招聘单位信息的汇总、整理和分析，可以明确不同行业岗位需求的变化，从而为学生提供更为实用的就业指导和信息服务，帮助学生尽早树立正确的就业观念，并根据自己的专业特点、兴趣爱好以及求职环境的变化做好职业生涯规划。

（二）加强大数据技术运用能力，挖掘思想政治教育深层规律

首先，大数据时代的来临需要更多具备数据技术能力的复合型人才。就我国目前思想政治教育者的队伍结构来看，很难在短时间内充实一支既具有大数据技术知识背景，又熟悉思想政治教育规律的队伍。因此，要充分发挥大数据技术在思想政治教育中的作用，就需要对原有人员大力培养相应的技术能力。如开展统计学、网络技术等专业知识的培训，使其尽快掌握运用大数据技术的能力。

其次，要利用网络平台的力量，充分挖掘思想政治教育的深层规律。例如，通过不断建设和完善思想政治教育的主题网站，可以逐步实现新闻信息发布和互动渠道的立体化，帮助学生树立正确的世界观、人生观、价值观。

当前互联网的影响充斥着学生学习、生活中的各方面。互联网作为一种传播媒介，是当前思想政治教育发挥作用的重要纽带，以科学开放的工作理念、与时俱进的教育模式、人文个性的传播方式来规范思想政治教育的全过程，对人才培养目标的实现具有重要的意义。要充分利用QQ、微博、微信、博客等网络个人空间，经常性地开展网上谈心活动，以获取更多、更直观的信息数据，从而及时发现有心理健康隐患的学生，有针对性地帮助他们塑造良好的心理品质和优良品格，不断提高学生的思想认识和精神境界。

（三）完善制度，提供思想政治教育数据技术运用的保障

大数据技术的充分运用不仅需要思想政治教育者强化数据意识，提高相应的技术素质，同时还需要不断探索完善规章制度，提供相应的制度保障。

首先，要逐步建立完善数据信息的管理利用制度。比如互联网技术的发展使人们发现了大数据的价值，但同时，个人信息的安全也受到了严重的威胁。大量的个人信息数据在网络上如不能得到妥善的保存和处理，被某些组织或个人利用，其结果轻则收到各种垃圾信息，重则使个人成为网络、手机等媒体诈骗的对象。

界定数据挖掘、利用的权限和范围的管理制度也需要及时建立和完善。在思想政治教育工作中，可以肯定的是，在不侵犯学生个人隐私、防止学生信息数据被滥用的基础上，有利于学生成长成才和人才培养目标实现的数据挖掘、分析的行为值得鼓励和提倡。

其次，思想政治教育者要在继承传统工作经验的基础上，根据实际工作需求和发展趋势逐步探索构建一整套数据收集、管理以及决策的标准化流程，要整合利用大数据技术，将相关的技术人才合理地组织起来，着力避免条块分割、力量分散等不足之处。

进一步强化数据意识，科学利用数据技术，积极应对大数据时代的到来，才能深入探寻思想政治教育工作的深层规律，不断提高思想政治教育的质量。

第三节　大数据的风险环境

大数据引发社会变革，思维模式产生革新。采集大数据、储存大数据、分析大数据，企业家联合科学研究者应用大数据技术投入教育领域，大数据洪流将会推动社会的新发展。但数据经济刚刚起步，它的基础结构还处在技术探索上，社会影响还没有完全成为现实，只可以看到它的轮廓。我们重视大数据的价值，同样应该看到大数据的可能风险；我们重视大数据的挖掘、分析、应用，但同样应该重视隐私的保护；我们重视储存种种信息为教育服务，同样应该考量遗忘的必要。

一、大数据的技术风险

大数据不仅面临着信息安全，还必须提前考虑它可能带来的风险，大数据本身的技术

风险就有这样几方面：

（一）数据的处理风险

之所以人类的认识比较零星细小，是由于人类对事物的认识更多是依靠实验，今日调查行业、企业、研究者最大的危险是对全数据的迷信所带来的风险。随着各种分布式的缓存、文件系统、数据库以及存储方案等新技术的迅速普及，对于海量数据的计算能力可以解决，但这种处理方式本身都存在很大风险，还只是关于数据处理的第一步，而数据分析层面才是大数据最严重的风险。

随着数据量源源不断地持续增加，必然带来不确定性的结果，很多不正确的数据会混入开放的数据库。此外，大数据包括不同来源的信息，多样混杂，增大出现混乱的概率，科学家和统计学者对此非常担忧，指出因为无法处理非结构化的海量数据，面对大数据时感到混乱、迷茫。大数据既包括更密集的信息，也带来更多的错误关系，使我们很难找到真正的关联，海量数据带来显著性检验的问题是现在数据挖掘的问题上面临的最大问题。当样本膨胀到一定程度，是很难进行适当推论的，或者得出不正确的关系。而缺失数据的存在将有可能导致虚假关系的增长，真相很难再接触到。需要数据对事物的理解，但更需要坚持理论和分析方法不断创新的原则，深刻地分析社会现象，客观处理相关问题，掌握海量数据在大数据时代的复杂性。

大数据时代数据分析思维一下子转变为分析全部的数据，收集所有样本的信息让数据自己说话在方法论上是狭隘的。数据量达到何种程度时才可以认为是全数据很难鉴定。通过变化能做出预测，但却不能解释变化的影响因素，使用大数据的简单算法而可以允许不精确解决问题，要相关性不要因果关系是放弃抽样而直接采用大数据的必然。

如果我们直接面对大数据，而没有对抽样进行拟合，将使我们失去对人的了解、对规律的掌握，即使是谷歌流感预测案例也被很多人认为存在问题，而且不是所有的社会事实都像一场流感一样易于预测，科学家通过比较互联网进行流感搜索，相比实际的流感监测数据，最后发现互联网流感搜索的谷歌流感趋势高估了流感峰值水平。

（二）数据的储存风险

1. 容量问题

大容量的数据现在可达到 PB 级的规模，因此存储系统需要有相应的扩展能力。同时一定要简便地扩展存储系统，甚至不需要停机就可以增加容量，可以通过增加数据模块或连接磁盘柜来解决容量问题。

2. 延迟问题

大数据应用需要解决实时性问题，大数据的应用环境导致很多时候需要设备具有较高的计算性能，普及了服务器虚拟化之后也需求高 IOPS，为此各种高速缓存的产品都在蓬勃发展。

3. 安全问题

某些特殊行业的应用都有自己的保密性和安全标准需求，都是IT管理者必须遵从的，在过去这种数据混合访问的情况并不会有，但是大数据分析必须依靠多类数据相互参考，而一些安全性问题被日益活跃的大数据应用催生出来。

4. 成本问题

成本控制是使用大数据环境的关键问题，想控制成本就意味着我们要让每一台设备都减少那些昂贵的部件，同时还要实现更高的效率。在不断增长的数据量环境中，通过哪怕只是降低几个百分点减少消耗后端存储的数量，这种锱铢必较的服务都能够获得明显的投资回报，当今数据中心使用的传统引导驱动器不仅具有较高的维修和更换成本，而且故障率高。

5. 数据的积累

许多大数据应用都会遵从法规，通常这些法规要求数据要保存几年或者几十年。任何数据都是昔日历史的一部分记录，而且分析数据一般基于固定时间段。要实现数据保存的期限，涉及法规问题，就要求存储厂商能够开发出储存性能更高的设备，具备持续进行数据一致性检测的功能，以及其他保证长期可用的高质特性，同时还要实现数据更新的功能需求。

6. 灵活性

大数据存储系统具有较大的规模，必须精细设计，才能确保系统的灵活使用，可以应用分析软件进行扩容。大数据存储环境中因为数据会同时保存在多个部署站点，数据迁移已经没有必要再做了。一旦开始投入使用一个大型的数据存储，基础设施不容易随时调整，因此需要适应各种各样的应用类型和多变的数据场景。

7. 应用感知

针对应用最早一批使用大数据的用户已经开发出了一些定制的基础设施，应用感知技术的使用在主流存储系统领域越来越普遍，它也是改善系统效率和性能的重要手段，所以在大数据存储环境里应用感知技术也应该用。

8. 针对小用户

作为一种商业需求，不仅是那些特殊的大型用户群体依赖大数据，小型企业也会应用到大数据。有些存储厂商为吸引那些对成本比较敏感的用户，已经在开发一些小型的大数据存储系统。

二、大数据的个体风险

（一）个人隐私泄露的风险

1. 个人隐私社会化

人们在大数据时代越来越依赖于网络，互联网上到处留下痕迹，这样大大增加了个人隐私的风险。从前可能只占用缓存的垃圾网络痕迹成为大数据金矿，一个淘金时代正在开启。随着互联网、移动互联网的普及越来越深入，大数据在人民的生活中会变得更快。大数据时代的风暴已经到来，大数据社会成为更大的风险社会。服装公司可以让你搜索跟踪来计算将有的流行颜色，网络信贷公司可以依靠网络社交圈来评价信用，个人和团体在大数据时代是否愿意分享，数据系统是没有考虑的，我们的隐私很容易成为他人手中利益。大数据时代的信息安全成为焦点。值得注意的是，人们对大数据时代的保护意识还比较薄弱，人们对大数据的保护能力还有限，仍然难以掌控数据被恶意使用的现象，未来更加凸显隐私问题。随着移动互联网、云计算、智能移动设备等的普及和广泛应用，互联网上产生、处理和流动的数据也越来越大。大数据将对安全行业产生极大影响，用户应该如何保护自己的数据安全和个人隐私逐渐成了所有安全厂商和用户关心的话题。

2. 个人隐私商业化

由于法律没有明文规定，国内很多公司事实上在处理有关个人数据的时候都采用了用户的数据想怎么用就怎么用的做法，只要用户不知道。用户近些年来只要登记注册在某些网站，就会经常接到推销电话，搜索引擎搜个奶粉就接到很多广告和跟新生儿相关的推销邮件，这些漠视用户利益的不规范做法长期积累，使得用户极度不满，对厂商们的信任感极度降低。随手翻翻，各大网站拥有清晰、完整明确的个人隐私权保护策略的屈指可数，对于如何处理你的数据，99% 以上的网站基本处于灰色地带。

3. 个人信息全球化

大数据带来前所未有的机遇，同时使得个人隐私处于风险之中。大数据时代需要重视隐私问题，大数据的巨大价值不仅在于存储，更在于之后的处理和使用。关键在于收集信息与隐私保护有分歧。保存信息虽然必要，但是现行的隐私保护政策是不是妨碍了我们，社会有必要就此进行大辩论，为大数据时代的隐私保护划定新的边界。

人们更多的个人信息在大数据时代必然会导致被搜集，如何利用大数据分析预测未来是大数据时代带来的挑战。审视过去，在数据分析的基础上一些机构可能做出预期评估，来否决病患继续进行治疗的必要，或者拒绝一个人申请的抵押贷款。人们应该担心其个人意志很可能被否定，大数据分析可能影响是否得到公平的对待。

大数据技术能够集中管理大数据，会使数据变得更容易查找，而且便于混合提取不同类别的数据。但是信息管理机构的掌控权过大，难以制衡，可能会造成严重的问题。同时有可能受到恐怖分子的攻击和侵袭。互联网已经全球化，目前大数据储存呈现出离散化分布，人们可以通过数据市场从各地的大数据库中提取数据进行协同整合。

充分认识大数据的两面性，既带来机遇和利益，也面临各种风险。大数据来源丰富、种类繁杂、数据量大，具有不可完全预测的复杂性，未来需求更高的预测优化和前瞻洞察。

必须清醒认识大数据应用的不完全性，既要充分利用分析结果，也不能忽视其重要作用。大数据核心技术正在发展，分析对象中包括许多错误数据和冗余数据，结果并非完全准确。例如由于微博上无用信息的干扰，谷歌也曾多次出现不准确的预测。大数据的价值重点在于启发应用者的创新思维，辅助决策拓展思路，若是处理问题，大数据能够提供更多种参考方法。所以客观认识大数据的作用，才是更好发挥大数据作用的前提。

（二）个体安全遭遇风险

1. 数据价值诱发病毒发展

病毒和木马在业界专家看来实际上是黑客篡改数据、窃取隐私的工具，杀毒仅仅是安全的一个环节，杀毒并不能够保证安全。

病毒随着互联网的发展越来越向影响数据安全的方向发展。从 2005 年左右以偷窃为目的的木马型病毒开始泛滥，中毒电脑这时候可以表现得与正常电脑一样，只不过是电脑上储存的数据、账号、密码被窃取。这时候有些病毒会选择自己的感染人群，比如有的病毒会探测电脑中是否存在游戏进程，如果有则发作并窃取密码，如果这台电脑中没有安装游戏则自我销毁。电脑上数据价值的转移可以说正在潜移默化地改变着病毒的面貌。当电脑上文本型文件是价值最高的数据时，病毒以删除文件和破坏电脑系统为主；当网游账户、网银账户变成价值最高的文件时，病毒则以窃取有价值的个人资产为主。

2. 大数据影响用户安全

事实上，前所未有的安全风险必然会伴随着每个前所未有的数据利用形式产生是一个基本的安全判定。在千万量级用户的搜索数据挖掘行为中，数据挖掘专家可以根据你的搜索词变化大致推算出男女、年龄、消费水平等信息，登录不登录对他的分析基本无效。同样的挖掘技术如果黑客也在使用会给安全行业带来巨大改变，未来的黑客并不需要进行入侵就可以根据数据分析出来你的信息，轻而易举获得你的密码。大数据对黑客非常有用，它对安全公司也是同样有用，因为大数据和安全的相互渗透影响是一个渐进的过程。

安全专家和黑客的相互较量是矛和盾的结合体。当一款新材料打造出的盾更坚固时，同样意味着用这个材料制作出来的矛更锋利，区别之处只不过是谁能行动得更快、谁更能利用新的技术。

3. 巨大经济利益催生个人信息安全的系统性风险

大数据时代使得采集个人信息日益方便快捷，范围更加全面，不仅包括公民身份之类的相关数据，而且进一步囊括公民的商业消费与日常金融活动等交易类数据、社交网络发表的各种言论等互动类数据、基于网络社会产生的人际关系类数据、诸如谷歌街景等地理位置的观测类数据，通过整合各类数据，进行关联，聚合分析，可以做到准确全面地还原个人生活，进而预测其社会状况的全貌，最终产生难以想象的巨大经济效益。出于经济利益，已经不知不觉形成围绕个人信息的数据产业链，从采集处理到开发营销，合法途径混杂非法方式，线上手段结合线下路径。

4. 数据权利调整导致个人信息安全保护的边界模糊

大数据时代提倡信息资源在全社会实现开放分享，方便进一步开发利用，国家、企业、个人互相之间的数据权利界限需要重新考虑，应该根据实际情况的发展动态调整，如美国、澳大利亚、英国、新西兰等很多国家已经起步，政府开始陆续建立大数据门户网站，公开各类以前专属政府的民生数据，与全体公民和所有企业共享。而个人信息既是新的社会经济资源，又具有人格利益，其双重价值导致需要调整其信息保护的边界，大数据时代如果用户需要高质量的个性化服务，就必须用个体的透明度来换取，最大的个性化也意味着最大的透明化。因此，当前大数据的发展导致以下核心问题：大数据时代个人数据的归属权、使用权、开发权、分析权等都需要重新界定，个人信息安全保护的主体、范围、手段都将重新考量。未来的个人信息保护不只是静态的储存，必将是在动态应用中实现信息安全，在法律的框架之中实现安全透明的采集储存、开发利用。

三、理性把握大数据时代的思想政治教育环境

我们必须高度重视大数据发展对思想政治教育和意识形态安全带来的挑战，要积极防范网络和大数据的种种风险。因此，从信息化社会的新形势新情况出发，思想政治教育一定要认真研判大数据时代的新环境，积极应对大数据带来的种种挑战，科学把握思想政治教育的大数据机遇。

布迪厄认为："从分析的角度来看，一个场域可以被定义为在各种位置之间存在的客观关系的一个网络，或一个构型。"① 在大数据的环境下，社会大众拥有获得信息资源和表达思想观点的更大空间。在这个空间中，受众的不同倾向性意见的相互作用构成了一个大数据的意见"场域"，转接信息形成议题。如前所述，这是客观存在的复杂大数据意识形态现象。伊格尔顿指出："意识形态远不只是一些自觉的政治信念和阶级观点，而是构成个人生活经验的内心图画中变化着的表象，是与体验中的生活不可分离的审美的、宗教的、法律的意识过程。"②

大数据作为现实社会的反映，依然是人的生存空间，人们会在这开放空间中表达一个真实的自我。但是，在网络中我们时刻都可以闻到一种意识形态的味道，不仅这些大数据符号充满了意识形态的深刻底蕴，就连大数据技术本身也难免沦为一种深刻的意识形态。

---

① ［法］皮埃尔·布迪厄等：《实践与反思——反思社会学导引》，中央编译出版社 2004 年版。
② ［英］伊格尔顿：《历史中的政治、哲学、爱欲》，中国社会科学出版社 1999 年版，第 5 页。

在这里，同时也许在那里，人们的独立见解不仅不会消融在意识形态的硫酸池中，而且恰恰通过意识形态表现出来。在复杂的大数据信息中，人们仿佛听到了卢梭的声音："人是生而自由的，但却无处不在枷锁中。自以为是其他一切主人的人，反而比其他一切更是奴隶。"① 大数据技术在为人们提供便利的同时，也影响了人们的思想形成。针对大数据时代的这一新环境，教育者可以依托大数据平台的信息，对数据及其来源进行有效鉴别，形成良好的"信息环境观"，充分利用"信息价值"，并善于选用适当的数据计量方法或应用程序软件等对数据进行统计分析，挖掘大数据潜在的思想政治教育价值，找出事件之间的关联性，并对事件的发展走向及趋势进行预测，最终提升思想政治教育的效果，使得思想政治教育成为无缝对接的"合力型"教育，促进教育内容获得"内化于心、外化于言，实化为行"的实效性。

①[法]卢梭：《社会契约论》，李平沤译，商务印书馆 2013 年版，第 4 页。

第三章　高校思想政治教育的现代化转型

第一节　社会转型与思想政治教育现代化转型

思想政治教育是社会的一部分，社会变化决定了思想政治教育的变化。随着传统社会向现代社会的转变，思想政治教育也会发生转变。社会转型在本质上是社会结构的转型，同样，社会结构转型促使思想政治教育结构转型。思想政治教育转型的核心是思想政治教育结构转型。

一、思想政治教育社会结构的改变

依据社会学社会转型理论，社会转型本质上是社会结构的转变。思想政治教育的现代化转型不仅是发展变化，而且是结构性的转变。改革开放以来思想政治教育得到很大发展，取得十分可喜的成果，同时这种转变远远跟不上社会对思想政治教育的需要，远远跟不上思想政治教育面临的巨大挑战。长期以来，思想政治教育远远不能适应社会的变化，难以从社会挑战中走出来，与思想政治教育转型滞后有很大关系。思想政治教育必须自觉地推进这种转型，使之迅速跟上时代变化和社会转型，实现思想政治教育的主动。中国社会正在发生巨大的转变，本质上是社会现代化。

（一）时代变化

这里所说的时代，是指时代的主要特征。中国社会正在由传统向现代转变，同时出现后现代现象。中国的现实社会，是传统性、现代性和后现代性叠加存在的社会，但现代性处于主导地位。城市化、工业化、科技、教育、知识、文化、理性、消费，以及人的因素、环境、生态、知识社会、信息社会、消费社会、风险社会、全球化或世界社会等因素成为社会的基本因素。

（二）社会变化

核心是社会结构的分化与转型。社会结构发生分化，大量社会要素本来具有内隐性特征，在社会上并没有占据位置，现在已成为显性因素，这些社会因素不仅在社会系统中凸显出来，而且占据重要位置，发挥重要作用。这是造成社会多样化的基础原因。

（三）力量变化

这是“权力的转移”。由体力到机器、由资本到智力，知识在现代社会的地位越来越重要，越来越成为重要的力量。这是社会和人对文化提出了更高要求，是知识因素对社会、人的影响，进而人和社会对思想政治教育提出要求。这些构成思想政治教育的客观环境。从社会视角看，思想政治教育由传统到现代的转型，是由中国社会向现代转型所致。

二、思想政治教育现代转型的提出

改革开放以来，随着社会条件的变化，思想政治教育不断进行改革创新，努力适应社会环境、对象需要和自身工作的需要，得到创新、发展和加强。特别是在高校系统，采取一系列措施，从学科建设到队伍建设，从课程建设到师资培训，从制度建设到机构设置，大学生思想政治教育得到了明显加强和改进。但就社会环境而言，思想政治教育面临新的挑战，有些情况甚至比以往更加严峻，使工作变得更加困难。社会上存在否定思想政治教育的思潮，思想政治教育机构数量也在萎缩。高校有思想政治工作，因为高校的组织还是传统的，还组织政治学习。有的县市领导说，我们讲话，起草讲话，都是有依据的，任何一种提法都要从上级领导人讲话、文件中找到依据。上级不讲的话，下级怎么能讲？

高校及各行各业都在开展思想政治教育，但实际效果受到很大的减损，这与缺乏必要的社会舆论与社会文化心理的支持有很大的关系。显然，思想政治教育需要相应的社会文化生态，只有社会子系统领域开展思想政治教育，与社会大系统领域思想政治教育文化做到相互呼应，才可能取得良好效果。改革开放前思想政治教育之所以有较好的效果，其重要原因就在于单位思想政治教育活动与社会政治文化形成一体，内外相互增益。在开放的社会环境中开展思想政治教育，这种增益更加必要，而事实是这种增益在弱化。

事实上，我们全社会在做思想政治教育，做了大量的思想政治教育。考察全社会，存在两种思想政治教育：①以思想政治教育名义开展的思想政治教育；②不以思想政治教育名义开展的思想政治教育。我们经常说，思想政治教育学科、专业、专职人员是中国特有的，具有中国特色；但是，思想政治教育事实上又是世界各国都在做。国外有思想政治教育，但不用思想政治教育的概念，使用了其他诸如政治社会化、政治教育、公民教育、道德教育等概念。与此相应，我国正在形成一种态势。思想政治教育事实上在做，各种各样的思想政治教育也做得很多，但许多人回避使用思想政治教育概念。社会上正在形成不用思想政治教育名义来做思想政治教育的某种文化。

改革开放以来，为了适应社会主义现代化和社会主义市场经济发展，推进思想政治教育的加强和改进，思想政治教育领域提出了诸如转变论、创新论、发展论、改革论、加强论、改进论、现代化论、科学化论等，对思想政治教育现代化科学化进行了广泛探讨，发挥了积极作用。从现实和理论上进行了分析，提出了从传统思想道德教育向现代思想道德教育转变的任务。

三、思想政治教育结构转变

（一）思想政治教育现代转型

现代转型同样是思想政治教育结构的转变。思想政治教育结构本身是一个需要探讨的课题。思想政治教育结构包括外部结构和内部结构两部分。思想政治教育是做人的工作，做人的思想的工作。这类工作不只是思想政治教育在做，其他社会活动，至少与人有关的社会活动都在做。有人的地方就有思想政治教育，人人都是思想政治教育对象，人人都是思想政治教育者，全社会共同来做思想政治教育，思想政治教育分为专职人员和兼职人员等，这些观点都是这种情况的体现。这表明，思想政治教育并不是思想政治教育一家在做，除此之外，还有许多社会主体在做思想政治教育。众多社会主体做思想政治教育所形成的关系，我们称之为思想政治教育的外部结构，形成了思想政治教育的外部格局。在计划经济体制条件下，思想政治教育由党委来做，而党委宣传部门又是思想政治教育专门管理部门，全社会思想政治教育具有主体单一性和活动统一性的特征，构成思想政治教育单一格局。

改革开放以来，社会现代化造成社会多样化，这种多样化造成思想政治教育多样化。各种社会主体在社会中的活动，名义上并不称为思想政治教育，实际上具有思想政治教育功能，有些实际上就是思想政治教育。新出现的社会组织和活动（精神文明办公室及其精神文明创建活动、志愿者组织及其志愿活动、民间社会组织及其公益活动等），政府的思想文化功能也在新社会条件下突显出来，它们与原有组织及其活动（党委系统、工会、共青团、妇联等）共同构成新社会条件下思想政治教育新格局。显然，全社会的思想政治教育格局已经突破了过去宣传部门专门管理的局面，形成了多样化格局。

（二）思想政治教育内在转变

思想政治教育是一个系统，是由多种因素共同构成的整体。思想政治教育系统在社会现代化过程中发生变化，包括要素发育、要素之间关系的调整、整体形态的变化。例如，思想政治教育工作者要素，思想政治教育专职人员群体过去只有专职政工人员，主要是思想政治教育实际工作者，现在已经由专职政工人员、教师、研究工作者三类人员所组成。又如，思想政治教育科学化获得长足发展，设立了思想政治教育学科，建立了思想政治教育人才培养体系，形成了思想政治教育专家，发表出版了一批思想政治教育学术论著。思想政治教育要素之间的关系也在调整。首先是分化，整体性结构（要素）分化为功能分工明显的结构（要素），如对象、内容、机构；不同领域、不同层次、不同对象、不同内容的思想政治教育有了区分，不同层次、范围、对象、目的、任务，以及不同的地域、机构、社会组织的思想政治教育有了明显的区别。其次是调整关系，思想政治教育要素在思想政治教育系统中的地位和作用发生了变化。从思想政治教育整体形态来看，思想政治教育知识已经由经验形态向科学形态转变，思想政治教育的学术性、科学性、现代性初步呈现，思想政治教育科学性更加彰显，思想政治教育正在由传统形态向现代形态转变。

上述情况表明，思想政治教育必然要发生转变，而这种转变不是简单的变化和发展，而是转型。思想政治教育现代转型，从思想政治教育与社会的关系来看，思想政治教育是社会的一部分，思想政治教育系统是社会系统的一个子系统，社会结构改变，思想政治教育必然会发生改变。反之，思想政治教育不改变，就会受到来自社会其他方面的压力，甚至被社会所淘汰。思想政治教育自身也是一个系统，是结构性的组成。思想政治教育在社会转型影响下改变，必然促使思想政治教育结构发生改变；而且也必须是思想政治教育结构的改变，若没有达到结构的改变，思想政治教育仍然不能适应社会，思想政治教育所受到的挑战或压力就得不到解除。思想政治教育应主动认识和推进现代转型，用现代思想政治教育发挥思想政治教育的作用，为社会提供智力支持、精神动力、思想保证和文化条件。

思想政治教育现代转型随着社会现代化而产生，社会现代化属于社会变迁。社会变迁有两种类型：一种是发展性变迁，另一种是转型性变迁。在发展性变迁情况下，社会变化基本上是由于社会变革所带来的显著、巨大的经济增长与发展所引发和促成的，是伴随着人们物质生活的不断充裕与富足而得以实现的，表现在生产要素的更新和生活方式的转变方面，诸如技术的更新与传播、贸易与市场的扩展、人口的自主流动以及社会的不断开放，它更多的是一种自在自为的社会过程。在转型性变迁情况下，社会变迁的根本成因在于社会结构和制度的转变与更新，在于各种社会关系和社会规则的转变与整合，表现在社会资源的占有与分配、身份地位和权力声望的社会构成的变化，尤其体现为价值意识即人的意识参与社会转变的社会过程。转型社会的变迁不仅要改造社会原有的社会组织格局，更是重新构建起新的社会组织格局，从而实现从旧秩序社会通过转型走向新秩序社会的变迁。这种社会变迁将是深刻的具有根本性的变革，它所带来的影响也是广泛和深刻的。思想政治教育现代转型属于转型性变迁，会带来非常深刻的变化。对此，我们应有预见和准备。

第二节　高校思想政治教育现代化转型的机遇与挑战

思想政治教育现代化的实现是一个非常复杂的系统工程，需要思想政治教育不断进行自我建设和自我发展。它必须在马克思主义理论和马克思主义中国化以及科学发展观和社会主义精神文明建设的伟大成果指导下，遵循客观规律，发挥意识的能动作用。这些指导理论，其前进的方向与思想政治教育现代化实现的方向在根本上是一致的，都是为了提高受教育者的综合素质而提出的理念，思想政治教育现代化要紧密联系社会主义精神文明建设，才不会迷失方向，才不会走弯路、走错路。自改革开放以来，社会主义建设在经济、政治、文明、精神等方面不断取得巨大的成就，这些都为思想政治教育现代化的实现提供了现实条件。同时，许多的问题也接踵而至，其中最为明显的就是信息源的多极化、载体的网络化，使得信息化时代下腐朽文化和落后文化有了可乘之机，加大了对我国思想政治阵地的冲击，对思想政治教育者提出了严峻的考验。

一、大学生思想政治教育现代化转型的机遇

思想政治教育具有全局性、时代性、开放性和交互性的特点，它必然随着经济全球化的发展同国际国内经济、政治、文化的发展紧密相连。全球化为我国高校思想政治教育提供了前所未有的机遇。

（一）全球化为思想政治教育营造了优越的环境

1. 优越的物质环境

全球化推动了新技术的快速发展，为各国之间的沟通交往建立了很好的平台：随着国家经济的快速发展和综合国力的提高，党和政府用于思想政治教育的资金逐年增加，教育设施得到很大改善，提高了教育者的工作效率。全球化的开放性，为思想政治教育者提供了先进的教育手段，理论资源得到了有效补充，开拓了思想政治教育的视野和思维，使中国思想政治教育者的效果更加显著。

2. 优越的政治环境

在全球化的趋势下，国际社会越来越成为一个不可分割的整体。各个国家都充分意识到自己的快速发展离不开其他国家的帮助，经济之间相互依存，共同发展，再次彰显了和平与发展的时代主题。中国的快速崛起，很快占据了世界一席之地，为思想政治教育提供了很好的国际环境，增强了说服力。法制建设的完善和政治制度的全面发展，也为思想政治教育的发展提供了优越的政治背景。

3. 优越的教育环境

全球化给思想政治教育的发展带来了丰富的资源和优越的环境，有利于思想政治教育的快速发展。资源的丰富充实了思想政治教育的内容，方法的多样弥补了教育措施的短板。面对新形势下的新问题，教育者要重新定位自己，在教育内容和方法上大力革新，采取多变的方法以不变应万变。同时要求教育者要以一种开放、平等的对话精神和学生进行沟通交流。

（二）全球化促进大学生思想政治观念不断更新

在经济全球化背景下，大学生处于一个空前开放的世界里，其视野得到进一步拓宽，封闭狭隘的旧观念逐渐被打破。他们思想更加活跃、自由和开放。他们比任何时候都关心

国际国内形势的发展。国际竞争、全球问题、自主择业等唤醒了他们的全球意识、竞争意识、自我意识和进取意识。因此，他们的政治主体意识、平等权意识和人权意识进一步提高，对腐败的不满和对民主政治的渴求日益增加，这些变化无疑将推动高校思想政治教育工作朝着良性的方向发展。

（三）全球化为高校思想政治教育创新提供了条件

全球化是以科技全球化趋势为先导的，并且进一步促进了科学技术在全球范围内的发展。科学技术特别是信息网络技术，为全球化的迅速发展提供了必要的媒介和手段，也为思想政治教育工作提供了新的媒介和手段，思想政治教育工作的科技含量将越来越大。①信息技术特别是网络技术的发展，为思想政治工作的方式、方法的创新提供了现代化的手段，拓展了思想政治工作的空间和渠道。②全球化的发展为高校思想政治工作法律化、制度化奠定了基础。③全球化的发展促进了人们的参与意识，在这种意识的影响下，高校思想政治工作主体的自我参与意识也不断加强，传统思想政治工作中强制灌输和被动接受的教育方式正在弱化。④由于全球化所带来的开放环境，使各国文化交流空前频繁。这些都为思想政治教育打破封闭状态、探索新的方式方法提供了条件。

二、大学生思想政治教育现代化转型的挑战

全球化是一柄“双刃剑”，就我国高校大学生的思想政治教育而言，全球化和科学技术的迅猛发展，不仅折射出高校大学生思想政治教育存在许多问题和弊端，同时也给大学生思想政治教育带来了前所未有的难题和挑战。

（一）全球化对高校思想政治教育环境的影响

1. 社会环境复杂化

从国际环境的变化来看，经济全球化以不可阻挡之势席卷世界的每个角落，中国也在其影响范围之内，它在带给中国经济巨大发展的同时，也带来了世界各国各式各样的思潮，给中国主流的意识形态和价值观念带来了严重的冲击，同时给思想政治教育的实施增添了难度。

从国内环境的变化来看，随着改革开放的不断深入，在社会生产力大幅提高、人民的生活水平得到很好改善的同时，市场经济下催生的利己主义、政治观念淡化、理想信念动摇、对建设有中国特色社会主义缺乏信心等因素给思想政治教育制造了新的困境。

2. 学校环境复杂化

中国在应对全球化趋势过程中经历着四个挑战，“多元开放的挑战”“多元经济的挑战”“多元结构的挑战”以及“多元文化的挑战”。这些挑战在给中国加速发展的道路上起到帮助的同时，也给社会带来了弊病，致使学校教育环境复杂多样化，严重影响了思想政

治教育的成效。

（二）高校深化改革对思想政治工作带来的挑战

随着弹性学制、完全学分制的推行，后勤社会化的实施，传统的同一专业编班的授课模式被打破，以班级为主体的学生基本组织形式将逐步被弱化，学生群体趋于分散化、个体化、小型化，学生成长环境、生活方式发生重大变化，过去教室、宿舍、食堂构成三点一线，曾是大学生生活的形象描绘，现在学生的生活园区、学生的社团、信息网络正在构成大学生日常生活新的三大公共环境。如何面对教育环境和教育对象的实际变化，加强思想政治工作的针对性、有效性，找准切入点，是值得认真思考的问题。

（三）学生自身的变化对思想政治工作带来的挑战

当代大学生出生在改革开放年代，成长于社会转型和各种价值观交叉激荡的时期，由于生活经历的单纯和价值环境的复杂，他们中的不少人存在认识与行为的背离、价值目标与实际取向的背离。一方面他们主流积极、亮点突出，对未来充满信心；另一方面他们缺乏艰苦奋斗生活的锻炼，心理承受能力差，社会责任感不强，理想信念、科学精神、人文素养、公德意识等诸方面还有欠缺，有待于完善提高。

第三节　高校思想政治教育现代化转型的发展方略

经济全球化是当今世界经济发展的历史必然趋势，面对这一趋势，我们只有积极应对，参与到经济全球化的历史进程中才能应对其所带来的各种挑战。高校思想政治教育工作应当积极倡导面向未来、面向世界、面向现代化，革新完善教育指导方针，不断更新教育教学内容，创新教育教学的方式方法，保持自身的生机与活力。

一、大学生思想政治教育现代化转型的理念创新

理念的现代化是思想政治教育现代化实现的前提，那就是，理念决定实践的方向和性质。因此，思想政治教育现代化首要的任务就是对思想政治教育理念进行全面反思，去除那些在思想政治教育理念中存在的过时和保守的思想，从僵化的观念束缚中解放出来，建立多维度的、开放的和创新的思想政治教育理念。

（一）树立开放性教育理念

全球化加速了各国文化之间的碰撞，世界上每一天都有不同的文化被其他的文化所影响、所同化。在中国，有很大一部分的人，特别是辨别是非能力较差的青少年群体，很容易受到西方资产阶级腐朽思想的毒害，西方国家通过电视、网络等多种手段，悄悄地实行

自己的价值理念渗透计划，意图成为文化霸主。同时，网络的发展也使各种良莠不齐的信息充斥其间，给国民带来了很多负面影响。而社会主义市场经济的发展，也使得思想政治教育工作日益暴露于一个开放的环境之中，开放的社会环境固然有着广阔的发展前景，但也需要我们好好利用，不然必将给思想政治教育现代化的实现带来诸多障碍。

1. 创新教育形式

树立开放性理念，要求我们一方面要对传统的文化进行批判继承，保留其中优秀的部分，去除其中不符合时代的落后内容，其中最重要的就是保留思想政治教育课堂。然后，应当创新性地通过一系列的德育实践活动来增强受教育者的思想道德水平，活化思想政治教育课堂的教育形式，同时，要有目的性地寻找受教育者存在的问题，针对在思想政治教育课堂上新出现的问题和情况，尝试运用创新的理念和方法去解决，以开放性的理念看待问题、解决问题。

2. 坚持理念统一

思想政治教育受教育者的思想态势由于社会不断增强的开放性在发生着相应的变化，思想政治教育工作者应当摒弃自己的陈旧观念，学习新内容，掌握新方法，同时，要在树立自身开放性理念的同时，坚持主流文化主导性和鼓励受教育者多样化发展相统一的理念，不应当也不能限制受教育者的个性化发展，如果只允许存在主导性，否认多样化，就会使受教育者由于个性使然产生强烈的抵触情绪，或者造成受教育者发展方向单一化的后果。同样，如果只注重多样化而否认统一性，那么思想政治教育就容易走上歪路，导致受教育者最终遭受挫折，削弱思想政治教育的实效。

（二）树立以人为本的教育理念

思想政治教育是关于人的社会实践活动，既然是实践，那就一定要讲究科学的方法，以人为本的教育理念是时代发展的产物，它主张将受教育者放在第一位，以受教育者作为教育教学的出发点，顺应受教育者的天赋，提升受教育者的潜能，完整而全面地促进受教育者的全面发展，尊重、理解、关心和信任的教育是必不可少的。马克思曾经说过：“无产阶级的事业必须依靠人民群众，劳动人民是在为共产党工作，就必须以民主的说服教育的方法来服众，任何命令和强制的方式都是不允许的。”

1. 确立主导地位

一直以来，理想信念教育都是党的思想政治工作的核心内容。一个人的理想信念教育，对他来说是非常重要的，我们提倡的坚持以人为本，并不会弱化思想政治教育，而是应当更加强化，要更加强化受教育者进行理想信念教育，要努力坚定理想信念和人生观、世界观、价值观教育的统领地位，培养受教育者的高尚品德。要深入进行正确的“三观”教育，激发出他们的爱国和集体主义情操，引导他们不断追逐更远大人生目标，坚定他们的马克思主义信仰，坚定他们走中国特色社会主义道路的决心，把个人的奋斗和国家的前途命运联系在一起，肩负起实现中华民族伟大复兴的历史使命。

2. 思想问题与实际问题有机结合

思想政治教育应当把解决思想问题与实际问题有机结合起来，才能体现思想政治教育的人本性。为何受教育者总是有思想问题产生，究其原因，是因为他的某些问题没有得到真正的解决。思想政治教育者要为受教育者解决实际问题，以此来增强思想政治教育的说服力和感染力，激发受教育者接受思想政治教育的自觉性和主动性。既要有管理意识，更要有服务意识。应该从提高管理水平和工作效率的角度来看，也应当站在为人民全心全意服务的立场上进行工作，让他们的心更稳，让他们的心更暖，让他们的心更有归属感，多办好事和实事，要多去倾听受教育者的呼声，了解受教育者的情绪，关心受教育者的困难，要说真话、做实事，用真理的力量和人格魅力，晓以情理；同时，要加强对受教育者进行择业就业指导，增强学生的就业竞争力，要关心心理异常的受教育者，减缓他们的心理压力。

3. 积极进行自我教育

培养受教育者动手能力和自我服务的能力，构建和谐管理环境。建立有效的服务体系，改变受教育者被动接受教育和管理的状况，引导他们进行自我教育、管理和服务，为他们创造有利的成长环境，只有这样，受教育者才有他们的个性发展被着想、他们的自我实现被考虑的切身感受，从而产生强烈的归属感，并希望通过施展才干来实现自我价值，强化对自己认识和行为的责任感。在这种情况下，受教育者更易将规章制度内化成自觉行为，这对于促进受教育者人格的完善，全面提高受教育者的素质，无疑具有非常重要的作用。

（三）树立动态发展的理念

实现思想政治教育现代化是一个动态的发展过程，要求思想政治教育工作者用发展的观点去主动发现问题和研究问题，最终解决问题。传统思想政治教育无法取得较好的实效性是因为自身的封闭性和静态性所导致的，其没有明晰事物是变化发展着的这一哲学基本原理，实现思想政治教育理念的现代化，要求思想政治教育工作者要熟读马克思主义基本理论，特别是其中对发展理论的阐述，同时，还要深刻认识科学发展观这一重要理论，这两方面是其进行思想政治教育工作所必须拥有的理念。故步自封是无法取得任何发展的，传统的思想政治教育针对性、吸引力不强，往往是太笼统，没有针对性，只有以发展理念作为自己行动的指针，才能更好地做好思想政治教育工作，增强其实效性。

二、现代化思想政治教育转型的内容创新

（一）坚持正确的教育观

世界观、人生观和价值观，就是人们思想的总开关，人们思想的先进性取决于这“三

观”正确，三者是一个有机的整体，有什么样的世界观就有什么样的人生观和价值观，人生观、价值观是世界观的重要组成部分，又是它的具体体现。

大学时期正是大学生价值观形成的重要时期。高校思想政治教育必须面对新情况、新问题，正确把握全球化对大学生思想的影响，并采取相应对策来教育和引导大学生形成健康向上的世界观、人生观、价值观。在积极参与全球化的进程中，高校思想政治教育应旗帜鲜明地廓清文化全球化的危害性，对西方各种思潮、价值观念的涌入和渗透保持高度的警惕，要根据国际政治、经济、文化发展最新特点和学生思想动态的实际，加强马克思主义基本理论教育，培养学生正确认识西方的自由、平等、人权、法治等思想，正确区分资产阶级价值观和无产阶级价值观。进行弘扬科学精神的教育，树立科学理念，杜绝迷信活动和迷信思想的传播；加强社会主义核心价值观教育，对学生进行奉献精神教育，培养学生的集体观念和全局观念；坚持理想信念教育，把树立坚定正确的政治方向作为思想政治教育的核心；贯彻以人为本的教育思想，根据大学生的身心规律和特点塑造学生的思想品格与卓越人格，并最终使大学生形成正确的世界观、人生观和价值观，使大学生保持自身思想和道德的正确性和先进性。

（二）培育民族精神

时代背景的变化使我们感受到大学生的民族精神培养和爱国主义精神教育与以前有了很大的不同，新的时代背景下对大学生的民族精神培养和爱国主义教育提出了新的要求。民族精神是一个民族在长期的生产和生活实践中形成与发展的为大多数成员所具有的内在品质、心理特征、精神风貌、价值取向和人生追求。青少年是弘扬与培育民族精神的重点人群，因为他们是祖国的未来，对于青年中受教育程度较高的大学生，更是弘扬与培育民族精神的重中之重。为了加强对大学生的思想政治教育，坚持引导大学生弘扬与培育民族精神，对大学生进行爱国主义教育、理想信念教育、艰苦奋斗教育、健全人格教育，增强大学生的民族自信心、民族自豪感和民族凝聚力，进而确立科学的人生观、世界观、价值观具有极为重要的现实意义。

（三）强化集体主义教育

有人认为，全球化是以市场经济为基本特征的，而市场经济强调的是市场主体的各自利益，为人民服务和集体主义的精神已失去意义。还有的人认为，为人民服务和集体主义是对党员和领导干部的要求，在市场经济时代，向广大公民提这样的要求，太脱离实际。这说明，部分学生对为人民服务和集体主义教育的认识是模糊的。

为人民服务是无产阶级的价值观，是社会主义道德建设的核心。人是社会的人，每个人必须在社会中才能存在和发展。因此，集体主义不但与社会主义市场经济相契合，而且是社会主义市场经济的客观要求。为人民服务和集体主义是社会主义经济基础和发展社会主义市场经济的必然要求。当代大学生只有树立为人民服务和集体主义思想，才能在经济全球化的迅猛发展过程中，在社会主义市场经济条件下，自觉抵制极端个人主义、享乐主义等腐朽思想，把个人理想、抱负与国家、集体利益统一起来，在为国家和人民的奉献中，充分实现自我价值。

三、高校思想政治教育现代化转型的方法创新

面对错综复杂的新形势新问题，我国高校的思想政治教育如果简单地沿用以往的老方法、老套路，就难以收到良好的效果。因此不断转变和创新思想政治教育工作的方式和方法，努力增强思想政治教育工作的针对性和实效性，才能使其紧跟时代的步伐，真正发挥教育人、引导人的作用。

（一）促进自我教育

自我教育是思想政治教育的一种方法。所谓大学生自我教育是指在大学生思想政治教育要求的影响和启发下，思想政治工作对象发挥自主因素进行自我认知、自我调控和自我发展的思想和行为的教育活动。自我教育理念下的大学生思想政治教育实践，是一种创新实践，是教育理念的全新变革，是以学生为中心、以个体发展和完善为目的的教育。探索一条以自我教育为核心的思想政治教育模式，是一种方法上的突破。引导学生进行自我教育，就是在政治、思想品德方面，帮助学生学会正确地认识自己和评价自己，培养学生自我协调、自我控制的能力，进而把自己放在一定的社会关系中，在与社会的相互交往中，实事求是地评价自己，坚持好的，修正错误的，使自身修养得到不断的升华。

（二）多种方法相结合

1. 心理咨询法

主要是指在思想政治教育过程中运用心理学的知识和方法，通过形象生动的表述，借助科技成果的帮助，使受教育者的心理产生影响，从而在认知和情感上发生变化，消除心理障碍。心理咨询的结果就是帮助咨询对象重新认识自我、接纳自我、实现自我的发展，心理咨询运用激励的原则，在思想政治教育中发挥着重要的作用。改革开放后，随着经济、文化的交流以及外来思潮的涌入，一些大学生产生了不良的反应。由于学生自控能力低、思想意识形态尚未成熟，因此，在外来文化面前，一些人很容易被错误的思潮左右，他们有的厌恶学习、行为过激，甚至憎恶社会，对社会的安全构成威胁，这些都是病态的反应。这时，采用心理咨询法，让他们辩证地去看待问题，告诫他们不能因为一时的失利产生错误的想法，从而有效地对学生加以引导，使他们回归到正确的轨道当中来，努力在社会主义建设中实现自我。

2. 冲突缓解法

主要是指针对受教育者由外而内的矛盾和冲突，通过建立健全化解机制和宣泄渠道，

使教育对象产生正确的思想认识和平衡的心理态度。冲突缓解法具体可以分为缓解和处理两种方式，其中缓解又一分为二，分别为事态缓解与矛盾缓解。事态缓解是指在任何冲突发生之前，都会有事前预兆提示，我们要在有征兆苗头出现的时候，就将其解决，以免事态扩大、不可控制；矛盾缓解是指在冲突发生过程中，采取疏导、分流、调整、疏通、宣泄、转移等方式来疏导对立情绪，改善紧张局面。事态处理是指在矛盾情况发生后要果断采取措施，它要求严格的时间性，即在短时间内将问题处理和解决，这种情况往往针对那些有严重后果、不容耽搁的紧急状态。采用的方式多为切断源泉、紧急求助等方式。

冲突缓解法和心理咨询法是依据不同的困境产生方式形成的有效解决方法。只有将两种方法进行有效的结合，才能更好地改善受教育者的心理状况，使其能够正确地对待困境、走出困境。

00 后大学生，是复杂的、不易琢磨的一类群体，自主、自立、轻易间不易改变、坚持自我、钻牛角尖等现象都是现代大学生所特有的。当前大学生刑事案件时有发生，不得不引起我们足够的重视，这就给思想政治工作者带来了严峻的挑战，督促他们采取合理有效的手段，对出现的问题及时加以控制。

3. 实践锻炼法

主要是指教育者积极引导受教育者参与社会实践活动，受教育者在改造客观世界的过程中提升自己的主观意识，不断提高自己的思想觉悟和认识能力，培养正确的世界观和价值观。实践锻炼法包括社会服务、技能参加、社会考察等活动。社会服务是运用自己的智力、体力和技能，为人们提供帮助、解决困难。社会服务活动的过程，使服务主体能够更加充分地感受到社会的正能量，能够更好地帮助服务主体朝着正确的方向行进，这项活动在今后解决问题、处理矛盾、调整社会关系等方面都有一定的促进作用。技能参加就是将人的体力与智力参与到自己对口的活动中并加以锻炼。在技能比赛过程中，能够使人得到综合能力的提升，领悟到团队合作的向上精神，既能解决能力范围内遇到的困难，又能有效帮助他人摆脱困境。社会考察是人们认识社会、探索社会的重要途径。在社会考察当中，我们可以受到多种多样的锻炼，可以得到各种各样的学习，这是一条最丰富的学习途径，能让人的能力得到全面的提升，思想得到更大的进步，从而在处理多变的问题时，能够正确灵活应对。

4. 自我教育法

主要是指受教育者通过自我学习、自我锻炼、自我反思的方式，主动接受正确的引导，形成良好的价值观和世界观。在思想政治教育过程中，学校教育是一种外在的培养形式，最终还是实现自我教育的目标，内化成学生自己的个体品质，才能在某种意义上，发挥思想政治教育的真正作用。自我教育主要包括自主学习、深刻反思、严格自律等，要更好地实现自我教育，集体活动是一个很好的教育载体，通过集体活动，在集体中接受反思，接受教育，能够时常全面认识自己。通过自我教育这种方法，受教育者可以自觉地摒弃不良思想，自觉遏制不良行为的发生，能从根本上解决问题。

5. 显性方法

主要是指具体施用在受教育者方面的活动。教育者为了受教育者的改变，采取直接面向受教育者的引导方式，通过最普通、最直接的言传身教，和学生之间平等的互动，达到思想政治教育的目的，学生实现向好的方面改变；或者是和学生参加某种活动，参与过程中一起探讨活动的目的和意义，让学生受益匪浅，使他们在社会活动中，敢于担当责任，敢于面对问题，敢于合理解决问题，实现自己的人生价值。

6. 隐性方法

主要是相对显性方法的一种隐蔽的教育方式，它的教育活动形式不直接面对受教育者，而是教育者将有目的的教育内容运用到喜闻乐见的教育载体上，使受教育者间接地接受教育的过程。教育者在实施教育过程中，可以带领学生多看一些有教育意义的纪录片，让学生在观看的过程中，汲取影片中的教育成分，潜移默化地引导学生正确认识问题和处理问题；此外，教育者在批评某些学生的时候，尤其那些深受错误思想影响的学生，要采用正确合理的有效方法，可以把受教育的学生与拥有正确观念的学生放在一起，通过对两者思想观念的讨论评价，达到教育的目的。

（二）运用新兴工具开展思想政治教育工作

1. 利用网络开展教育工作

网络的出现和发展，虽然给大学生思想政治教育工作带来了难度和挑战，但同时，也为教育工作提供了更先进的条件、方法和渠道。通过网络，教育工作者可以快捷、准确地了解大学生的思想状况、关心的热点问题，并能及时与学生进行沟通和解决。因此，高校思想政治教育工作应当充分利用网络资源，采用加强网络信息管理、开设思想政治教育网站、建立思想政治教育信息资料库、有效利用微信及微博等方式，循循善诱、正面引导，扩大思想政治教育工作范围，提高大学生思想政治教育工作的影响力和渗透力。

2. 运用新媒体开展教育工作

目前，以互联网、微媒体为代表的新兴媒体已实现对大学生的全面覆盖、全程融入，上网成为当代大学生一种重要的学习方式和生活方式，因此互联网络也为开展大学生思想政治教育工作提供了新手段、拓展了新空间。尽管当前高校已经认识到了网络这块思想政治教育新阵地的重要性，并且也建立起了各类内容较为丰富的网络学生思想教育专题网站或者思政教育网络版块，但是这种网络教育更近似一种单向的网络宣传的形式，而双向的互动交流则相对缺乏。高校需要继续高度重视网络思政教育阵地的作用，尝试改版和完善各类学生工作网站，充分利用微信、微博等新型传播媒介，要在要求全校政工干部在网络背景下不断研究新情况、解决新问题、总结新经验、发现新规律的基础上，积极利用这些新兴媒介和环境同大学生进行双向信息交流，加强信息反馈，主动占领这一新型思想政治教育阵地，提高思想政治教育工作的时代感与实效性。

因此，在全球化背景下，大学生思想政治教育关系到高等教育改革发展，关系到人才培养的质量。高校思想政治教育必须以马克思主义立场、观点和方法为指导，坚持正确的原则，明确基本思路，革新基本方针，更新教学内容，创新教学方式，努力构建新的工作机制和方法体系。

（三）打造特色校园文化开展教育工作

大学生是我国思想政治教育受教育者的重要主体之一，构建特色的校园文化，优化思想政治教育环境，对提升思想政治教育实效，促进思想政治教育现代化有着重要作用。中共中央、国务院《关于进一步加强和改进大学生思想政治教育的意见》中“育人为本，德育为先”新理念的提出，使我们对德育工作极端重要性的认识进入了新境界。教育工作者一定要站在新时代的高度，把思想和行动统一到中央精神上来，进一步增强做好德育工作的重大使命感、责任感和紧迫感，激扬豪情，凝聚力量，抢抓机遇，乘势而上，切实推动大学生思想政治教育再上新台阶。

全面贯彻落实新时代中国特色社会主义思想，积极推进和谐校园建设，坚持以人为本、德育为先和贴近实际、贴近生活、贴近学生的原则，充分发挥党政团干部、思想政治理论课教师、辅导员队伍的作用和党团组织、学生会、班级、社团等组织优势，通过组织开展丰富多彩的主题教育活动，不断提高思想政治教育的针对性、实效性和吸引力、感染力，努力培养德智体美全面发展的建设者和接班人。通过思想政治理论课，举办知识讲座、培训会、交流会、研讨会、形势政策报告会，开展社会实践和文体活动，张贴宣传画或宣传材料，开展心理健康咨询等多种形式，突出主题，让学生在学习、生活等方面时时处处受到教育，努力打造良好的校园文化。

1. 加强建设

规范和活跃团总支、团支部工作，修订和完善团的工作考核制度，发挥团员的先锋模范作用和支部的战斗堡垒作用，用“党校”“团校”的阵地作用，做好学生入党积极分子的培养教育和优秀团员推优入党工作。

2. 加强宣传

充分发挥校园广播站、报栏、黑板报、校园网络、学生记者站、学生报等宣传工具的作用，营造良好的校园文化氛围。加大对外宣传力度，及时向省市高教工委、团市委、市委宣传部报送信息。加强与新闻媒体联系，积极向电视、报纸投稿，大力宣传学校，不断提高学校知名度，扩大对外影响，促进学校发展。

3. 加强学习

通过组织学术专题讲座、学习报告会、优秀学风奖、奖学金评选、师生座谈会等活动，激发学生学习热情，克服厌学情绪，增强学习的自觉性。

4. 完善社团

不断研究探索社团发展的规律，鼓励、支持、引导成立更多内容丰富、形式多样的学生社团，进一步规范社团管理，健全各项社团管理规章制度，增强对各类学生社团的宏观管理和引导，发挥学生社团在校园文化建设中的主力军作用。

5. 加强心理教育

进一步完善心理健康教育各项制度和工作场所，成立学院“心理健康教育委员会”，在班级设立心理委员，开展“心理健康教育月”活动，对学生的心理健康状况深入了解和测量，高度关注和帮助那些家庭经济困难的学生、有心理疾病的学生及其他有困难的学生，建立基本档案，关注他们的生活、学习、心理、就业。

6. 加强安全教育

开展安全教育月活动，通过学习《安全知识手册》，举办安全知识讲座、安全知识竞赛，开展安全大检查、紧急情况逃生演练等活动，让学生掌握必要的安全常识，不断提高安全意识和自我救助能力。

四、高校思想政治教育转型机制创新

（一）决策、管理机制创新

在思想政治教育过程中，思想政治教育工作者的工作决策和对受教育者的管理对整个教育活动有着非常大的影响，决策的合理与否、管理的科学与否，都对思想政治教育的实效有很大的决定作用，因此，必须实现思想政治教育决策和管理的现代化。

其一，要建立决策和管理的控制机制。在思想政治教育过程中，要对思想政治教育过程中的稳定因素加以保持，对其中的不稳定因素进行分析研究，并使其能够稳定发挥作用。任何决策和管理都应该做到让思想政治教育整个实践活动变得更具有稳定实效性，控制好其中的每部分功能。

其二，要建立决策和管理的激励机制。思想政治教育工作者应当将激励融入思想政治教育的决策和管理机制中去，并且努力践行，提高受教育者的主动性和积极性。

其三，要考虑决策和管理的系统性。在对思想政治教育实践活动做出相关的决策和管理之前，应当考虑到整个实践活动的整体性，发挥其整体功能大于部分相加之和的功能，使思想政治教育活动取得最大限度的实效。

（二）运行机制创新

思想政治教育的运行与结构机制决定了其教育活动的运行能否顺利、效果是否良好等，一个合理而科学的运行体系能够更好地发挥思想政治教育机制的系统功能。

1. 要优化运行主体

要加强思想政治教育工作者的理论功底，提高他们的思想道德水平，进而全面提高其综合素质，一个好的教育者是思想政治教育实践活动取得成功的一半，发挥思想政治教育工作者的先锋模范作用，有利于更好地激励受教育者的积极性和主动性，促使他们配合工作。

2. 要优化运行方式

思想政治教育工作者要坚持从实际出发，实事求是，在尊重客观规律的基础上发挥主观能动性，站在受教育者的立场为他们着想。同时，要打感情牌，增强与受教育者的联系，打造亦师亦友的关系，提升受教育者的归属感和认同感。

3. 要优化运行目标

从结果入手，将思想政治教育实践活动中其他无关的因素和虚幻目标予以剔除，明确目标的指向性，再从过程出发，充分考虑思想政治教育实践活动中的各项影响因素，抓住主要矛盾和矛盾的主要方面，确保教育活动的顺利开展。

4. 要建立起预警和应急处理机制

思想政治教育各个工作部门都应该成为受教育者思想动态和生活状态的动态监控点，及时搜集并记录受教育者的信息，供思想政治教育评价部门做参考。应建立一支由分管领导牵头、其他部门为支撑、思想政治教育者为基础的信息预警体系，随时反映受教育者中的热点问题，及时发现影响安全和稳定的因素。与此同时，建立一支各部门共同参与、骨干积极配合的网络监控队伍，对受教育者的网络言论和动态进行实时监控和引导。

（三）成效评价机制创新

思想政治教育活动能否取得预定的目标，需要靠教育活动的反馈和完整的评价机制来判定，后者对于思想政治教育现代化来说是非常重要的，因为取得思想政治教育效果是开展教育活动的最终目的，其目标是否实现、实现的程度如何，对后期思想政治教育活动的开展有着重要的标榜作用。建立一个现代化的思想政治教育评价体系，是使思想政治教育能够更科学、更严谨的客观要求。由于现行的思想政治教育评价体系面临诸多困境与瓶颈的制约，我们应积极探索评价体系的重构问题。

1. 构建评价体系

（1）自查自评

教育者和受教育者要进行自查自评，按照指标体系和要求，根据自身的工作重点，有针对性地通过走访、座谈、问卷调查、阶段总结、自我反思等形式进行自查自评。定期向所在思想政治教育工作领导小组提交一份自查自评报告。

（2）平时督查

加强对受教育者平时情况的督查，思想政治教育工作部门要按照指标体系和要求，加强平时的督促检查，对督查情况、落实结果、存在的问题要逐一详细登记，按时进行小结，作为思想政治教育成效评价的重要依据。

（3）民主评议

思想政治教育工作部门分别对教育者进行考核，同时要抽取一定数量的受教育者参与到这个评价过程，对各单位思想政治教育工作开展情况进行评议。

首先，学生工作部门应作为收集这些信息资源的主体，应当在综合分析的基础上，为其他工作部门创造信息的附加价值；其次，要建立科学的学生工作考核体系。学生工作应作为与教学、科研和社会服务等高校主体工作并列的内容，列入年度考核计划。这个考核计划主要是对学生工作队伍的工作进行考评，考评方式包括学生工作部门打分、相关其他部门打分、学生打分等，考核结果计入相关院系年终考核总成绩。学生工作系统外的考核，涉及学生教育、管理和服务的，学生工作队伍要派出同志参与，要组织学生一起评议，打分要占一定的比例，对于学生工作系统内同志的考评与聘用，应由学工职能部门直接负责，涉及院系工作岗位的，院系分管领导要共同参与。最后，激励广大教师积极投身于大学生思想政治教育，并且按照教育工作的需要加强自身修养，不断提高自身的思想政治素质。

然后，还要加强对学生中各类杰出人才的培养和选拔工作，对于在各级各类学生组织中涌现出来的优秀学生干部，经各院系推荐、学生工作部门选拔，留校作为辅导员，并纳入学校党政管理的后备干部人才库。进一步探索评先树优的激励机制，建设新思路，充分发挥学生党支部和党员个人、三好集体、三好学生、文明寝室等荣誉称号的榜样示范作用，使之成为激励广大学生追求上进的重要动力来源。

2. 科学的评价思想

（1）要高度重视思想政治教育工作

思想政治教育工作部门要坚持“育人为本、德育为先”的方针，牢固树立“全员育人、全过程育人、全方位育人”的理念，按照“常规工作抓规范、重点工作求突破、创新工作出特色、整体工作上水平”的工作思路，坚持“平时考查和年终考核相结合、工作考核与民主评议相结合、自查自评与统一考评相结合、狠抓落实与积极创新相结合”，通过思想政治教育工作考核评议办法的贯彻落实，进一步完善“党委领导、小组协调、系部为主、部门配合、骨干引领、全员服务、主体自觉、师生互动”的思想政治教育工作评价机制，逐步建立起“指标明确、主体参与、着眼平时、注重建设、程序规范、突出实效”的思想政治教育工作考评体系，不断提高受教育者思想水平。

（2）要切实加强常规性工作和平时督促检查

要正确认识和对待考评工作，考评是手段，促进工作是目的。思想政治教育工作部门要进一步规范日常工作制度，强化岗位职责，坚持抓好党团组织与干部队伍建设不放松，做到常规性工作不断线、无缺口，杜绝常规工作的随意性、盲目性。各被考评单位和人员要把精力更多地用到扎扎实实地做好日常的教育管理工作上。认真做好平时督查工作，及时发现问题、分析问题、解决问题，并准确记录督查情况与结果，以促进工作落实，为考评提供可靠依据。

(3) 要努力抓好重点性工作和创新性工作

思想政治教育工作任务艰巨、责任重大。要善于抓重点，解决好难点和热点问题。认真学习宣传贯彻党的十九大精神，深入开展中国特色社会主义理想信念教育，是当前思想政治教育的首要任务和重中之重，要采取有效措施抓紧抓实与受教育者切身利益密切相关的生活服务保障工作及权益维护，这是当前思想政治教育工作的热点，必须从育人的高度抓实抓好。随着信息时代的到来和社会的日益开放，受教育者的成长环境日益复杂，思想政治教育工作面临的课题也层出不穷，特别是理想信念教育、心理健康教育、网络思想政治教育等领域的问题给我们提出了新的挑战，对此必须加强调查、深入研究，在理论和实践上积极创新，要注意在创新实践的基础上总结升华理论性的成果，并将其应用到新的工作实践中，从而实现工作机制的创新。

(4) 要严格考核评议程序

严格按照考评实施办法做好考评工作，确保考评的客观性、真实性，考评结果要公开，拟表彰的先进集体和个人要公示，以确保考评工作的公平、公正，考评工作人员要遵守考评纪律，本着实事求是的原则，客观、认真地对考评对象进行考评，不得借机报复，不得徇私舞弊，一经发现，严肃查处。思想政治教育现代化不仅是思想政治教育自身发展的时代要求，而且是思想政治教育发展的本质需要，其离不开思想政治教育理念、内容、方法、机制现代化的实现。在理念上要坚持以人为本，树立开放和发展的理念，是思想政治教育现代化的重要前提；思想政治教育现代化的内容应当包括科学发展观、社会主义核心价值体系等教育内容。通过网络思想政治教育这一全新载体以及与其他学科的交融借鉴、打造校园文化等实现思想政治教育途径的现代化。要建立完善的决策管理、运行和评价体制，对思想政治教育实行严格的控制和规划，实现思想政治教育机制的现代化。

第四章　高校思想政治教育的新内容

第一节　大学生社会责任感教育

一、社会责任感相关概念的界定

（一）社会责任感

社会责任感是社会成员应具备的一种基本思想意识，它指的是社会群体或者个人在一定社会历史条件下所形成的为了建立美好社会而承担相应责任、履行相应义务的自律意识和人格素养。社会责任感是个体主动为社会、国家做出贡献的驱动力量。具有强烈社会责任感通常具备以下三种特质：一是遵守社会法律法规和道德规范；二是爱岗敬业，热爱自己的本职工作，有为社会服务的奉献精神和关心帮助别人的仁爱精神；三是关注社会发展，关心国家大事，坚守公平和正义。

社会责任感的内容会随着社会历史条件的变化而发生改变。但无论处于怎样的社会环境中，社会责任感在社会发展中的地位和价值是不会改变的，它始终是社会发展和进步的思想基石。在当前社会主义精神文明建设中，公民道德素质的重要组成部分就是社会责任感，社会主义核心价值体系的重要内容也是社会责任感。社会责任感从主体角度可划分为两种：一是以自身为主体的责任感，即个人社会责任感；二是以集体、国家、民族乃至全世界为主体的责任感，即社会群体的社会责任感。根据马克思主义的个人与社会理论，个人只有在社会中才能得到全面发展，没有社会这个平台，人就没有发展的空间。同时，社会的发展也需要个人才能的推动，没有个人才能，社会也不会前进和发展。因此，个体与社会之间是彼此依存、彼此制约的。要使个人和社会共同和谐发展，个人必须具备强烈的社会责任感，否则就不利于社会的和谐与进步。

（二）大学生社会责任感

知识经济时代的国际竞争实际上也是人才竞争。高等教育是国家人才建设的基本途径，大学生是国家人才的储备力量，其综合素质的高低在很大程度上影响着国家的人才竞争力，进而影响到国家的发展实力。提高大学生的综合素质，是各高校不可推卸的责任，而大学生社会责任感的培养就是高校思想政治教育中的必要部分。

大学生社会责任感的形成受到多方面因素的影响，如心理因素、社会因素以及自身努力。心理因素主要指大学生的心理承受能力、心理和生理的健康程度等，社会因素主要是政治制度、社会经济关系、传媒影响、文化形态、家庭环境、学校教育等方面，个人努力主要体现在个体刻苦学习、不断进取、勇于实践、敢于创新等多方面。

大学生社会责任感有狭义和广义之分。狭义上的大学生责任感是大学生对其在承担人类社会发展中的责任是否符合内心需要而产生的自觉意识和情感体验，也就是对除自身以外的他人、集体、国家以及整个人类的社会责任感；广义上的大学生社会责任感也包含自我责任感。个体组成了社会，个体首先要对自己负责，才能为他人为集体负责，责任范围是从小到大不断扩展的。因此，个体的自我责任感是对他人、对集体、对国家责任感的基础和前提条件，是社会责任感的一种表现。本节是从广义的层面来理解和分析大学生社会责任感，但值得注意的是，广义上的社会责任感并不包含以自私自利、损人利己为主要内容的自我责任感。

（三）大学生社会责任感教育

大学生社会责任感教育是高校思想政治教育的重要内容之一，高校思想政治教育课程是社会责任感教育的一种重要渠道。学校重视程度、教师教学水平、家庭教育以及社会环境等因素都会对大学生社会责任感教育产生影响。学校的重视程度是影响责任感教育的一个尤为关键的因素。学校如果重视学生社会责任感的培养，就会加大思想政治教育的力度，会给学生提供一个培养社会责任感的良好环境；相反，如果高校不重视，可能相关的投资、教育及实践活动就会相对滞后，这不利于大学生社会责任感的培养。家庭教育也会影响大学生社会责任感教育，家庭教育是学校教育的有效补充，学校教育能否取得最佳效果，关键在于家庭教育。当前由于多数家长教育观念落后，仍然以智育培养为主，因而就忽略了孩子德育的培养，尤其是社会责任感的培养，这也就使学校的责任感教育效果显著减弱。同时，教师的教学水平以及社会环境等都是大学生社会责任感教育效果的影响因素。

二、实施大学生责任感教育的必要性

当代大学生责任感水平的高低将直接决定他们的行为模式和行为结果，进而影响个人、集体和国家的未来发展，因此，增强大学生责任感，有效提升其责任感，对大学生自我发展和完善、增强高校思想政治教育工作的实效性以及实现中华民族伟大复兴中国梦都至关重要。

（一）大学生社会责任感教育是提高高校思想政治教育效果的要求

责任感是个人追求幸福生活和崇高人格的基础，是道德人格的核心要素，也是大学生思想政治教育必不可少的内容。当前，很多高校不够重视大学生责任感教育，教育者往往只从社会和国家的要求来引导大学生责任行为，而未能联系大学生的实际生活，进而导致大学生责任感教育成为一种“高大空”的说教，大大削弱了大学生社会责任感教育的实际效果，导致当前大学生责任感淡薄。因此，要提高高校思想政治教育的效果就必须加强大学生责任感教育，使大学生认识到个人与社会相互依存的关系，认识到只有国家稳定、社会安定，个人才能得到充分的发展，个人理想才能实现，个人利益才能得到真正满足，并意识到自身对他人、对社会的责任，主动履行社会主义社会的公民义务，自觉承担起相应的责任。增强大学生责任感教育，使大学生将理想信念、道德、纪律等内容内化于心、外化于行，从而实现大学生思想道德素质的提升。总之，要切实增强高校思想政治教育的实效性，必须积极开展大学生责任感教育，不断提高当代大学生的责任感水平。

（二）大学生责任感教育是广大学生自我发展与完善的必然要求

在当今发展背景下，大学生有着强烈的自我完善与自我发展的需求。大学生的自我发展和自我完善就是指道德品质的发展完善、生理机体的发展完善、心理健康的发展完善以及知识能力的发展完善。这四方面相互联系、相互促进，其中思想道德的发展完善处于首位，而责任感又是大学生思想道德素质中的一种关键素质。积极开展大学生责任感教育，不仅能够促进大学生道德素质的完善，也能推动大学生其他各方面的发展。具有高度责任感的大学生，能够对自己的身心健康、精神生活和学习生活负责，自觉学习专业知识和技能、进行体育锻炼，真正做到自尊、自信、自强、自律，不断磨炼自我，以实现自我完善和全面发展。反之，责任感弱的大学生会出现生活目标模糊、生活无规划、作息时间混乱等现象，每天浑浑噩噩，浪费时间，学习不自觉、不努力，不具备大学生应该具备的专业知识和技能等专业素养，影响大学生的自我完善和发展。可以说，大学生社会阅历的积累、视野的拓展、综合素质的增强和人生价值的实现都是在大学生完善和发展自我的进程中实现的，而实现人生价值、提高综合素质等都无法脱离强烈的责任感。因而大学生要不断完善自我，推动自身的全面发展，并积极承担起相应的个人责任和社会责任，做一个对社会有用的人。

大学生的心理尚未完全成熟，大学阶段也是形成世界观、人生观、价值观的关键时期，更是形成责任感的黄金时期。重视大学生责任感教育，引导大学生正确认识个人和社会之间辩证统一的关系，正确客观地看待社会上所存在的一切社会现象，同时使他们自觉抵制各种错误的思想和观念的侵蚀，使他们明确自己在社会中所扮演的社会角色，进而认识到每一个社会角色所应承担的社会责任，并以强烈的社会责任感投入到学习和工作中。

（三）大学生社会责任感教育是实现中国梦的迫切要求

中国梦就是实现建成富强民主文明和谐的社会主义现代化国家的奋斗目标，实现中华民族伟大复兴的中国梦，就是要实现国家富强、民族振兴、人民幸福。中国梦是国家梦、民族梦，也是每一个中国人的梦想，它把个人命运与国家、民族的前途命运紧密联系起来，把国家利益、民族利益与每个人的实际利益作为一个有机统一体，引导人们将个人梦融入中国梦，凝聚14亿中国人的力量，齐心协力、全心全意建设社会主义现代化事业，推动中国梦伟大实践。要实现中华民族的伟大复兴，顺利实现中国梦，根本上取决于每一个中国人的努力，必须依靠全体人民的努力才能实现。而当前大学生是一支充满活力、朝气蓬勃的生力军，是国家建设的中坚力量，是实现中国梦的主力军。因此，实现中国梦需要大学生的努力奋斗，每一个大学生都应努力成为国家建设的有用之才、栋梁之材，这是时代赋予当代大学生的历史使命。历史经验证明，大学生责任感水平的高低对社会主义现代化建设和中国梦的实现有着重要的现实意义。然而，当前，大学生责任感现状与社会、国家对大学生的要求存在一定差距，要实现中国梦，必须增强大学生责任感教育，提高大学生的责任感水平，使他们获得良好的责任认知，自觉承担起实现中华民族伟大复兴中国梦的历史使命，为中国梦的实现贡献个人才能和智慧。

社会主义现代化事业的稳步推进是实现中国梦的必要基础，但社会主义现代化事业的稳步推进与当代大学生的责任意识相联系，因而各高校必须注重增强大学生责任感教育，培养大学生的责任认知和责任行为。各行各业的具体工作组成了社会主义现代化事业这个整体。要想稳步推进社会主义现代化建设，先要保证做好社会主义建设过程中的各项工作，否则就会延缓社会主义现代化事业的发展而每项具体工作的完成都需要劳动者具有较高的责任感，忠于职业，自觉、自愿地完成各项工作。一个人责任感的高低不仅表现为他对国家、民族和社会的负责，更是表现在这个人面对具体工作的态度上。换言之，一个责任感强的人，能够对自己所承担的具体工作有较强的义务感，认真负责地把每项工作都做好；反之，一个责任感缺失的人，就会玩忽职守、懒散消极，难以做好各项工作。值得强调的是，大学生作为国家社会主义建设的后备军，走出校园之后，必将进入不同的工作领域，并成为社会主义现代化建设中各行各业的骨干和中坚力量。大学生责任感的强弱必定会影响到他们工作的完成度，从而影响社会主义各项工作的顺利进行。总之，推动社会主义现代化建设的前进必须通过大学生责任感教育培养其责任认知和责任行为。

三、大学生社会责任感教育的基本路径

（一）不断丰富大学生责任感教育的内容

1. 加强社会主义核心价值观教育

增强大学生的社会责任感，就要加强社会主义核心价值观教育，引导大学生树立正确的世界观、人生观和价值观，党中央提出了以“富强、民主、文明、和谐；自由，平等、公正、法治，爱国、敬业、诚信、友善”为基本内容的社会主义核心价值观。高校应加强社会主义核心价值观的宣传和教育，积极培育和践行大学生社会主义核心价值观，使大学生树立正确的世界观、人生观和价值观。大学生缺乏责任感的一个深层次原因就是大学生存在错误的世界观、人生观和价值观，这主要表现在两方面：一方面，受拜金主义和利己主义的消极影响，大学生将金钱作为衡量一个人是否成功的唯一标准，重物质享受轻精神

追求，将个人利益、个人理想、个人价值凌驾于社会利益、社会理想、社会价值之上，不能正确处理个人与国家、个人与社会之间的关系，忽视社会责任；另一方面，大学生崇尚享乐主义，认为人生苦短，应该及时行乐，因而难以踏实做事。对大学生进行责任感教育，要通过社会主义核心价值观教育，帮助他们正确认识个人与社会、理想与现实、生与死、义与利的关系，科学把握什么是苦与乐、荣与辱，引导大学生树立正确的世界观、人生观和价值观，一个对世界、人生和价值具有正确看法的大学生，才会对自己、对他人、对家庭、对国家以及对社会产生正确的认识，从而承担起自己应尽的责任。

2. 加强感恩教育

感恩意识是大学生践行责任的内在驱动力，大学生只有懂得感恩，才能真正理解责任的意义。只有学会感恩，我们才能明确责任；只有学会感恩，我们才能体味真情；只有学会感恩，我们才能感受幸福，享受生活。在增强大学生责任感教育的过程中，加强感恩教育是责任感教育的内在要求，感恩教育与责任感教育具有内在契合性。大学生责任感缺失的一个重要原因就是没有足够的感恩意识，将父母的养育之恩、师长的教诲之恩、朋友和他人的帮助之义、国家和社会的哺育之情都当成了理所当然，不懂得感激，更不可能反馈父母、他人、国家和社会，也就不会践行自己的家庭责任、国家责任、社会责任。增强大学生责任感教育的一个重要内容就是通过感恩教育，使大学生对周围的人和事物充满感恩之情，体悟自我责任、感悟家庭责任、践行社会责任。感恩教育主要包括三个层次：一是感恩父母养育之恩，对父母尽孝，这是感恩教育的基础，通过课堂教育和社会实践等形式，使大学生了解父母的艰辛，懂得知恩、报恩，对父母奉行孝道，更好地理解和践行自己的家庭责任；二是感恩他人的帮助之义，这是感恩教育的关键，增强大学生的感恩教育，使大学生对他人、学校的帮助和关心心怀热忱，领悟人与人之间互帮互助、相互扶持的真谛，与他人和谐共处，在社会生活中做到对他人负责；三是感恩国家和社会的哺育之恩，这是感恩教育的最终目的，对国家和社会的爱是一种大爱，需要较高的思想觉悟，能使大学生勇于拼搏、甘于奉献。将国家形势与政策教育渗透到感恩教育中，使大学生感受到自身所承担的历史使命，增强大学生社会责任感和历史使命感，促使大学生自觉投身到社会主义现代化建设中去，为实现中国梦贡献自身力量。

3. 加强法制教育

从涉及的内容划分，可以将责任大致划分为道德责任和法律责任两大类。法律责任具有两层含义：从广义上来看，法律责任基本等同于法律义务；从狭义上来看，法律责任是人们因违反法律规定的义务而依法承担强制性的法律后果。法律责任是道德责任的基础，它将公民作为社会人具有底线意义的道德责任和义务以国家法律法规的形式规定下来，它为公民承担责任设立了最低标准。因此，加强大学生法制教育，提高大学生法律意识和法律责任认知，使大学生自觉遵守法律法规，履行法律责任，践行责任行为，促使大学生由法律约束的“他律”向道德自觉的“自律”转化，增强大学生责任行为的自觉性。加强法制教育可以从两方面着手。一是进行法律基础知识教育。加强法律基础知识教育，帮助大学生正确理解法制与民主、自由与纪律、民主与集中的关系；强化社会主义民主教育，让大学生意识到一切权力都属于人民，增强大学生的主人翁意识，鼓励大学生参与政治生活，增强大学生的国家责任感。二是突出公民权利和义务教育。通过法制教育讲解我国公民的基本权利和义务，帮助大学生树立正确的权利义务观念，认识到权利和义务是辩证统一的关系，一个人享有怎样的权利，就承担着相应的义务，没有无义务的权利，也没有无权利的义务。通过权利义务教育，引导大学生充分认识到自身的法律责任，正确行使公民权利，自觉承担自身的义务与责任。

4. 加强社会公德教育

加强社会公德教育，唤醒大学生的公民责任认知。社会公德是公民在社会交往和公共生活中必须遵守的基本道德准则和行为标准，它要求公民文明礼貌、助人为乐、爱护公物、保护环境、遵纪守法，它是维护社会生活及人际交往正常运转的道德保障。对大学生进行公德教育可以从两方面着手：一是加强大学生公共道德规范教育。充分发挥思想政治理论课教育对大学生公共道德规范教育的主渠道作用，结合社会主义核心价值观和社会主义荣辱观的内容，用“爱国守法、敬业奉献、明礼诚信、团结友善”基本道德规范来教育大学生，提高其明辨是非的能力，使他们学会以正确的道德标准来评价和约束自己的行为，自觉维护公共秩序，做一个对他人和社会负责的人。二是汲取传统文化中的精华成分，对大学生进行传统文化教育，将中华传统美德中的爱国爱民、勤俭节约、自强不息、明礼知耻等道德思想发扬光大，教育和引导大学生在日常生活中践行中华传统美德。并通过传统文化教育使大学生了解中国广博的文化渊源，树立民族自豪感、自尊心和国家责任感。

（二）优化大学生责任感教育的教学方法

大学生责任感教育教学方法的改进，主要从以下两点入手：一是采用多样化的教学方法，二是引导大学生积极参加社会实践活动。

实施大学生责任感教育方式多样化，将灌输与启发相结合，运用不同的教育方法全面、深入地开展大学生责任感教育活动。我国的责任感教育往往主要采取的是灌输式教育，忽视大学生的主体性，容易引起大学生的逆反心理，难以达到教学效果。第一，在教学过程中，教师应将灌输与启发相结合，以学生为主，多启发、多诱导，积极与学生互动，促使学生积极参与、勤于思考，调动学生学习的积极性和主动性，发挥学生的主体作用。第二，可以通过创设道德情境，让大学生进行角色扮演，使大学生在角色承担过程中，真切地感受到另一个人所处的情境和当时的内心体验，从而使大学生学会换位思考，能够真正设身处地地站在别人的立场为别人去考虑，做到尊重、理解和关爱他人，能够对他人负责。第三，可以通过开展集体讨论、辩论赛和演讲比赛等形式，加强大学生之间的交流，通过不同思想的碰撞来促使他们深入思考，使他们逐步意识到自身的义务和责任，进而获得良好的责任认知。

实践出真知。在大学生责任感教育中，要引导和鼓励大学生积极参加社会实践活动，以深化大学生的责任意识，并使他们形成责任行为。责任认知来源于责任实践，即使通过其他方式让大学生对自身的责任有了一定的认知，但如果责任认知没有经过实践的检验也是不牢固的。要培养大学生责任感，必须引导大学生参加社会实践活动，通过参加社会实践活动使大学生感受到个人与他人、社会的真实存在，感受到个人命运与社会命运之间的紧密联系，从而深化大学生对社会责任的认识和理解，升华大学生的责任认同和责任情感，锻炼大学生的责任意志，坚定责任信念，使大学生在人生的不同阶段、不同境遇都能做出正确的责任选择、承担自己的责任。学校要积极探索大学生责任实践教学，将理论教学与社会实践结合起来，采取课内与课外相结合、校内与校外相结合的方法，在课堂中设置"调查研究实践模块""社会服务实践模块""日常行为养成实践模块"等实践教学模块，开展课堂讨论、主题班会，团日活动、观看音像资料等内容丰富、形式多样的社会实践活动；在校外搭建社会实践平台，组织"三下乡""四进社区"、青年志愿者等社会公益活动，组织大学生在农村、社区、基层开展国家形势政策宣讲、法律知识宣传和援助、文艺会演、科技支农等义务劳动和服务活动，将责任教育渗透到各种社会活动中，引导大学生积极参与社会实践，使大学生在参与社会实践活动过程中，对社会生活形成更为全面、深刻的认识，使他们能够理性客观地看待各种社会现象，在观察、感受社会生活和思考社会现象的过程中，深化自己对责任感的认知，提高自己的责任认知和责任行为能力。因此，在大学生社会责任感教育中，要鼓励大学生参加社会实践活动，促使大学生的责任认知转化为实际行动。

（三）注重培养教师的责任意识与责任行为

增强大学生责任感与教师的道德修养和责任认知有着密切的联系，正如一个学校能不能为社会主义建设培养合格的人才，培养德智体全面发展、有社会主义觉悟的、有文化的劳动者，关键在教师。教师的职责不仅是教书，更是育人，教师不但能够通过课堂授课向广大学生传授知识，而且还能够通过自己的言谈举止来影响和教育学生，因此，培养大学生责任感，必须提高教师的责任认知，规范教师的责任行为，以唤醒他们身上的责任感和使命感。

一方面，要加强教师的责任教育和培训，提高教师的职业道德素质和责任认知。每年定期对教师进行思想培训，使教师在教育学生之前先接受教育，增强教师特别是思想政治理论课教师对责任感教育内容的认可度，具备良好的责任认知和责任行为，增强责任感教育的说服力。

另一方面，教师本人应加强自身的道德修养，规范自己的责任行为。教师严格遵守教育法律法规、教学的各项规章制度以及教师职业道德规范，认真做好自己的教学工作和科研工作，履行自己的岗位职责，切实做到教学严谨、从严执教，不抄袭、不剽窃他人的学术成果，真正实现以德修身、以德育人。同时，教师在课堂之外，应主动与学生交流，尊重和关心学生的学习和生活，与学生建立良好的师生关系，并通过自己对学生真诚的关心和照顾以及日常生活中表现出来的强烈责任感和高尚的责任行为潜移默化地影响学生，引导学生为自己的思想和行为负责，使学生自觉承担自身的义务与责任。

（四）推进大学生责任认知与责任行为的自我培养

增强大学生责任感的关键是大学生自身。形成良好的道德责任行为，不仅要依靠家庭教育、学校教育和社会教育，最重要的是依赖于大学生自身将责任理论内化为自己的思想、信念，外化为行动。事物的变化发展是内外因相互作用的结果，内因是根据，外因只有通过内因才能发挥作用，大学生责任感的养成同样遵循这一理论。

1. 大学生要加强理论学习

大学生要不断加强理论学习，用科学的理论武装大脑，注重将所学的理论知识内化于心，将外在的道德规范和责任的基本理论转化为自身的道德责任认知和责任信念，形成正确的世界观、人生观和价值观。

一方面，大学生要认真学习马克思列宁主义、毛泽东思想和中国特色社会主义理论体系，用科学的理论武装自己的头脑，树立正确的世界观、人生观和价值观，以保证自己能在错综复杂的社会环境中选择正确的态度和立场，对一些社会现象做出正确的认识和评价。

另一方面，大学生要认真学习责任理论，了解责任的含义、分类以及责任、权利、义务之间的关系等责任理论的相关知识，从而正确认识人与人相互扶持、人与社会相互影响的关系，正确认识自身权利与责任之间的关系，从而自觉履行自身的责任，成为一名敢于担当、勇于奉献的人，大学生要勤于学习、敏于求知，将所学的知识转化为自己的思想和见解，做到既专攻博览，又关心国家、关心人民、关心世界，肩负自身的社会责任。

2. 大学生要加强道德修养

道德修养是提高道德境界的主要方式之一，大学生可以通过加强道德修养来提高自己的道德境界，从而间接提高自身的责任感水平。一个道德境界高的大学生，必然是一个具有良好的道德品质的人，也必然是一个勇于承担责任、具有强烈责任感的人。大学生可以通过以下两种方式加强自身的道德修养：

一是自省。自省是大学生自我修养的基本方法之一，大学生可以通过自省，反思自己的责任行为，提高自己的责任认知水平，推进自身的完善和发展。大学生要培养自省意识，随时随地反省自己的思想与行为，严于自我批评，及时改正错误，不断增强自己的责任认知，磨炼责任意志，坚定责任信念，践行责任行为，最终形成强烈的责任感，具备良好的道德责任品质。

二是克己慎独。克己是指自己严格要求自己，自觉约束和克制自己的言行，使之符合社会道德规范的要求；慎独就是指大学生在无人监督的情况下，即使面对许多不良因素的诱惑也能做到自我监督、自我控制，自觉约束自己的思想与行为，坚持良好的道德品质。克己慎独其实与现在所说的自我调控相类似，都是注重磨炼大学生的意志力，增强大学生的责任意识，使大学生真正做到自律自控。大学生只有做到自律自控，才能在面对纷繁复杂且充满诱惑的社会环境中，保持自己的初心，择善而行，这才有利于大学生在平时的学习和生活中正确把握自己，自觉约束和调控自己的思想与行为，及时纠正自己不符合社会道德规范和责任要求的言行，增强自身责任感。

3. 大学生要在实践中增强自身的责任行为能力

大学生责任感的形成需要经过长时间的磨砺，不断克服困难，磨炼责任意志，而并非一朝一夕之事。因此，要增强大学生的责任感，大学生自身一定要自觉参加实践活动，通过实践进行自我改造，改造自己的主观世界。大学生通过践行责任行为，不断检查和审视自己的思想与行为，勇于进行批评和自我批评，克服自身存在的思想问题，如自私、任性、懒惰等，不断进行自我修正，提高自身道德修养。同时，大学生要躬身实践，将责任认知转化为责任行为，达到责任认知与责任行为的相互统一。大学生只有在社会实践活动中，才能产生和深化责任认知，才能形成履行责任的行为，提高责任感的意志水平，才能亲身体验和感受履行责任所带来的归属感和幸福感，从而增强自身的责任感。同时，大学生要积极主动参加社会实践活动，锻炼自身的责任行为能力。锻炼大学生责任行为能力主要可以从增强大学生的社会适应能力、自立能力等方面入手。一是要培养大学生的社会适应能力。树立正确的世界观、人生观和价值观，使大学生能够在多元化社会中确立正确的发展方向，进行社会交往、社会实践和社会接触。同时，大学生认真学习专业知识，努力锤炼自己的专业技能，增强自身融入激烈市场竞争的能力，为自身的提高和完善奠定扎实的知识基础。二是要增强大学生的自立能力。大学生勤于动手，独立处理日常生活问题，大学生要主动从父母呵护的小圈子中走出来，摆脱原来任何事情都依赖于父母的状态，自己处理各种生活琐事，独立解决与同学和老师相处的人际交往问题，从而提高自身处理问题的能力和人际交往能力，实现自立自强。三是要培养大学生民主参与意识和合作能力。最终通过实践责任行为，增强大学生责任感。

（五）营造积极向上的社会舆论环境

社会舆论对大学生具有较为广泛的外在约束作用，积极向上的社会舆论环境可以巩固已有的责任行为，促进部分缺乏责任感的大学生反思自己的责任行为，纠正责任失范的行为，推进大学生责任认知和责任行为的良性发展；反之，消极的社会舆论环境会抵消学校和家庭责任感教育的作用，不利于大学生责任感的形成。特别是现在部分媒体为了增加关注度，向大学生过多地暴露社会黑暗面，夸大个别大学生存在的较为极端的道德滑坡事件，肆意宣传金钱主义和享乐主义等消极思想，使大学生出现“学得好不如嫁得好”“学得好不如生得好”“有钱就有权、有钱就什么都有了”等错误的价值取向，这严重制约了大学生责任感的形成与发展。对此，营造良好的社会舆论环境一定要做到以下两方面：

1. 加强对大众传播媒介的管理和监督

要加强对大众传播媒介特别是网络媒介的管理和监督，净化社会舆论环境。第一，有关部门要加强对各种电视节目、电视电影和广告的审核力度，避免不良信息的传播，并充分利用电视、电影、报纸、网络等大众传播媒介宣传社会主义核心价值观，弘扬时代主旋律，在全社会极力营造对他人、集体、家庭、国家和社会负责的社会舆论环境，引导大学生从我做起、从身边做起，自觉承担自身的责任。第二，净化网络环境。当前大学生接收信息的主要来源就是互联网，净化网络环境，化解网络对大学生责任感的消极影响是当前大学生责任感教育面临的一项重大课题。要制定一套切实可行的网络道德规范，约束公民的网络行为，使公民树立起网络责任认知，为自己的网络行为负责，减少不良信息的传播，创造良好的网络环境。同时，有关部门要主动抢占网络思想政治教育的新阵地，通过网络加强大学生责任感教育，强化大学生的责任认知与责任行为。

2. 树立负责任的先进典型，发挥先进典型的榜样示范作用

在现实生活中，树立一些具有代表性的负责任的先进典型，利用各种传播媒介大力宣传先进的典型事例，发挥先进典型的榜样示范作用，特别是要通过身边的人和身边的事，引发大学生的情感共鸣，激励大学生向先进典型负责任的行为看齐，履行社会责任，做一个勇于担当、敢于奉献的人。同时，批评和揭露社会上某些不负责任的行为，将一些逃避责任、推卸责任的言行列为反面典型，将反面典型与正面典型进行对比，由此引发大学生的思考，使他们反思自身的责任行为，以形成良好的责任意识。但要注意的是，树立典型时，要以树立正面典型为主，以树立反面典型为辅，即坚持正面教育为主、反面教育为辅，向广大学生传递社会正能量，营造健康、积极、责任意识浓厚的社会舆论环境。

第二节　大学生传统文化教育

中华优秀传统文化是中华民族和中国人民宝贵的精神财富，是文化自信的深厚基础和力量源泉。要继承和弘扬中华优秀传统文化，要正确处理中华优秀传统文化与培育践行社会主义核心价值观、推进马克思主义中国化、实现中华民族伟大复兴中国梦的关系。无论任何时候，高校思想政治教育都必须坚定不移地继承和弘扬中华优秀传统文化，使之成为每一位大学生的精神食粮。加强大学生中华优秀传统文化教育，是新形势下加强高校思想政治教育的必然选择。

一、家国同构的主体意识教育

家国同构的思想形成于封建社会的宗法制度，主要是指家庭、家族和国家在组织结构方面的共同性，均以血亲宗法关系来统领，存在严格的父权家长制，通过这种观念把对家庭的情感上升到对国家的情感，从而维护封建统治的思想。随着时代的发展，家国同构思想中的合理成分被继承并赋予新的时代意义，它强调的是以家庭为基本单位而逐级上升为国家的合理性构建，以及家庭与国家的协调统一，其核心思想主要表达为爱国主义、以国为家、主人翁意识、责任意识等。有权利就有义务，有义务就有权利，二者相互联系、不可分割。加强大学生权利与义务相统一教育，就要引导大学生正确认识权利和义务的关系，明白国家的存在是为了保障自身当家做主的权利和提高生活水平，要把维护国家利益、促进国家繁荣富强当作自己的义务，为建设中国特色社会主义事业贡献力量。

二、自强不息的民族精神教育

中华民族历经挫折而不屈，屡遭坎坷而不馁，形成了以爱国主义为核心的团结统一、爱好和平、勤劳勇敢、自强不息的伟大民族精神。自强不息是中华民族精神的重要组成部分，是中华民族自立自强、生生不息的重要精神支撑。“天行健，君子以自强不息”“发愤忘食，乐以忘忧，不知老之将至”等都是中华民族自强不息奋斗史的生动写照。对大学生进行自强不息的民族精神教育，就是要引导大学生坚守民族独立自强，为实现中华民族伟大复兴而不懈奋斗。

（一）坚守民族独立自强教育

独立自强精神自古以来就是中华民族立足于世界民族之林的重要精神支撑，保障了中华民族生生不息、欣欣向荣，一些流传千古的名言即是佐证，如诸葛亮的“恢弘志士之气，不宜妄自菲薄”、李白的“天生我材必有用”、杜甫的“会当凌绝顶，一览众山小”、李清照的“生当作人杰，死亦为鬼雄”等。对大学生进行坚守民族独立自强教育。一方面，要引导大学生了解中华民族独立自强的奋斗历程。从远古时期，中华民族各族人民就在中华大地劳动、生息、繁衍，先秦时期各族人民分散在中华大地，他们战胜自然灾害，辛勤劳动，为统一国家的建立打下了基础。元朝时期，各族人民不屈不挠，抵抗外族入侵，捍卫国家统一。纵观中华民族的发展历史，无不是争取独立自主、自强不息的真实写照，要引导大学生从民族奋斗历程中学习、感悟独立自强精神。另一方面，要培育大学生永远坚守民族独立自强的信念。中华民族历来都是一个追求自立自强的民族，不论任何时候，中华民族要想实现民族振兴、国家富强，就必须依靠自己的力量去奋斗，走适合自己的发展道路，永远不能依附外族。因此，要教育引导大学生树立坚守民族独立自强的观念，坚决抵制他国干涉中国事务，防止西方意识形态渗透。

（二）为民族复兴伟业奋斗教育

以爱国主义为核心的中华民族精神，经过历史发展的洗礼和时代变迁的转化，一个重要的表现就是要为实现中华民族伟大复兴而不懈奋斗。实现中华民族伟大复兴就是中华民族近代以来最伟大的梦想。在新的历史条件下，对大学生进行中华优秀传统文化教育就是要引导大学生继承和弘扬中华民族精神，为实现中华民族伟大复兴中国梦而奋斗。一方面，要加强辉煌成就教育，使大学生认识到中华民族曾长期处于世界领先地位，取得了许多辉煌成就，中国历史上一度被称为“天朝上国”，万国来朝。春秋战国时期的儒家思想不仅在国内影响深远，在国际上也产生了很大的影响，形成了以儒家思想为核心的儒家文化圈；秦朝修建的长城抵御外族入侵，使匈奴近百年不敢侵扰；书法、丝绸、四大发明、四大名著名冠中外。这些都是中华民族辉煌历史的见证，任何时候都不能忘记，既要有为之自豪的意识，更要有实现复兴的信念。另一方面，要加强中国梦教育。实现中华民族伟大复兴的中国梦，就是要实现国家富强、民族振兴、人民幸福。国家富强、民族振兴、人民幸福一直以来都是中华民族的不懈追求，凝聚了无数中华儿女的奋斗心血，是任何时候都不能丢弃的“传家宝”。在新形势下，要深化对大学生的中国梦教育，将中国梦与大学生成长成才结合起来，不断强化大学生为实现民族复兴伟业不懈奋斗的决心。

第三节　大学生人文素养教育

从根本上看，人与动物的区别就是：人有意识、有理性，懂得遵守社会和为人的基本规则；人类有在自身历史进程中沉淀的各种文化；人类有求真、向善、爱美的品格。大学生人文素养教育从教育与人的发展、教育与社会的发展两条基本规律出发，能够促进个体成长与社会进步，因而与国民素质的提升有着密切联系。

一、人文素养教育的基本内涵

人文素养教育是高校思想政治教育的内在组成部分，它旨在培养大学生的人文素质和气质修养。人文素养教育的核心追求是人文精神，它将人类在长期发展过程中形成的优秀文化传承给下一代，帮助大学生在优秀文化成果的滋养下，提升自己的人格魅力和气质修养，形成稳定的内在品质。从高校教育的角度来说，大学生人文素养教育就是高校通过改进教育内容、优化教育环境，提升大学生的内在修养。

具体而言，人文素养主要有四个层面的内容：一是人文学科的教育，主要包括文学、历史、哲学、社会学等学科的内容；二是文化教育，包括传统文化教育、民族文化教育、民族精神教育，目的是让学生树立正确的人生观与世界观；三是人类意识教育，主要包括基本社会价值伦理认识、社会共同规范认识等；四是精神修养的教育，主要包括精神境界教育、个人理想教育、信仰教育等。

二、开展大学生人文素养教育的必要性

（一）时代进步的需要

当代大学生处于新的时代环境中，特别是随着经济实力的增强和互联网的广泛应用，整个世界时刻都在发生巨大的变化，知识经济的迅速发展更是将世界文明的发展连接到了一起，21 世纪的学生不仅要适应不断变化的发展环境，还要面临来自各方面的竞争。大学生是一个面向未来的群体，他们有朝气、有活力、有智慧，他们是社会主义建设的接班人，我们有理由对他们充满期待，也有理由提高对他们的要求。现代社会的快速发展对大学生适应社会的能力和文化道德素质提出了较高的要求，缺乏适应社会的能力会逐渐被时代所抛弃，而文化道德素质的缺乏使人们迷失在快速的社会发展之中。教育承担着培养人才的基本任务，21 世纪高等教育的目的已经不再是对学生进行单纯的学术、专业教育，而是要培养一个既掌握专业知识，又具有较高个人素质和文化修养的建设者。面对世界环境的新变化，高等教育在提高大学生专业素养的同时，也要转变原有的教育理念，通过开展人文素养教育，提升当代大学生的气质修养，做到专业知识培养与人文素养教育相结合。

（二）社会和经济发展的需要

在社会经济飞速发展的时代背景下，有些人产生了这样的想法：社会的发展有资金、有技术就够了，其他的因素可有可无，无须关注。实际上，资金和技术的创造者都是人，如果我们忽略了人这一最根本的发展要素，那么社会主义建设的品质必然会受到影响，甚至会走很多弯路。经济的发展是国家富强和人民生活水平提高的基本途径，从长远上来看，人才这一推动经济发展的因素很可能成为经济发展的最大制约性因素。从经济发展的角度来看，无论是经济体制的改革还是经济增长方式的变化，要想取得根本的改变就必须加快人们观念的转变，加强培养人民的人文素养，特别是提升当代大学生的内在修养，促进当代大学生的全面发展。

毋庸置疑，高级人才的培养需要花费很多的时间和精力，特别是面对这样一个空前繁荣、空前发展的时代，人才的价值就体现得更为明显。当代大学生是社会主义现代化事业的建设者和接班人，其思想道德水平和科学文化素养与我国社会主义建设的方向和中华民族伟大复兴中国梦的实现息息相关。

（三）学科发展的需要

进入21世纪，科学技术迅猛发展，人类在认识世界、改造世界的路上迈进了一大步，这主要表现在两方面：一是知识的进步和技术的发展使社会分工越来越细，人们的工作越来越专业；二是新的知识和技术不断产生，各种知识的运用在保持专业性的同时，交叉渗透的趋势日益鲜明。学科的发展经历了一个从低水平的知识综合状态向高水平专业化转变的过程，同时这中间也夹杂着高水平综合化的知识渗透。

（四）塑造青年群体崇高人格的需要

人格就是人们的信仰和情操，它是个人综合素质以及价值取向和道德取向的总和。人格的核心是人的内在素质，也就是我们平时所说的精神品质和个人修养。不可否认，一个国家的发展、一个民族的进步，任何外部力量所能起到的作用都是辅助，而内在的素质与品质才是产生不竭动力的根本保证。专业知识的授予能够帮助青年学生找到自己生存与实现机制的手段，而人文知识的获取和内化能有效提升当代大学生的涵养，为其发展奠定素质基础。

（五）培养新型优秀人才的需要

高等教育就是立足于社会发展需求，培养具有创新能力和实践能力的高层次专业化人才。在高等教育推进过程中，我们要重视学生创造能力的培养，鼓励他们开拓进取、勇于创新的勇气。创造性思维往往在不同学科知识和思维方式的交叉渗透中产生。在西方发达国家和地区，人们越来越重视对公民文化修养和社会精神的培养，由此我们也可以看出，新型的教育理念已经开始对人们的行为产生影响。国家文化和民族精神是一个国家与民族最大的财富，这些非物质因素的传承是每一个教育者的责任和历史使命。在改革开放和市场经济发展过程中，高等教育必须肩负自身培养优秀人才的使命，关注大学生人文素养教育，保证大学生素质的全面提升。

（六）人才竞争的需要

现代社会竞争异常激烈，世界各国在国际舞台上的竞争主要体现在两方面：一是以经济为基础的军事科技实力的竞争，二是以教育为基础的人才和公民素质的竞争。在科技、经济竞争的大背景下，人才和国民素质高就会在激烈的竞争中获得优势，在国际交往中获得更多的机会和主动权。我国教育必须承担起为社会发展培养合格人才的历史使命，既要将优秀的民族文化与民族精神传承下去，还要深化人们对人文素养的认识，提高人文素养教育的地位。

知识经济是人类社会发展到一定阶段的产物，它是一种高级的经济形态，知识经济的形成标志着人类社会进入了更高的发展层次。从人才的认定上来说，缺乏人文素养的人并不能算是一个全面发展的、合格的人才，专业知识为其带来的只是其个人价值实现的一方面。人的专业能力的发展和业务能力的提升，都只是人的素质的某方面的发展；人文素养的发展不仅是对专业能力发展的补充，也有助于提升个人的内在修养和素质。

三、大学生人文素养教育的基本路径

（一）促进学科整合，拓展人文教育的知识面

学科整合是指在对大学生进行人文教育的过程中，充分挖掘和借鉴其他领域、其他专业的知识，并将这些不同的知识整合在一起传授给学生的一种教育方法。学科整合是一种对高校和高校教师要求较高的教育方法，学校不仅要具备综合教学的能力，教师也必须涉猎广泛，能够胜任学科交叉教学的需求。学科整合教育者能够使受教者迅速提高自己的知识范围，提高自己对专业知识的理解与认识；另外，学科整合教学还能够帮助大学生建立起综合考虑问题的思维习惯，增长他们利用不同知识解决问题的能力，提高其个人素质和能力。

（二）注重经典阅读，革新经典的呈现方式

经典阅读法是一种传统的提升人文素养的方法，它在人文素养教育中的运用尤为广泛。经典是智慧的结晶，经历了时间的考验，是人类文明的瑰宝，其闪耀着的精神价值永远是人们学习的内容。一个著作要称得上“经典文本”，最少需要两方面的条件：第一，具有原创性，在某一个领域或者某一个时期具有典范作用；第二，内容着眼长远，并且在一定的时期或范围内能体现出自身具备的这种优势。

当今时代背景下，各种文化价值观的流行冲击着人们的传统观念，经典对人们的影响力和吸引力大大减弱。同时，由于技术水平不断提高，人们的生活节奏明显加快，快餐式阅读成为人们阅读的主要方式，人们对内容深刻、需要细心体会的经典望而却步。要想改善这种状况，经典也必须与时俱进，利用新技术包装自己，将其中的微言大义以另一种方式呈现在大众面前。

（三）放眼中外，推进中国传统文化与西方先进文化的融合

中西融合内含一种兼容并包的理念，它是指在传承中华民族优秀文化与素质的同时，挖掘西方文化的积极因素，将二者结合起来。中国的人文素养教育要紧跟时代的步伐，吸收各种先进文化的精髓，将其与中国传统文化相融合。一般来说，通过该方式进行人文素养教育的方式主要是让学生欣赏外国经典，教师加以引导让学生将这些思想精髓与中国传统文化相结合。在教育过程中，教育者必须把握西方经典教育的度，不能舍本逐末，放弃传统文化与思想的教育，以避免陷入盲目推崇西方文化的极端。

（四）就地取材，突出人文素养教育与学生现实生活的联系

就地取材就是利用现有的资源安排教学，通过引导与讨论提高学生的认识，开阔他们的视野。一般来说，典型文化载体、新闻事件、新闻人物等都可以成为人文素养教育的资

源，因而教育者要引导学生围绕这些事件或人物展开讨论，表达个人见解，在互动中深化学生的思想认识。

在传统文化中，包括乡土地理、民风民俗、历史故事、生产经验等在内的地方文化是中华民族的重要组成部分，是中华文化形成和发展的根基。采用就地取材的方法，可以实施一种内容极为广泛、密切联系地方实际的、有鲜明地方特色的人文素养教育。可以根据当地的政治、经济、文化、民族等发展需要，利用地方人文资源而开发反映地方社会发展实际及其人才培养需求的人文教育资源。同时，在大学生人文素养教育中，要注重联系大学生的现实生活，将地方人文资源与大学生的现实生活联系起来，重建大学生的精神生活，真正赋予大学生生活的意义价值，让大学生成为学习活动的主体、个体生活的主体和社会活动的主体。

（五）古今融合，关注不同历史时期人文素养教育素材的挖掘

古今融合是指人文素养教育者以传承和扬弃的态度，从历史典籍和传统文化中充分挖掘和整合不同历史时期人文素养教育素材的方法。

一要知古守根。现实是历史发展的延续，今天的现实最终也将变为明天的历史。实际上，人文素养教育就是从历史中寻找能够为我们今天所用的思想和人文精华，并通过今天的教育传承给未来的希望。因此，一定要明确教育内容的根本性，保证人文素养教育内容能经受时间的考验，并获得传承发展。

二要知今守望。人文素养教育既要关注已有的文明成果，也要关注当下的社会现实，在教学过程中，教育者要充分结合当前大学生人文素养教育的现实，将符合时代发展的思想精髓传导给学生。除了需要尊重客观事实外，教育者还必须尊重受教育者的感受，在教学内容和教学方式的选择与制定上要立足于当代大学生的实际需求和心理基础。

第四节　大学生创新意识教育

经济全球化潮流风起云涌，科学技术更新周期不断缩短，世界各国的发展高度在很大程度上取决于人才的数量、结构以及质量。人才的质量与创新能力密切关联，培养创新型人才是提高人才质量的内在需要。我国《教育法》明确规定：高等教育的任务是培养具有创新精神和实践能力的高级专门人才，发展科学技术文化，促进社会主义现代化建设，因此，增强大学生创新意识，着力培养和提高大学生的创新能力，保证毕业生具备较强的创新能力，是新时期高等教育的目标之一。创新意识教育是高校思想政治教育的重要部分，要积极探索大学生创新意识教育的方法与途径，充实高校思想政治教育的内容，满足社会

发展对高素质人才的需要。

一、大学生创新意识的内涵

21 世纪是一个创新的时代，创新时代需要创新人才。高等教育是我国的高层次教育，与其他教育相比，它肩负着知识创新和培养创新人才的重任，在实施科教兴国战略、增强综合国力中具有举足轻重的作用。因此，未来的高等教育必须加大改革力度，从能力和创新两个根本点出发。培养具有创新精神和创新能力的高素质人才是大学生培养工作的根本任务。

创新是指在人类物质文明、精神文明等一切领域、一切层面上淘汰落后的思想、事物，创造先进的、有价值的思想和事物的活动和过程。创新是在前人已经发现、发明的成果基础上，做出新的发现、提出新的见解、开拓新的领域、解决新的问题、创造新的事物的过程。创新不单纯是一种技术过程，它是一种激情，是一种不满足现状的追求，是一种态度和实践。创新能为人们的创造性实践确立稳定的价值取向。创新的内涵是突破和超越，是否定和发展。

创新意识是人们对创新与创新的价值性、重要性的一种认识水平、认识程度以及由此形成的对待创新的态度，并以这种态度来规范和调整自己的活动方向的一种稳定的精神态势。概括地讲，创新意识是由创新意图、愿望和动机等对创新活动有重大影响的各种精神因素构成的一种稳定的精神状态。

创新意识是一种不安于现状的精益求精的意识，是一种面对任何未知的问题、未知的领域而不无动于衷的强烈的尝试冲动，它是创新的重要心理素质之一。只有在强烈的创新意识引导下，才可能产生强烈的创新动机，树立创新目标，充分发挥创造潜能。

创新意识是创新能力提高的前提和必要条件，有创新能力的人必然有创新意识，但仅有创新意识的人不一定具有较强的创新能力。

二、大学生创新意识教育的基本思路

（一）营造创新氛围，增强自主意识

在校园学习和生活中，要建立和谐的师生关系。在教学过程中，师生之间要真正做到民主与平等。老师要牢固确立学生的主体地位，要求学生做到自信、自主、自强，培养大学生在探索过程中知难而进、锐意进取、锲而不舍的精神，克服自卑心理和依赖思想，养成喜爱钻研的习惯，具备不满足于已有知识及解答的心理素质以及思考问题时力求深入、全面、缜密的能力。自主意识是发展创新意识的基础和前提。因此，教师要注重培养大学生的自主学习与创新的意识。要鼓励大学生不迷信书本、不迷信教师，敢于独立思考，树

立追求真理与发展真理的信心和勇气，激励大学生打开思维，积极探索，合理怀疑，追求真知。通过师生、学生间相互尊重和相互激励扶持，使学生自主成为教学主体；对学生的创新成果给予适当奖励，即使是尚未成熟的创造性设想，也要积极鼓励，保护学生创新的积极性；而学校也要在教室、图书馆、实验室等公共场所宣传创新精神，介绍有创新精神的名人事迹，形成激励创新的环境。

（二）培养观察能力，鼓励大胆想象

观察是通向创造之门的第一步，我们目前对科技的观察以及在科技方面的创新大部分来源于实验室；通过参加社会实践去观察也是有效的途径之一，借此掌握我国科技水平在生产一线的应用情况，了解科技创新对社会主义现代化建设的重要性；利用大学寒暑假的社会实践活动也可以培养大学生的观察能力，进行动态观察与比较研究可以增强大学生的创新意识，提高其创新素质。创新的起点是质疑，人们往往是从实践或理论研究中发现问题、提出问题，进而去解决问题的。教师在教学过程中应从大学生的知识及能力水平的实际出发，采用各种方法引导学生，使大学生通过观察、分析、归纳、类比、联想产生好奇心理，大胆想象，从而发现问题、提出问题，进而去探究并解决问题。教师应当爱护、鼓励学生的好奇心及想象力，当有的学生发现和提出含有某种创新因素的“新奇”问题的时候，教师不必忙于自己去解答，应因势利导，让全体同学共同思考，这不仅鼓舞提出问题的个别学生，还会在大学生中形成一种勇于大胆想象、喜爱独立思考的良好环境，并在这种良好环境中逐步锻炼大学生善于发现问题、提出问题的本领。

（三）夯实基础知识理论体系，培养实践能力

大学生创新意识的培养是建立在扎实深厚的文化知识和专业理论知识基础之上的，这也是提高大学生综合素质的前提条件。因此，要避免大学生好高骛远、急于求成，需要教师引导大学生刻苦学习，努力掌握基础理论知识，认真学习文化课和专业课的相关知识体系。目前，许多大学生在科技文化课外活动中显示了很强的组织创造力。我们提倡因人而异，就是希望在实践中让各种具有创新能力的人才不断涌现。高校如今普遍开设第二课堂，通过鼓励大学生进行实验、发明以及各种科技文化创造活动，给大学生提供更多的动手实践机会，推动大学生创新素质的不断提高。

（四）引导放射思维，重视个性发展

教师应鼓励大学生遇到问题深入思考，引导大学生打破常规、运用求异思维解决问题。例如，可以启迪大学生运用逆向思维，从反面去突破、寻找解决问题的办法。思维的方向变了，就易于产生新的解决问题的方法和途径。总之，思想政治教育理论工作者应提出开放性问题，促使大学生养成充分思考、独立解疑、勇于打破旧框框、自主探究学习的习惯，而培养大学生的创新能力，观念上的转变至关重要，高校教师要力求做到不仅能发现“好”学生的缺点，还要挖掘“差”学生的强项，更要允许“奇才、怪才、偏才和狂才”的存在。从社会对人才需求的多元化和多层次文化视角出发，科学培养，正确引导，使不同层次的大学生在全面发展的基础上，其个性和潜能都得到充分的发挥，这是培养大学生创新意识的有效途径，也是在现代化教学中衡量高校教师的一个重要指标。

三、大学生创新意识教育的路径选择

（一）建设创新型高校团干部队伍，为大学生创新素质的培养提供人才保证

强化队伍建设，为大学生创新素质的提高提供坚实后盾。要想通过团组织提高大学生的创新意识必须有一支精干高技的管理工作队伍作为大生创新活动的发动者和组织者，高校的团干部肩负着制订规划、负责协调和组织督促的任务，其人员素质的高低直接影响到创新活动的成效。因此，首先应提高团干部的自身创新能力，造就一支素质高、结构合理、能力强、乐于奉献和具备创新意识的创新型团干部队伍；其次团干部要充分发挥自身优势，加强自身素质和能力的培养，强化创新意识，提高创新能力，勇于实践，积极为大学生创新意识的培养搭建校园文化建设的舞台。高校团干部通过自身广博的知识和人格魅力去影响学生，用创新精神去感染学生，在校园文化中带给学生潜移默化的影响。另外，在承认大学生的个性差异和兴趣多样化的前提下，因材施教，有针对性地积极开展校园文化活动，重视校园文化建设中的实践环节，采取多种形式和手段，调动大学生的主体能动性。

除此之外，还要建立一支高水平的科学技术工作队伍。大学生创新素质的提高，离不开各项创新活动的开展，更离不开专业教师的引导和带动。因此，必须选拔和培养一批既有丰富的理论知识和很强的实践技能，又有耐心和责任心的高素质教师充实到指导教师队伍中去，为大学生各类课外科技创新活动的开展提供技术支撑。

实践是创新的源泉。创新思维来源于实践，创新能力是在不断解决实际问题的过程中锻炼培养出来的，大学生应坚持在实践中锻炼培养自己的创新意识，提高动手能力。高校在校园文化建设中要坚持与社会实践相结合、与勤工助学相结合、与择业就业相结合、与服务社会相结合、与创新创业相结合，注重在校园文化建设中大学生创新活动品牌的建设。首先，要重视社团建设，发挥其组织活动方便、快捷开展活动的优势，积极组建各类科技文化社团。其次，建立大学生科技创新实践基地，提高校园文化活动的科技含量，不断创新实践的内容和形式，为大学生的创新素质培养提供广阔的空间。最后，与相关实验室、实践基地进行结对，充分利用设备、场地和师资的优势，聘任具备创新素质的优秀教师，指导大学生在校园文化建设中的实践活动。

（二）构建奖励和监督机制，为大学生创新素质的提高提供制度保障

建立一套行之有效的激励竞争机制。建立大学生创新专项基金，为大学生创新活动的开展提供必要的经费保障；定期举行各种形式的竞赛活动，鼓励大学生参加各类机构组织的创新活动，对在创新方面成绩突出的大学生进行表彰与奖励，将创新方面的成绩作为免试推荐大学生和颁发奖学金的重要依据；对获得国家级或省（部）级创新成果的大学生，以及在校内外创新实践活动中做出成绩的大学生，学校可允许其申请免修与之相关的课程学分、课程设计或毕业设计（论文）学分等。

建立公开、公平、公正的考核评估体系。校团委应加大对创新教育的重视力度，采取定性分析与定量考核相结合的办法，通过各级团组织的公开答辩来考核其创新教育的落实程度，并做到奖惩分明。

（三）营造高品位校园文化氛围，为大学生创新素质的培养提供良好平台

丰富的校园文化活动是高校共青团开展第一课堂教育的主要载体，高品位的校园文化不但能培养大学生锐意进取的心理素质，加强创造性思维方法的锻炼，还能激活大学生的创造潜能，因此，高校共青团在培养大学生创新素质方面要积极利用好这一载体。

校园文化活动具有导向性、综合性、多样性、广泛性、开放性、实践性等特点，可以强化大学生对创新思维和创新能力的开发与训练，塑造创新人格。在校园文化活动中，课外艺术活动和体育活动不仅为大学生创新能力的培养搭建了舞台，还弥补了专业教育的单调和不足，为各学科的交叉提供了载体。这些活动的开展都由学生亲自参与和组织，使大学生的创造性思维、想象力与学习经验相互结合，创新能力得到充分的锻炼和发挥，激发大学生的创造积极性和参与意识，同时也提高了大学生的抗压能力。

各高校可开展寓教于乐的专业品牌活动，激发大学生的创新意识及潜能。鼓励各基层团组织开展诸如科技文化节、服装艺术节、金融文化节等有专业特色的校园品牌文化活动，在每届品牌活动中设立“创意设计”环节，提高大学生的创新意识，通过开展丰富多彩的科技创新活动，形成创新思维、创新方法和创造技能，定期举行各种学术讲座、学术沙龙和学生科技报告会，出版学生论文集，培养他们的创新思维；鼓励学生积极参加学校的 SRT 项目、新苗计划、挑战杯全国大学生课外学术科技作品竞赛及创业设计大赛，提高大学生的创新技能，从而培养大学生的创新素质。

（四）实施青年马克思主义者培养工程，完善大学生创新人格

开展团干部培训班，加强对大学生骨干的培养，在培训课程过程中增加创新素质培养方面的内容，并鼓励大家进行思想与智力的交锋、方法与经验的交流，从而在交锋与交流中产生新的创造意念。深入开展各类社会实践活动。社会实践活动是第一课堂教育的自然延伸和培养大学生创新意识的重要途径，高校共青团要不断完善青年志愿者活动管理机制，组织引导广大大学生广泛参加考察交流、志愿服务等实践活动；鼓励各基层团组织利用现代教育资源，创建大学生创新实践基地，通过在创新中的实践和探索，更好地将大量先进知识运用到实践中，从而提高自身学习和锻炼的能力。

（五）培养具备创新精神的教师团队

高校要构建大学生创新教育模式，必须以大批创新型教师为基础。创新型教师是能不断吸收新知识并在教学过程中积极应用知识解决问题的人。由于创新型教师自身可以不断更新知识，深化教学研究，努力提高自身和大学生的创新意识和能力，因此，大学教师要用渊博的学问和开阔的视野，在教学过程中激发大学生的创新潜力，循循善诱，在潜移默化中启发学生。尤其在思想政治理论课教学过程中，要转变以学生考试分数作为评估教育绩效唯一标准的现状，辅之以从平时表现、发展潜力、问题解决等创新教育角度来考查学生和评估教师。我国高校还可借鉴国外高校的做法，如聘请校外具有创新思维的名师，校外名师通常具有高瞻远瞩的前沿思想高度，有兼容社会实践与研究于一体的深厚底蕴，能赋予教学以科研性思维，有助于大学生创新思维的培育。在创新教育模式中，高校应调整教师工作量考核办法，使师生有足够的时间、空间去创新钻研，同时要对教师指导学生创新的情况进行必要的引导和奖励，只有这样才能使创新教育模式真正落到实处。

第五节　大学生就业观念教育

近年来，大学生就业问题日益凸显，各高校逐渐开始重视大学生就业观念培养，为大学生就业提供良好环境。为进一步推进大学生就业指导工作，应不断创新工作理念，改进工作方法，健全就业观念教育工作机制，为大学生顺利就业给予多方面支持。

一、改革开放以来大学生就业观念培养中的思想政治教育

改革开放以来，特别是进入21世纪以来，随着高校毕业生就业制度的改革，高校毕业生就业指导工作初露端倪。深圳大学成立了就业指导中心，较早开设就业指导课，编辑《就业指导报》，借助电脑搜集、储存就业信息。随后，各高校先后成立了就业指导机构，开展就业指导。回顾改革开放以来大学生就业培养的发展，是在教育主管部门积极推动下进行的，具体体现为政策解说、信息发布和技巧指导三方面，重视就业指导的实用性，而忽略了就业指导中的思想政治教育，在时间的安排上也只停留在毕业前期的择业指导，而没有把它看作一个贯穿大学教育的整个过程。就业指导还处于安置就业阶段。

进入21世纪，伴随着我国高等教育的发展和就业制度的改革，市场经济条件下的“供需见面、双向选择、自主就业”的就业体制得到进一步发展，大学生就业指导工作中的思想政治教育得到了良性发展，取得了较好成绩。主要表现在：大学生就业指导工作中的思想政治教育越来越关注学生的需要，思想政治教育的地位越来越突出，思想政治教育形式

有了新发展。但大学生就业指导工作中的思想政治教育理论内容还没有针对性，方式方法须进一步改进和创新，思想政治教育在就业指导中的巨大作用还没有得到充分发挥，效果还不太明显。

二、大学生就业观念教育与就业指导的基本思路

通过对改革开放40多年大学生就业指导中思想政治教育的梳理与透析，要认真总结多年来的经验和教训，结合时代新要求，积极创新工作思路，改进工作方法，丰富工作内容，优化工作环境，健全工作机制，努力开创大学生就业指导中思想政治教育新局面。

（一）大学生就业指导工作理念的创新

1. 树立以学生为本的教育理念

在开展大学生就业指导思想政治教育工作中，教师要时刻以学生为本，坚持学生在教育中的主体地位，从多层次、多角度去激发学生在就业中的主动性与创造性。教师要培养学生学会自我探索、自我发展和自我提高的能力，同时，时刻关注学生在就业中普遍存在的思想观念问题，寻找正确的切入点和出发点，教会学生维护自身的利益，进而实现就业指导对大学生的服务作用和思想政治工作的教育作用。

2. 树立心灵沟通的教育理念

大学生在步入社会前，面临着较大的就业压力，往往会出现缺乏自信、沮丧、失落等负面情绪，会对教师的教育指导产生一种抵触心理。因而，教师在对学生进行就业指导思想政治教育时，应随时关注学生的动态心理变化，及时与学生进行心灵沟通，疏导学生各种不良情绪，通过进行不断的情感交流，让学生能够深刻感受到来自教师的鼓励和期望，从而增加面对激烈就业竞争的勇气与信心。

3. 树立全面服务的教育理念

在开展大学生就业指导思想政治教育中，教师要树立全方位服务的理念，为学生提供各种形式的就业知识讲座和报告，提高就业指导课程的针对性和客观性，使思想政治教育渗透于就业指导的全过程，从而提高就业指导工作的效率和质量。

（二）大学生就业观念教育内容的完善与丰富

1. 择业观和就业观教育

随着高等教育改革的逐步深化和就业政策的变化，大学生就业形势也出现了新情况和新问题。因此，对大学生进行择业观与就业观教育是非常有必要的。择业观、就业观教育主要是引导大学生正确对待就业竞争和就业风险，选择能充分发挥自己的特长和能力、能为社会做出最大贡献的职业与岗位。

2. 社会主义荣辱观教育

大学生是青年中的佼佼者，承载着中国特色社会主义现代化建设的崇高使命，寄托着中华民族的美好未来。大学生思想道德素质及荣辱观方面出现的种种倾向及问题能不能得到很好的解决，不仅关系作为社会构成基本要素的每个家庭的和谐安宁，更事关中华民族的伟大复兴与社会主义事业的兴衰成败，社会主义荣辱观包含了追求知识、热爱科学的内容，也包含了在社会中如何立足和增强竞争力的各种基本道德规范要求，因而高校通过在就业指导中开展社会主义荣辱观教育能够帮助大学生树立正确的价值取向，能够重新确立高校思想政治教育的优势地位，能够加速高校思想政治教育校园环境的优化发展。新时代的大学生只有树立正确的荣辱观才能避免道德价值取向的严重错位，从而在正确的荣辱观指导下健康成长，并树立正确的人生观、价值观，进而树立科学的职业观、择业观和就业观。

3. 创新创业教育

市场经济的激烈竞争和知识经济的到来，要求劳动者不断更新自身知识和技能，才能适应社会的发展和时代的要求。大学生必须具备创新精神，才能更好地就业或创业。所以，思想政治教育要特别强调创新意识的培养，通过创新创业教育，促使大学生夯实基本知识和专业知识。同时，培养大学生的创业意识、创业精神、创业思维、创业技能等素质，使大学生具备强烈的事业心、进取心和探索精神，具备独立工作的能力。这样，毕业后就具有了更强的就业能力、竞争能力与创业能力。大学生也要开阔思路，善于学习，寻求多种形式的就业。在开展创新创业教育的同时，还要积极融入理想教育。加大理想教育和创业教育的比重，使学生在自己人生价值的追求中真正理解：青春只有在为祖国和人民的真诚贡献中才能更加灿烂夺目，人生只有融入国家和民族的伟大事业中才能熠熠生辉。

4. 职业道德教育

用人单位选聘毕业生时多以品德为重，在就业实践中，要求大学生爱岗敬业、乐于奉献，具有较强的事业心和社会责任感。因而，在就业指导中要加强以爱岗敬业等职业价值观为核心的职业道德教育，通过采取社会实践、课堂教学、就业实习等途径，来提升大学生的职业道德修养。

（三）大学生就业观念教育方法的改进

1. 促进大学生创新精神的培养

随着经济时代的到来，市场竞争越来越激烈，劳动者想要紧跟时代前进的步伐，就有必要不断更新自身的知识结构和技能水平。大学生只有具备良好的创新精神，才能逐渐养成强烈的事业心与进取心，才能更好地实现就业并为用人单位服务。因此，高校的思想政治教育在加强学生就业指导教育的时候，同时要注重培养学生养成创新精神，学生要积极学习和接受新的理念、新的知识，不断开阔自己的眼界，为自己寻求更多的就业渠道。学生只有具备了创新精神才能发挥自身的创新思维，提高自身的创新技能，这样，学生在参加工作时才能具备竞争优势。

2. 加强大学生职业道德教育

现如今，社会上有实力的人才有很多，但既有品德又有实力的人才才是用人单位急需的。大学生刚离开校园，没有工作经验，故用人单位在选聘时多看重学生的个人素质，也就是基本的职业道德、事业心、社会责任感以及吃苦耐劳、乐于奉献等各种个人品德。因此，对学生开展就业指导时，应该着重增加学生的集体主义思想和诚信教育，通过采取课堂讲解、课下实践、课余实习等多种手段，增强学生的职业道德素养，以满足当代社会用人单位对综合素质人才的需求。

3. 实现单一化向多样化的转变

思想政治教育不是一项独立的工作，它需要与教育学、伦理学、法学等其他学科相结合。这不仅体现了思想政治教育顺应现代科学总体发展趋势的要求，而且又是其面向世界、面向未来，促进自身不断发展的需要。所以，高校就业指导中思想政治教育应不断更新教育理念，改进工作方式，采取心理辅导、养成教育和危机干预等手段，让思想政治工作进宿舍、进社团、进网络，增强就业指导中思想政治教育的实效性和针对性。

4. 实现从封闭型向开放型的转变

伴随着改革开放的逐步深入和教育体制改革的不断深化，大学校园已不再是封闭的"象牙塔"，大学生的人生观和价值观也相应地发生了不同程度的变化。针对这些改变，高校就业指导工作中的思想政治教育也要因时而异，做出及时调整。把计划经济时期那种与社会需求脱节的封闭型教育方式，转变为敢于面对社会、勇于面对现实、积极主动适应社会需求的开放型教育方式。

（四）大学生就业观念教育环境的优化

思想政治教育的本质是一种双向互动的教育活动，是一种有选择、有目的的思想道德教育的信息传递，是教育者和被教育者思想品德内心体验相结合的过程。因而，优化思想政治教育环境能极大程度地促进思想政治工作，搞好大学生就业指导工作中的思想政治教育要以学校教育为中心，社会教育为依托，家庭教育为基石，形成良好的育人氛围。尤其是有计划、有组织的学校教育能对学生产生先期效应，通过与学校环境这本"不说话的教科书"进行能量、物质、信息的交换，大学生能接受其中潜移默化的影响，并不断发生深刻的转变。正因如此，进一步优化大学生就业指导中思想政治教育的环境意义重大，势在必行。

（五）大学生就业指导模式的转变

一般说来，思想政治教育是教育者和被教育者之间一种思想互动与交流的活动，也是一种有目的、有选择的思想教育。思想政治教育不是一项独立的工作，它需要一些辅助的学科门类，比如教育学、法学、伦理学等，尤其是对大学生就业工作的指导，需要适时更新教育理念，改进工作方式，增强思想政治教育对大学生就业指导的针对性和实效性；同时，随着高等教育体制改革的不断深化，大学校园不再是改革开放以前那样完全以读书育人为目标的“象牙塔”。大学生的价值观、人生观和世界观都发生了巨大的变化，因此，思想政治教育对大学生就业的指导工作也要与时俱进，变以前的与社会脱节的封闭式教育为社会需要的开放性教育，应该是思想政治教育对大学生就业指导工作的必然趋势。

（六）大学生就业指导工作机制的健全

做好大学生就业指导工作中的思想政治教育工作必须建立健全相应的工作机制。高校要建立专门的就业指导机构，设立就业指导课教研室，保证就业指导经费充足到位，人员配置合理科学。就业指导机构对大学生就业指导工作提出总体部署并负责监督考核各系部院工作的开展情况。各系部院要指定工作人员专门负责毕业生就业指导工作，要求专业课教师利用授课时间对本专业学生进行就业指导，实施就业中的各种思想政治教育。同时，对于该项工作的开展情况要建立完善的监督评价体系，采取多种措施，形成完善的工作网络，提高大学生就业指导中思想政治教育的有效性。

（七）大学生就业指导队伍的建设

大学生就业指导中思想政治教育是一项系统工程，这决定了就业指导队伍在专业结构上应体现跨专业的特色，指导人员应具备较高的政治业务素质和合理的知识结构。因此，必须充分整合各方面力量，优化队伍结构。“两课”教师是就业指导中思想政治教育理论教学的中心力量，大学生在就业过程中表现出的许多思想问题需要通过“两课”的教育教学给予指导和解决。

辅导员、班主任、专职从事学生管理的行政人员负责对大学生开展经常性的职业指导和心理咨询，及时解决学生就业中出现的思想问题，将就业中的思想政治教育工作落到实处。就业主管部门负责政策指导，提供就业信息，帮助推荐就业，开展招聘活动，同时加强择业规、就业观、职业观和创业观等方面的教育，引导大学生认清就业形势，调整就业期望。聘请心理专家对大学生进行系统的心理辅导和教育，帮助大学生认识自我，及时解决大学生就业中的心理困境与危机。邀请社会成功人士讲学，拓宽大学生的视野，让大学生更深刻地了解社会，进一步认识社会。在此前提下，专职带兼职，专兼职带动全校师生员工，构筑更广泛的大学生就业指导工作中的思想政治教育网络体系。

以往很多高校的就业指导和思想政治教育是分开进行的，这种方式会需要大量的教师，为学校增加了人力压力，并且容易导致教育脱节的现象。新时期，为了促进高校就业指导工作的稳步健康发展，学校应该打造一支高素质的教育队伍，选择同时具备丰富思想政治教育经验和就业指导经验的教师参与到队伍中，这些教师要不断加强和提高自己各项素质，系统掌握各学科、各专业的就业行情，针对学生的真实想法和实际处境，开展科学、有效的思想政治教育和就业指导。

就业观念是大学生思想观念的重要组成部分，大学生就业观念教育是高校思想政治教育的重要一环，思想政治教育者要提高认识，在大学生就业指导工作推进过程中加强就业观念教育，准确把握大学生就业观念存在的问题，引导当代大学生树立正确的择业观和就业观，不断改进就业指导工作，为大学生顺利就业提供帮助。

第五章　高校思想政治教育立体化模式研究

第一节　高校思想政治教育立体化模式的理论研究

一、现代教育理论

高校思想政治教育立体化模式构建具体体现在教学观念上，要体现出现代教育新理念和新思想，用新的教育理念和思想指导立体化教学活动。思想是行为的先导，改进思想政治教育，必须首先更新思想政治教育观念。思想政治教育作为一种有目的的、有指向的、社会的、文化的活动，更加突出地受到思想观念的支配。过时的、保守的教育体制和方式，往往凭借过时的、保守的思想观念维系而习惯地持续下去，对反映时代特征的教育内容和手段，也会按过时的、保守的思维方式给予裁定和阐释。构建主体性思想政治教育模式，必须以观念更新为先导和动力，以创新精神更新教育观念。

我国正在进行的改革开放是一场深刻的社会变革，它促使人们的生活方式、思维方式、行为方式和思想观念发生了巨大的变化，从而使思想政治教育既面临着发展的机遇，也面临着巨大的挑战。新形势下，作为我们党的政治优势和优良传统的思想政治教育，也只有高高扬起创新的旗帜，才能真正增强自身的有效性，开创出生动活泼的新局面。只有解放思想、勇于创新才能克服传统思想政治教育的弊端及其消极影响；如果无视社会的发展变化、学生思想行为的发展变化、学生生活环境的变化，仍坚持守旧的、保守的观念进行思想政治教育，拒绝研究新情况、新问题，就会导致思想政治教育体制的僵化，达不到思想政治教育的目的。当前，构建立体化的思想政治教育模式，应树立新的思想政治教育价值观、任务观。

（一）确立统一价值观

由于受传统“社会本位说”的影响，在思想政治教育领域存在着片面的“唯社会价值观”，人为地把社会价值与个人价值对立起来，过分强调社会价值，忽视甚至否定个人价值。在这种思想指导下，思想政治教育目标只强调社会要求，忽视甚至否定个人的内在需要；思想政治教育功能只重视思想政治教育在促进社会发展方面的社会功能，忽视甚至贬低思想政治教育在促进个人发展方面的个体功能，致使思想政治教育难以吸引受教育者的积极参与，因而收效不大。事实上，人是社会发展的手段，更是社会发展的目的。思想政治教育通过培养具有主体性的人来促进社会发展，而社会发展的最终目的也是为了人更好地发展。社会价值与个人价值是辩证统一的，如果割裂二者的关系，片面强调一方而忽视另一方，其结果，不仅人的主体价值得不到发展，人的社会价值也得不到充分体现。因此，在思想政治教育工作中必须克服片面的“唯社会价值观”，确立社会价值与个人价值相统一的科学价值观，在满足社会发展需要的前提下，充分尊重和兼顾个人的内在需要，促进社会价值与个人价值协调发展。

（二）确立任务观

思想政治教育的最终目的不仅在于为教育对象提供理论的灌输，更重要的在于教育对象能在生活实践中践行思想政治品德行为。因此，培养人的主体意识、主体能力是思想政治教育主题的应有之义。我们必须克服片面的只灌输社会规范的任务观，同时，也要防止忽视甚至否定社会灌输规范的倾向，确立灌输社会规范与培养能力和发展个性相统一的新观念。在改进灌输方法、提高灌输效果的同时，重视社会实践的锻炼，着力培养人的能力和个性，促进人的全面发展。受传统教育思想的影响，思想政治教育的全部任务仅归结为“传道”，即灌输社会规范，视受教育者为社会规范的接收器，而不重视能力和个性的培养。因而，在思想政治教育中简单说教、硬性注入的现象普遍存在。

事实上，完整的思想品德系统是一个由心理、思想和行为三个子系统有机结合而成的三维立体结构，具备思想政治品德知识，为人的思想政治品德行为和习惯提供了基础和前提。在教学内容上，要不断根据社会发展出现的新形势、新特点、新要求，更新和充实教学内容，使教学内容贴近时代、贴近社会、贴近教学对象思想实际，坚持与时俱进，由不同层次的内容相互作用，共同构成思想政治教育的内容整体，统一于思想政治教育目标之上。马克思主义基本理论教育是根本内容，它决定着思想政治教育整个内容的根本性质，体现着社会主义事业接班人和建设者的根本素质；政治观、世界观、人生观、价值观和理想信念是核心内容，是社会主义事业接班人的必备素质；爱国主义、道德规范和法律意识是基本内容，是合格的社会主义事业建设者的基本素质。同时，随着社会的发展进步，思想政治教育内容也处在不断的变化发展之中，是稳定性和动态性相结合的有机整体。在新形势下，大学生思想政治教育与大学生的学习、生活和就业问题结合得更加紧密，其内容和目标都与以往相比发生了重大变化。大学生思想政治教育的内容为适应社会形势的变化和发展，逐步扩大其所包含的范围，并不断地更新思想观念，扩充知识体系，使其内涵更为丰富。

思想政治教育内容，是指根据一定的社会要求和针对受教育者的思想实际，经教育者选择设计后有目的、有步骤地输送给受教育者的思想意识、价值观念、政治观点和道德规范等信息。要使教育对象符合教育目标的要求，坚定政治信念，端正思想观点，建立道德理念，优化心理品质，形成行为规范，都取决于采用什么样的教育内容。作为思想政治教育“血液”的教育内容，是思想政治教育的重要组成部分，是教育目标的具体化，是教育主体与教育客体互动的一种中介，是确定教育原则和方法的前提，是增强思想政治教育实效性的基本条件。思想政治教育内容结构是指思想政治教育内容的构成要素及其相互关系。思想政治教育内容包括哪些基本要素，理论界的认识并不完全一致。现在，认为思想政治教育内容包括政治教育、思想教育、道德教育、法纪教育和心理教育的“五要素说”正越来越得到广泛的认同。因此，思想政治教育内容是由政治教育、思想教育、道德教育、法纪教育和心理教育五大要素组成的既相对独立又有机联系的逻辑结构系统。

1. 政治教育的导向性

政治教育是一定阶级和社会依据一定的政治思想和政治规范对受教育者施加影响，以帮助受教育者树立正确的政治方向、政治立场、政治观点、政治信念、政治态度，即实质上培养政治信仰的教育。政治教育的具体内容主要有党的基本理论、基本路线和基本纲领教育，理想信念教育，爱国主义、社会主义教育，形势与政策教育等。在思想政治教育内容体系中，政治教育始终居于主导地位，是思想政治教育的导向性内容。①政治教育具有鲜明的政治性和阶级性，政治教育总是同党的意志紧密相连，传播一定的政治思想和政治主张，从而从根本上发挥引导人们思想和行为的作用。②政治教育贯穿思想政治教育的始终，对思想政治教育过程和思想政治教育其他内容起着指导和支配作用。③政治教育指引思想政治教育沿着正确的方向发展。马克思主义理论教育对思想政治教育具有总的方向指导作用，理想信念教育是思想政治教育的核心内容。

2. 思想教育的根本性

思想教育是依据一定的哲学思想及其方法论对受教育者施加影响，以帮助受教育者树立正确的世界观、人生观、价值观以及思维方式的教育。思想教育主要包括科学的世界观、人生观、价值观教育，艰苦奋斗精神教育，马克思主义唯物论、无神论和科学精神教育，创新精神教育等。它通过引导人们对人类社会发展规律的认识和理解，使人们形成科学的世界观、人生观、价值观，具有正确的理想信念、科学的思维方式和开拓创新精神，为人们认识世界和改造世界提供根本的思想方法和强大的思想武器，为政治教育、道德教育、法纪教育和心理教育提供价值理念支撑和世界观、方法论基础。其中，世界观、人生观、价值观教育是思想教育最根本的内容。

3. 道德教育的基础性

道德教育是将社会的外在要求内化成人们的道德观念、道德情感和内心信念，再外化为具体的行为，目的是培养人们良好的道德品质和高尚的道德情操。道德教育是依据一定的伦理思想和道德规范，对受教育者施加影响，以帮助受教育者培养良好的道德品质和道德人格的教育。道德教育主要包括社会公德、职业道德、家庭美德教育，中国传统道德教育，社会主义人道主义教育以及生态道德、网络道德教育等。道德教育是思想政治教育的基础。道德教育虽然在性质、方向上受政治教育、思想教育的影响和制约，但良好的道德品质对合格的政治素质、思想素质、法纪素质和心理素质的形成与发展起着引领和提升作用。

4. 法纪教育的保障性

法律、纪律与道德都是调整或制约人们行为的准则和规范，它们在社会功能上相互补充、相互凭借。法纪教育是对受教育者进行社会主义法制和纪律教育，培养他们具有法律观念和遵纪守法的品质，知法、懂法、守法，并且学会用法律武器保护自己的合法权益。法纪教育主要包括社会主义法制教育、纪律教育以及社会主义民主教育等。法纪规范是政治规范和道德规范实施的保障性力量，法纪教育在政治教育和道德教育的实施中起着重要的保障作用。首先，从法律与政治的关系看，政治规范是法律规范的最高层次，法律规范是政治准则的基本保障力量，进行法纪教育是维护政治原则和实现政治理想的重要保障。其次，从法律与道德的关系看，法律是道德的最基本体现，道德是法律的精神基础。只有加强法纪教育，才能更好地实现道德教育使其对象从他律向自律转化的功能。再次，社会主义法律、法规中包含着丰富的思想政治教育内容，加强法纪教育可以为这些内容的实施提供制度化保障。

5. 心理教育的前提性

心理教育主要包括青春期教育、心理健康教育、意志品格教育和个性品质教育等。现代思想政治教育是一种涉及人们认知、情感、意志和信念的特殊社会活动，必须以心理教育作为起点和前提。在政治、思想、道德和法纪教育的过程中，人的心理状况始终起着维持、调节和统合的作用。心理教育就是通过对人们良好心理素质的培养，使人们形成健康的心理品质，为思想政治教育其他内容的实施提供赖以依靠的基础和平台。思想政治教育内容是一个由多层次要素构成的系统，这些内容相辅相成，共同构成思想政治教育内容系统主次分明、和谐统一的整体。思想政治教育内容的诸要素在根本上是相互关联的。在思想政治教育内容结构中，政治教育是主导，思想教育是根本，道德教育是基础，法纪教育是保障，心理教育是前提。这些内容在思想政治教育内容结构中虽然处于不同的层次和地位，既不可偏废，又不可相互替代，但它们相互依存、相互依托、相互联系、相互渗透，推动着思想政治教育的发展。

运用现代教育理论推进思想政治教育立体化，在教学方法和手段上，要将现代教育技术运用到思想政治理论课立体化教学各个环节，充分发挥现代教育技术的功能优势，不断地增强立体化教学的吸引力、说服力和影响力。努力使教学方式和方法贴近实际、贴近生活、贴近大学生，符合大学教育教学的规律和大学生学习的特点，不断增强教育教学的针对性、实效性和说服力、感染力。首先，要不断拓展有效的教学方法。坚持以人为本在教学方法上的根本要求就是把单向“注入”式教学引向师生双向交流的“互动”式教学，倡导启发式、参与式、研究式等教学方式。针对不同类型、不同阶段大学生的特点以及不同的课程，可采取课堂讲授、课堂讨论、专题讲座、专题演讲、辩论、教学实践等方式。其次，要运用现代化教学手段。思想政治理论课必须积极推进多媒体教学，建立教学互动网站，把课堂延伸到网上，使思想政治理论课教学更加灵活、有效和充满吸引力。然后，要改革考查考试方法。重点考查学生对教学内容的理解、接受和运用的情况，尤其是以马克思主义为指导分析和解决问题的能力。可采用口试、论文答辩、写读书心得和调研报告等方法。在教学评价上，要依据立体化教学特点，突出教学过程的评价，弱化结论式评价，注重教学对象参与性、实践性评价，重视全面、定性式评价；弱化片面、定量式评价；强化知识运用能力、判断能力等综合性评价，弱化知识记忆型评价。

在评价过程中，把师生的活动分解成若干部分，并制定出评价标准。

根据这些标准判定师生的活动是否偏离了正确的教学轨道、偏离了教育方针和教学目标，有无全面完成各科教学大纲规定的目的和任务，从而保证教学始终沿着正确的方向发展。评价具有激励功能，教学评价可以调动教师教学工作的积极性，激起学生学习的内部动因，维持教学过程中师生适度的紧张状态，可以使教师和学生把注意力集中在教学任务的某些重要部分。对于学生来说，教师的表扬、鼓励、学习成绩测验等，可以提高学习的积极性和学习效果。同时，评价能促进学生根据外部获得的经验，学会独立地评价自己的学习结果，即自我评价。自我评价有助于学生成绩的提高。虽然教与学的相互依赖性是人所共知的，但是教、学及教学评价之间的这种相互依赖性却较少被人认识到。

事实上，如果说教学活动是一个信息传递系统，那么教学评价则是这个系统的信息反馈机制。通过评价活动，教师和学生可以获取反馈信息，从而对教与学的活动进行有效的调节，并明确教与学的目的；通过评价活动，教学成果得到不断强化，在客观上产生巨大的激励作用；通过评价活动，教学工作就有了可靠的依据。高校思想政治理论课教学评价的特殊性决定了思想政治理论课评价要求的特殊性，一般而言，思想政治理论课的发展评价要做到“七个结合”，即思想评价与政治评价相结合、知识评价与价值评价相结合、自我评价与他人评价相结合、现实评价与潜能评价相结合、量化评价与质性评价相结合、显性评价与隐性评价相结合、短期评价与长期评价相结合。

除此以外，以学生学习效果为逻辑起点建构的高校思想政治理论课评价理念或体系还需要坚持三个层面的基本要求，即以“学”为中心的“教与学”的统一、以“真理”为依托的“真理与价值”的统一和以“行”为归宿的“知与行”的统一。以“学”为中心的“教与学”的统一强调高校思想政治理论课在“教—学”环节即教育教学过程中的效果评价。相对于其他课程的教学效果评价体系而言，思想政治理论课的教育教学内容有其特殊性，不仅包括国家的大政方针、国际国内形势、社会主义的基础理论，还包括政治观、道德观、价值观和心理观等教育。因此，在思想政治理论课教学评价中，教师的“教”非常重要，其教学内容的规定、设计以及传播，影响制约着学生的知识、观念、态度，也决定了评价体系设计的科学与否。

当然，掌握思想政治理论课的基本内容不是课程评价的终极目标，只是课程评价的一个基础性指标、一项基础性工作，其更重要的意义在于其作为学生树立科学价值观的依托。学生通过对马克思主义理论及其中国化的学习，通过对历史唯物主义和辩证唯物主义的学习，通过对伦理道德基本规范的学习，树立坚定的共产主义信念，远大的理想，正确的世界观、人生观、价值观、政治观、道德观、心理观等。新型的以学生学习效果为核心的思想政治理论课教育教学评价，最终就是要实现学生所掌握的真理与价值内化的统一，即学生通过受到的教育与引导，将课程的科学真理内化为自身的理念、素质与能力。

事实上，思想政治理论课教育教学的最终效果不仅在于学生是否真正掌握了课程的基本知识，是否认同了社会主义核心价值体系，更重要的还在于学生是否学以致用、身体力行，用科学知识来指导自己的言谈举止，来判断事物的是非曲直。因此，思想政治理论课的评价体系要以“知”为基础，以“行”为归宿，实现“知与行”的统一。在教学主体上，倡导教师的主导性和学生的主动性教学观，确立教育者和受教育者辩证统一的“双主体”观。我国在过去较长的时间里，在思想政治教育中主张片面的唯教育者主体观，而忽视受教育者在思想政治教育中的主体性，把受教育者仅视为消极被动地接受教育的客体，导致了思想政治教育中不可避免的命令主义、强制压服和单向注入，严重地挫伤和压抑了受教育者在思想政治教育中的主动性和积极性。这也是思想政治教育在较长时间出现实效不明显的重要原因之一。实际上，受教育者同教育者一样是思想政治教育过程中的主体，思想政治教育过程既是教育者按照社会要求积极组织实施教育的过程，也是受教育者基于自身思想基础和内在需要，通过自己的积极活动，能动地接受教育和进行自我教育的过程。在这里，教育者组织实施教育的主体性与受教育者能动地接受教育和自我教育的主体性是并行不悖、辩证统一的。受教育者主体性的发挥离不开教育者的激发和引导，而教育者的教育也只有通过受教育者的积极活动才能发挥作用。

实际上，教育者的主体作用，说到底也就是对受教育者主体性的激发、引导和培育作用。因此，我们必须克服片面的唯教育者主体观，同时也要防止片面的唯受教育者主体观，确立教育者的主体性与受教育者的主体性辩证统一的新主体观。在教学全过程，充分发挥学生在立体化教学中的主体选择性和创造性，使学生在立体化教学活动中全面参与、全面实践，达到自我感悟、自我认识、自我判断和自我澄清，最终使教学内容内化于学生的“心灵”(即思想)，外化于学生的“行为”。

看学生的主体作用、教师的主导作用及其相互关系。所谓学生的主体作用是指学生在思想政治理论课教学中充分发挥出了各自的主观能动性和学生所特有的学习活力、创造力，在教师的指导下，能积极主动地参与教学，积极主动地自学和完成课外作业，积极主动地以正确的世界观、人生观、价值观指导自己的行动。所谓教师的主导作用，包含有主持、指导、导向等作用的意思。教师作为教育者，在思想政治理论课教学的整个过程中起着主导的作用。思想政治理论课教师的主导作用主要表现为:

第一，思想政治理论课教学的主持者、组织者和责任人，负责其主讲课程的全部教学活动的总体规划设计，同时也要做好其中每一次教学活动的具体组织安排，包括教学活动的目的、内容、方法及具体步骤等，都应由教师负责确定。

第二，思想政治理论课教学坚持正确方向的导向者，负责保证思想政治理论课教学坚持党性原则，坚持以科学的理论武装人，坚持以正确的思想指导教学内容和方法的不断改革更新，及时纠正思想政治理论课教学中可能出现的种种思想偏差。

第三，思想政治理论课教学对象的指导者、引路人，指导学生以正确的态度、科学的方法掌握思想政治理论课教学的内容，按照思想政治理论课教学的目的要求，使学生通过自己的努力，成为社会所需要的德才兼备的现代化人才。

学生主体与教师主导之间是内因与外因的关系。教师的主导作用对学生来说尽管非常重要，但毕竟只是推动学生成长的外部力量，究竟在实际上能起到什么样的作用，其作用的大小如何，最终取决于学生本人主动作用发挥的程度。但是，学生主动作用是否能充分发挥出来、向何处发挥作用，各个学生的作用能否相互协调配合等，又取决于教师是否具有正确的主导意识和科学的主导方法。因此，思想政治理论课教师树立正确的主导意识、掌握科学的主导方法是非常重要的。值得注意的是，不应把教师的主导作用搞成唯有教师正确，教师“一言堂”，教师统管一切、包办一切；教师也不能因为要发挥自身的主导作用而忽视被主导者的积极主动性，从而限制其多样性和个性特征。恰恰相反，只有广泛听取学生意见、集思广益、充分调动学生的积极主动性、发挥其不同特长和个性特点，才能使思想政治理论课教学活动开展得生动活泼、丰富多彩，使教师的主导作用产生出最佳效果。

二、思想政治教育原理

思想政治理论课立体化教学既是培养大学生综合素质和能力的重要途径，也是实现大学生思想道德修养“知与行”统一的重要手段。因此，在立体化教学中无论是教学目的和教学内容的选择，还是教学手段和方法的运用，大学生始终处在主体的地位。思想政治理论课立体化教学旨在通过思想政治理论课教学活动进一步巩固大学生掌握的理论教学基本知识、基本理论和基本原理，把感性认识上升为理性认识，并提高大学生运用马克思主义理论分析和解决问题的能力。思想政治教育的价值和归宿就是以人为本。思想政治教育的对象是人，它是教育人、说服人、塑造人的工作，它是建构在“人”的基础上的社会实践活动，它肩负着关注人的自身发展、解读人的存在意义、建构人的精神家园、促进人的全面发展的历史使命。人的价值问题既是思想政治教育价值的逻辑起点，也是思想政治教育价值的最终落脚点。因此，只有坚持以人为本，思想政治教育才能卓有成效，才能产生亲和力和影响力，取得实效性。

以学生为本，创新思想政治理论课教学最关键的是思想政治理论课教师要热爱和尊重学生。我们的教育实践一再证明，爱一个学生就等于培养一个学生，所以“当教师必不可少甚至几乎是最主要的品质，就是要热爱和尊重学生”。真正的教育存在于人与人心灵距离最短的时刻，存在于无言的感动之中。要抓住学生的心灵，思想政治理论课教师必须对自己所讲授的内容真信、真懂、真用，做到为人师表，热爱和尊重学生，以人格教育人格，以性情培养性情，以心灵感动心灵。这是实施以学生为本的思想政治教育教学创新的核心和精髓。

当代大学生都出生在改革开放以后的年代里，他们的成长伴随着中国经济社会的快速发展，承受着社会发展变革带来的巨大冲击。特别是处于经济全球化、政治多极化、信息网络化、文化多元化这一时代大背景下的当代中国，经济体制深刻变革，社会结构深刻变动，利益格局深刻调整，思想观念深刻变化。与之相伴，利益多元化、思想多样化，各种社会思潮涌动，各种文化相互碰撞、激荡、交融。原有的价值理念和道德标准受到了严峻挑战。人们的思想观念、价值取向、社会交往、生活方式都发生了深刻的变化，纷繁复杂的社会现象和问题会使大学生产生许多新的认识问题和思想困惑。面对复杂多变的社会问题，部分大学生疑惑不知所措，困扰不知所解，茫然不知所选，迷途不知所向。

因此，思想政治理论课教学如何更加贴近大学生的精神成长需要，更好地展示理论的现实力量，将改革开放和科学发展的理论内涵、思想魅力和实践展开引入教学过程中，以更加客观地传递事实逻辑的方式和内涵进行思想政治理论课教学，即如何把思想政治理论课的课堂伸向蓬勃开展的经济社会实践，加强当代大学生与广阔社会天地之间的联系，不断创新讲述方式和价值传递方式，而不是枯燥无味地照本宣科，这是思想政治理论课教学方法创新的迫切要求和重要环节。

始终坚持“以学生为本”的教学理念是教育发展的本质要求。在这日新月异的时代里，对于走在时代前沿的当代大学生来说，他们对事物会有不同的认识和看法，由于大学生的情绪波动易受环境因素的影响，其性格尚未稳定和完善，存在盲从、自卑、骄傲和依赖心理，致使在思想政治教育工作中出现诸多障碍。如果思想政治教育工作依然采用传统的单向传授法，而忽视师生间情感互动交流的教育方法，则明显不利于当代大学生的心理健康发展。所以说，坚持“以学生为本”是思想政治教育能否顺利发展的前提和基础，应把大学生的核心作用和个性差异相互结合起来，全面提高大学生的综合素质。大学生思想政治教育方法创新工作，应坚持以学生为主体，不仅需要依赖心灵沟通法，还需要逐步引导大学生进行自我教育和自我管理，运用自我督促法，提高大学生的学习主动性和创造性，将教育理念和教育实践经验贯穿于思想政治教育方法创新工作的始终，实现大学生自我教育，全面提高大学生综合能力素质，使思想政治教育方法创新工作得到改善和提高。

第二节 高校思想政治教育立体化模式的构建

经济市场化、政治民主化、文化多元化、世界全球化和虚拟化、人的诉求多样化之间铰链式的互动过程中所出现的新问题、新矛盾，构成了我国思想政治教育新的时空境遇，并对我国思想政治教育发展形成新的环境压力，在丰富学科理论体系内容的同时，又在不断地提出新的问题，凸显新的矛盾，在这种对立统一的矛盾运动中，思想政治教育方法得以创立和不断发展。改革开放以来，我国实现了由计划经济向市场经济的经济转型，由农业社会向工业和服务业为主导的城市社会和知识社会的社会转型，由中央集权政治体制向社会主义民主政治体制的转变，由封闭、半封闭逐渐向全面开放的开放型社会转变。

一、构建条件

（一）新时期中国社会的建设实践

改革开放以来，我国社会的政治、经济、文化等方方面面开始逐渐地发生改变，从而引起人们思维方式、思想观念和行为方式的变革。由战争、斗争状态向生活化、常态化社会运行状态的转变，使得思想政治教育的时效性、有效性、实效性等也不断遭遇挑战，表现在对社会环境的不适应、教育制度与观念的脱节、既有教育模式和功能的缺损等，这无疑加重了科学研究思想政治工作的重要性和紧迫性。正是在提升思想政治教育实效性的过程中，思想政治教育专业和学科才应运而生。改革开放初期，最重要的任务是进行政治领域的拨乱反正，消除泛政治化倾向，实现政治挂帅向经济建设为中心的转变，进行党的基本路线和四项基本原则教育，强化党领导的合法性。

人们以伦理方式把握世界所形成的以某种价值观为核心、以相应伦理原则和伦理规范为基本内容的伦理文化，是维系社会正常伦理秩序的良剂。市场经济作为经济文化的一种外在表现形式，不完善的市场经济使得人们追求利益最大化而忽视人的情感和精神价值，形成忽视人文精神的工具理性思维方式，形成以追求超阶级“最大幸福”为行为准则的功利主义价值态度，形成盲目追求西方民主、平等、自由、法治等多元的社会政治思想等。市场经济的趋利性和功利性催生了社会焦虑心理的膨胀，生产线似的对人进行道德、政治和思想知识的灌输，忽视了对人伦道德的养成教育。一旦社会的伦理体系崩溃，社会道德认知、政治态度、价值取向等就会混乱并继而引发一系列社会问题，极易造成社会动荡，“文革”期间伦理制度颠覆所造成的裂痕和破坏即为佐证。伴随香港和澳门的回归，人们的爱国情怀被充分地调动起来，如何发挥中国传统文化的人文价值、增强文化底气，在多元文化并存的文化生态中占据应有的地位，发挥其精神家园、弘扬和培育民族精神，助力于经济发展和人的发展，成为思想政治教育的新课题。

从社会性质上看，开始由前社会主义向后社会主义转变。在以家庭为轴心的熟人社会，即前社会主义社会中，风俗、道德、习惯势力强大，行为模式固定单一，家庭对个人道德、思想、政治观念等具有根本性影响，传统的道德束缚力强大。在以半社会化为主要特征的陌生人社会，即后社会主义社会中，阶级之间的界限不再确定无疑，流动的人际关系变得肤浅、间接、局限而短暂。“耻言理想、蔑视道德、拒斥传统、躲避崇高”的社会理论思潮逐渐形成。不仅如此，改革开放不久，发端于经济领域、以市场导向为目标的改革开始蔓延至所有的领域，教育产业化和市场化现象开始出现。学术本位的办学理念开始向效益和市场转化，大谈、特谈科技创新和科技开发，高等教育也开始办实业。

大学生思想政治教育，是关系国家和民族前途命运的大事。思想政治教育方法作为教育过程中的重要环节，对教育目标的实现起着尤为关键的作用。当前，科学技术的迅猛发展以及东西方文化的剧烈碰撞与相互交融，必将对整个社会产生深刻影响，给高校教育尤其是高校的思想政治教育带来巨大冲击和深刻影响。正确认识高校思想政治教育所面临的新情况、新任务，积极探索与之相适应的新途径，创新思想政治教育方法，对提高思想政治教育的实效，达到思想政治教育的目的具有重大的现实意义。要用科学发展观来指导大学生思想政治教育，高校根据教育对象的思想特点，做好多渠道、多角度和多方法的统筹安排；积极改进高校思想政治教育的途径和方法，坚持以人为本，与时俱进，贴近实际、贴近生活、贴近大学生，努力提高针对性和实效性，不断增强吸引力和感染力；积极探索建立社会实践与专业学习相结合、与服务社会相结合、与勤工助学相结合、与择业就业相结合、与个人创业相结合的管理体制。从而使大学生的思想和行为适应社会发展的需要，真正成为德、智、体、美全面发展的社会主义合格建设者和可靠的接班人。大学生思想政治教育是一个系统工程，方法创新的切入点就是要以大学生为本，从关心和理解大学生入手，创新思想政治教育方法和途径。

（二）现代信息技术的发展成果

现代信息技术的发展成果不仅使现代思想政治教育可以利用高科技成果营造浓厚的教育氛围，以高科技文化成果为载体进行思想政治教育，而且更突出地体现在可以通过高科技产品提供先进的教育手段和运用良好的教育方法进行思想政治教育。例如，我们可以利用信息技术和计算机网络技术与设备建立全社会或某一系统的思想政治教育与管理模型。这样既可以促进思想政治教育的规范化与科学化，又便于从事思想政治教育的领导和管理部门及时了解情况，为决策提供依据。

随着信息时代的到来，特别是网络技术的迅猛发展，整个社会已逐渐走进信息社会的新时代，人们的生产、生活和思维方式在新时代下自觉或不自觉地变化着。思想政治教育作为理论性和实践性兼具的认知活动和实践活动，信息时代下信息技术的发展尤其是多媒体技术的发展，给思想政治教育领域带来了巨大变革，用颠覆性形容这种变革也不为过。

一方面需要思想政治教育与时俱进，转变教育方法、充实教育内容：另一方面媒体的发展拓宽了人类生活空间和交往范围，提供了新的教育手段和技术，从而改变着人们的学习方式，为思想政治教育的发展提供新手段。尽管多媒体技术的发展带给人类的影响也有消极方面的，但现代人已经不能离开多媒体技术而存在，其带给人积极的影响是主要方面，在思想政治教育领域也不例外。

网络在中国以快速发展的趋势普及开来，网络领域信息、知识的极度丰富和迅速更新为思想政治教育提供了广阔平台，这主要表现在：①新媒体依托计算机网络技术、数字技术和移动通信技术等形成了便于传播和交流的工具，教育者可以最大限度利用这一传播优势，主动地、大规模地、长期地向教育对象宣传和教育，即使起不到及时的作用，教育对象也能在经常的“被灌输”中不自觉地接受“鼓动”。②教育对象能够通过媒体这一媒介和教育者进行平等沟通，减少双方之间因地位的“不平等”而产生的隔阂，以加强教育双方之间的有效交流，这是传统教育活动中师生严格界限和地位等级森严下无法实现的。③鉴于多媒体的灵活性，教育教学活动不再仅限于教室、讲台、粉笔和一张嘴，而是能够更多地利用微博、微信、论坛、博客等新兴手段通过形象生动的语言、文字、图片来实现，增加了教育的趣味性和时代感，而且时间、地点不再被限制，可以在不同时空进行互动，将传统教育中限制双方交流的条件降到最低，较大程度上提高了思想政治教育的效率。在思想政治教育实践尤其是思想政治教育理论课中引用多媒体辅助技术，按照人们的多媒体学习特点、规律与技术来组织多媒体教育的方法与技术，可与讲授等传统语言教育教学方式一样通过词语和画面“两种通道”呈现同类材料，加强思想道德的教学与学习。

（三）现代思想政治教育学及相关学科的理论智慧

思想政治教育方法理论有广泛丰富的实践基础和浓厚坚实的理论渊源，是以马克思主义为理论基础，揭示思想政治教育领域特有规律而形成的科学体系。它是一门综合性、应用性、时代性很强的学科。其学科理论体系必然要随着思想政治教育实践的发展和基本范畴内容的精确、丰富而不断完善。随着思想政治教育学范畴的不断充实更新，其体系不仅能充分反映科学发展的新成果和思想政治教育的新理念，而且具有适应时代发展、能够容纳今后科学发展和思想政治教育新理念的开放性构架。

在理论上，现代思想政治教育学通过加强学科理论体系和分支学科的研究，对各领域的历史成果和新成果进一步提炼，从而不断丰富、充实和完善其范畴体系。与此同时，与思想政治教育学相关的学科和交叉学科的发展，也促进了思想政治教育学的发展；从人学、社会学、文化学等学科视角开展思想政治教育研究，也取得了可喜的成果，展现了勃勃生机。现代思想政治教育学在学科体系上的完善与发展，与相关学科的交叉融合，不仅在理论上为思想政治教育方法的发展提供了理论支持，而且在研究方法和工作方法上也为思想政治教育方法的创新提供了借鉴。

任何学科都不是孤立的，总是或多或少与相关学科联系或交叉，需要及时借鉴和吸收其他学科的成果，思想政治教育作为一门研究“人”的学科，是一门与多个相关学科联系密切的综合性学科，借鉴、吸收其他学科理论与方法、研究成果是丰富和完善思想政治教育方法的重要途径，从而带动其方法论的更新，例如在系统论中，以系统为研究对象，在其基本方法中，要求从整体出发，多层面、多角度思考问题，这对我们从思想政治教育系统与外部环境、思想政治教育系统内部各要素相互关系中，去揭示和研究整个系统的运行状况，实现教育最佳效果，提供了方法论基础。现代思想政治教育学在其学科体系上的完善与发展加上与其他学科的交叉融合，不仅在理论上为高校主导性思想政治教育方法的发展优化提供理论支持，而且在具体方式方法运用上提供创新和优化的思路。高校主导性思想政治教育方法受到思想政治教育方法理论发展的影响。借鉴相关学科的方法谋求大学生思想政治教育方法创新具有重要意义，它不仅符合一般学科发展的共识，同时也是历史维度的证实、学科特性的要求和现实层面的呼唤。

在多元文化背景下，大学生思想政治教育的复杂性逐渐提高，迫使思想政治教育不能再局限于两三门学科之间，而是需要更多的交叉学科参与进来。大学生思想政治教育方法要想有所改进和创新，不仅要坚持马克思主义基本理论，也要借鉴吸取其他相关学科的知识和方法，因为通过借鉴其他学科的方法，可以找出它们之间的共同点和不同点，力求找出好的方法为“我”所用，这对于大学生思想政治教育方法创新具有重要的现实意义与理论价值。借鉴相关交叉学科的方法推动大学生思想政治教育方法的创新，一般而言就是通过观察、分析和比较，来汲取相关学科中的好方法和新方法，使传统的单一的、古板的灌输式思想政治教育方法逐渐转变为立体动态的教育方法，以此来不断丰富大学生思想政治教育方法体系。因此，大学生思想政治教育工作者应积极研究和借鉴多学科理论和方法，把交叉学科中新的研究视角、新的研究成果、解决问题的手段和新的研究方法有机地整合在一起，拓展大学生思想政治教育方法创新的研究视野。

（四）思想政治教育工作者队伍建设的现实成效

改革开放以来，高校思想政治理论课教师队伍建设是在曲折探索中不断向前发展的，既取得了突出成就，又存在一些主要问题，需要全面地、辩证地加以总结，开创高校思想政治理论课教师队伍建设的新局面。改革开放以来，高校思想政治理论课教师队伍建设的突出成就，为促进高校思想政治理论课程改革、加强大学生思想政治教育提供了可靠的组织保证。党中央采取了一系列措施和政策来加强高校思想政治理论课教师队伍建设，取得了突出的成绩，主要表现在以下几方面。

1. 明确了教师队伍的主要职能

思想政治理论课教师队伍的职能，就是指思想政治理论课教师队伍的职责和功能。明确其职能，对于发挥思想政治理论课教师队伍的作用和加强其建设，具有重要的意义。改革开放以来，党中央把明确教师职能作为加强“教师队伍建设”的基本前提加以关注。马列主义教师的主要职责，是从事教学和科研，强调教师应努力提高自己的理论水平，发扬党的优良传统和作风，成为学生的表率。教师队伍的职能得到进一步明确，突出强调马列主义课教师，应该解放思想，实事求是，努力进行四项基本原则教育，宣传党的路线、方针和政策，培养学生的无产阶级世界观和共产主义道德。政治理论教师既是马克思主义理论的宣传者，又是思想政治工作者，真正做到既教书又育人。要求在教学中，不仅要传授知识，而且要以自己对共产主义事业、对马克思主义真理的坚强信念感染和教育学生，关心并帮助学生在思想上、政治上健康成长。要努力克服脱离实际、脱离时代的弊病，坚持理论联系实际的方针，积极地投入教学改革。教师队伍的职能明确后，广大思想政治理论课教师要在实践中不断加强思想道德修养，完善知识结构，提高教学能力和科研能力，以更好地担负起自己的职责。

2. 提高了教师队伍的整体素质

自从改革开放以来，党中央非常重视这支队伍整体素质的提高，并把它作为加强教师队伍建设的一个重要内容来抓，各级教育部门和高等院校不断加强对教师的马克思主义理论教育，从整体上提高教师的马克思主义理论素养，针对教师的实际状况，通过“在职进修和短期脱产培训”等方式，扩大教师的知识面。各级教育部门和高等学校为马克思主义理论课教师积极开展科学研究创造良好的环境和条件，大力提倡严谨的科学态度、勇于创新的精神和理论联系实际的学风，充分调动马克思主义理论课教师从事科研的积极性，提高教师的科学研究能力。通过研修，提高了思想理论水平，交流了各高校加强思想政治理论课教学单位建设的经验和做法，进一步掌握了教学方法。

3. 教师队伍建设是各项政策的重要保障

就思想政治理论课教师队伍建设而言，在历次的思想政治理论课程改革过程中，都把制定和落实教师队伍的各项政策摆在突出的位置。中央宣传部、教育部《关于加强高等学校思想政治工作队伍建设的意见》提出，要切实改善思想政治理论课教师的政治待遇、学习条件和工作条件，恢复理论课教师的业务职称，加强教师的培养和进修。要制定思想政治理论课教师的进修计划和专业技术职务评定考察的内容，解决教师的科研经费，逐步建立马克思主义理论课新师资培养基地，切实解决教师的编制，抓紧中青年骨干教师部门负责人的培养。要建立和完善思想政治理论课教师队伍培训体系，采取脱产进修、攻读学位、名师指导、社会考察、国内外学术交流等措施，加强学术带头人和骨干教师培养。不断完善教师队伍建设的考核评价体系和教师职务评聘体系、教师表彰奖励机制。在党中央的统一要求下，各级教育部门和高校纷纷制定了加强思想政治理论课教师队伍建设的实施意见和各项政策。

4. 提供队伍建设支撑

马克思主义理论学科建设为加强思想政治理论课教师队伍建设提供了很好的学科支

撑。根据马克思主义理论学科的性质、特点和要求，进一步提炼学科方向，为马克思主义理论研究和思想政治理论课教育教学培养高水平的人才，这是加强马克思主义理论学科建设的应有之义。党中央历来高度重视马克思主义理论学科建设，中共中央宣传部、教育部颁布的《关于进一步加强和改进高等学校思想政治理论课的意见》中指出：思想政治理论课教育教学所依托的学科是我国特有的一门政治性、科学性和实践性很强的学科，只能加强，不能削弱。强调要设立马克思主义一级学科，开展马克思主义理论体系研究。在此精神指导下，中宣部、国务院学位委员会、教育部抓紧开展设立了马克思主义一级学科的论证工作，在全国建立了马克思主义理论一级学科及所属二级学科，积极开展马克思主义理论体系研究，包括马克思主义发展史、马克思主义中国化、中国近现代史、思想政治教育研究。马克思主义理论一级学科设立后，各高校大力加强马克思主义理论学科建设，注意从研究方向、课程设置、实践教学、培养方式以及专业培训等多方面培养思想政治理论课教师，不仅提高了现有思想政治理论课教师的综合素质，而且培养了新的师资以补充思想政治理论课教师队伍。

5. 加强了队伍建设的宏观指导

加强思想政治理论课教师队伍建设的宏观指导是促进教师队伍建设沿着正确的方向发展的重要保证，在我国经济体制深刻变革、社会结构深刻变动、利益格局深刻调整、思想观念深刻变化的今天，切实加强党中央和各级教育部门对思想政治理论课教师队伍建设的宏观指导，对于思想政治理论课教师队伍建设拓展新的思路、提供新的举措、指明新的方向，具有更为重要的意义。

改革开放以来，党中央高度重视思想政治理论课教师队伍建设的宏观指导，就“教师队伍建设”的各方面都提出了建设性意见，主要反映在中央历次下发的关于“加强大学生思想政治教育”和“改革思想政治理论课程”的文件中。从教师队伍建设的重要性、紧迫性和总体要求、科研组织建设、教师的选聘配备、教师队伍的培养培训、学科建设、教师队伍建设政策和制度保障等方面对加强和改进教师队伍建设进行了明确的规定，是指导思想政治理论课教师队伍建设的纲领性文件。在中央的要求和指导下，各级教育部门和高等学校也积极采取有效措施，纷纷制订教师队伍建设的整体规划。

二、构建原则

（一）目的性原则

目的性原则是思想政治教育目的的要求，也是思想政治教育基本规律的具体体现。目的性原则就是要求思想政治理论教育立体化教学模式为实现思想政治教育根本目的服务。因此，思想政治理论教育立体化教学新模式要明确思想政治教育的根本目的，处理好思想政治教育课堂理论教学、实验教学、实践教学和网络教学之间的关系，实现各教学协调统一，共同为思想政治教育总目标服务。

（二）主体性原则

主体性原则就是要求思想政治教育立体化教学模式充分体现出学生主体性的原则。立体化教学模式的出发点和归宿就是要求从教材、教学内容的选择到教学方法、教学手段、教学评价的运用都要体现学生的自主性、参与性、选择性，体现以人为本、以学生为主体的教学观。要求教学内容在选择和使用上要符合思想政治理论课教学目的、教学大纲和素质要求，要有利于大学生主体性的发挥。在教学方法和手段上，要注重发挥学生的积极性，激发学生参与教学活动。在教学评价上，要采用有利于学生自主学习的评价方法。

思想政治教育工作，实质上就是以人为工作对象，做人的思想转化工作。思想政治教育是思想政治教育者帮助思想政治教育对象提高思想道德素质的过程，是将一个不适应或不完全适应社会发展需要的人，培养成为能够适应一定社会发展需要的合格社会成员的过程。以人为本，就是要重视人的价值，肯定人的作用，承认人的力量和能动性，以人为根本。主体性思想政治教育模式坚持以人为本的原则，就是要把以有利于学生全面发展作为最根本的标准，它是指在思想政治教育活动中，坚持一切从人出发，尊重人、理解人、关心人，充分调动和激发教育对象的积极性和创造性，以达到人的全面发展为目的的观念。以人为本，要求在思想政治教育出发点上尊重教育者和教育对象的主体地位，了解学生特点和学生需要，从学生的内在需要出发，帮助学生形成正确的需要层次和需要结构；在思想政治教育目标上不仅考虑社会规范和要求，更要突出培养学生全面发展、培养学生主体性的要求；在思想政治教育方法上实现由外部灌输向注重学生自我实践体验的转化；在师生关系上实现主客对立向师生互动的转变；等等。“为了一切学生，为了学生的一切，一切为了学生”，正是以人为本思想在高校主体性思想政治教育模式的体现。

高校思想政治教育要想真正富有成效，就必须坚持以人为本，从学生需要出发，把学生的需要作为工作的出发点和归宿，尊重、研究、满足学生的主体需要，从而使学生的主体需要更好地发挥对行为的驱动作用，以增强高校思想政治教育的有效性。如果思想政治教育者不考虑学生的主体需要，一味地凭自己的主观意愿进行机械的灌输，那么，这种在没有学生认同的情感基础上的教育，是不可能收到良好效果的。大学生的主体需要是丰富而又具体的，主要包括学习需要、生活需要、情感需要、发展需要、就业需要等。同时，不同层次的人有不同层次的需要，一个人不同时期的需要重点不同，即主要需要不同。

在思想政治教育立体化模式构建中以充分发挥大学生的主体性为根本导向。大学生思想政治教育既是教育者施教的过程，也是大学生接受教育和进行自我教育的过程，教育者教育作用的发挥，与大学生自身的主观努力是分不开的。所以，教育者选择和运用思想政治教育方法时，要把大学生的因素考虑进去，把其当作思想政治教育的主体因素对待，而不把其视为单纯的被动接受客体。其一，要认同和尊重大学生的主体地位。这要求教育者在选用思想政治教育方法时，应根据大学生的实际情况有针对性地选取合适的方法，立足大学生实际情况决定所采用的方法。此外在方法运用过程中，还应根据大学生的情况随时进行必要的调整调节。其二，要对大学生的主体意识予以重视并善于激发。主体意识是人对自身主体的地位、能力和价值的认识，实践活动中人的主体意识越强，越容易自觉地发挥能动性，践行大学生思想政治教育以人为本的方法理念，就应该在方法的运用过程中创设良好的情境和条件，促使大学生主体意识充分发挥作用。其三，还要关注和发挥大学生的主体能力。教育者要充分关注和发挥大学生的主体能力，这也是教育方法取得有效性的重要保障。教育者在教育方法的选择和运用中，要从大学生的实际情况出发，以充分发挥他们的主体性为根本导向，尊重他们的主体地位，有针对性地立足其实际情况决定所采用的方法。此外在方法运用过程中，还应根据大学生的情况随时进行必要的调整调节，并努力创设良好的情境和条件，促使大学生的主体意识充分发挥作用，这是当前大学生思想政治教育践行以人为本方法理念的基本要求之一。

（三）实践性原则

思想政治教育立体化教学模式突出的特点就是实践性。所谓实践性，它主要区别于课堂理论教学，是利用课堂以外的时空组织的教学活动，教学方式、教学手段与课堂理论教学相比，主要采取参观、实地调研、现场参与、共同研讨等形式。内容形式上更加丰富、具体、感性，不再是强硬死板的概念、判断、推理等逻辑形式，而是活生生的事实、图像、景观和强烈的现场参与感，有利于巩固知识、理论、原理，促使感性认识上升到理性认识；在实践教学过程中，教学双方地位和角色关系较课堂教学更具有平等性、民主性、互动性，学生不再是处在被动的地位和角色，而是主动积极地参与教学活动，有利于激活学生的主体性，加快学生知与行的统一。

高校思想政治理论课作为高校教学体系中的一门基础学科，是高校马克思主义理论教育的主渠道、主阵地，其教学效果的好坏直接影响着当代大学生的世界观、人生观和价值观。为更好地促进高校思想政治理论课实践教学的实施，我们把思想政治理论课实践教学的内涵定义为：思想政治理论课实践教学是依据思想政治理论课教学目标，在理论教学的基础上，在教师的指导下组织和引导大学生亲身参与各种社会活动与调查研究，以在活动中获得思想道德方面的直接体验，深化理论认识、提高自身综合素质能力为目标的各种教学方式或环节的总和。对思想政治理论课实践教学的理解需要把握以下几点：

第一，思想政治理论课实践教学的目标是让学生将所学理论知识运用于日常生活，培养和提高其认识世界、改造世界、解决实际问题的能力，它与其他教学课程一样需要系统的规划。

第二，思想政治理论课实践教学的形式应该丰富多样，既可以在课堂上进行，也可以在课堂外进行，亦可在虚拟网络上进行，但必须与课程内容有关，丰富多样的教学形式的最终目的都是为了培养和提高学生的思想道德水平和动手创新能力，否则不能称之为思想政治理论课实践教学。

第三，思想政治理论课实践教学必须体现学生的主体性，即通过学生的主动参与使其主观能动性得到充分发挥。

思想政治理论课校园实践教学就是在高校思想政治理论课教育教学目标的指导和规范下，以校园环境为载体，以课外时间为活动时间，以学生的兴趣为纽带，由学生自主设计、策划、组织和开展的，在长期互动中形成的旨在促进学生社会化和全面发展的一系列活动和过程的总和。它是思想政治理论课实践教学体系的重要组成部分，是连接课堂实践教学与社会实践教学的重要纽带，能在较为广泛的空间层面上实现思想政治理论课教育教学相关理论和观点的具体展开。这种实践活动具有校园化、生活化、趣味化的主要特征，通过这些校园实践活动，大学生们既可以弥补课程学习过程中的不足，又可以在这些活动中培养互助、合作、协调、管理等良好的思想品德和作风，还为他们迈入社会、适应社会做好了准备。让大学生将所学理论知识与社会实际相结合，深入基层，通过自己亲身体验认识社会、锻炼能力、增长才干，从而树立正确的思想观念，提高自身的思想觉悟，增强服务与责任意识，培养创新精神和实践能力。它主要通过学生实地考察、参观访问、实证调查、志愿者服务等形式来实现。

把高校思想政治理论课实践教学具体划分为校园实践教学、社会实践教学以及虚拟实践教学，是基于大学生为同一实践主体，承担着受教育、长才干、做贡献的同一教学目标，以实践活动的场所、载体和环境为区分依据而进行的分类。这种分类能够大大拓展高校思想政治理论课实践教学的时间与空间范围，有利于高校教职员工更好地履行教育职责，有利于大学生全员全时、就近就便、可持续地参与社会实践，以便捷的方式争取社会各界对高校思想政治理论课实践教学的关心和支持，也更容易为高校学生思想政治工作者和大学生所理解、把握、操作和实施。

第三节　高校思想政治教育立体化模式的实现途径

思想政治教育理论教学和研究的实践导向和价值追求蕴含着对社会现实问题的不断追求，而真正的问题意识是前瞻性的，在对现实实践的考察中获得的。因此，思想政治教育理论的发展，正是在对现实问题的不断超越中开辟境界的。前瞻地解决问题，要求在解决问题的同时，使受教育者的思想认识超越现有水平。这自然要求具有前瞻性的理论来指导，从而洞见和昭示更为久远的未来，使思想政治教育实践更具预见性、科学性，思想政治教育理论研究应当通过螺旋式的发问和应答去反复追问带有普遍性、根本性的问题，在对现实问题的深刻思考中昭示未来。在高校思想政治教育中树立问题意识，建构基于问题意识的思想政治教育的学习模式，保障学习的实效。

一、社会服务学习模式

“服务学习”作为一种新型的学习模式，近年来发展迅速，引起世界上一些国家和地区的广泛参与。志愿服务作为服务学习的主要形式之一，以在校大学生为参与主体，经过近几年的快速发展，已成为高校社会实践的一种重要形式，在高校思想政治教育开展中不可或缺。将服务学习模式引入高校思想政治教育，一方面有利于我国高校志愿服务实践的研究，另一方面为高校开展思想政治教育提供了一种新途径。

（一）社会服务学习的内涵

服务学习是将服务与学习相融合的教学方式，从广义上讲，学生所参与的一切对其知识、能力、品德产生影响的活动都可视为服务学习。但从严格意义上来说，服务学习更注重服务与系统化的学习紧密联系，即通过服务实践与知识理论学习的相互融合来丰富学生的知识，完善学生的品格，提高学生的技能和公民能力。这一过程中，服务与学习密不可分，学习与服务并重是服务学习的主要特征。

社区服务重在公益性，这种活动与教学、课程没有任何直接的联系，也不需要学生事后进行自我反思、讨论等，而服务性学习既是一种公益活动，更是一种实践教学方法，它的核心是课程、服务与反思的结合，它的服务活动是精心组织的，有明确的学习目标，重在使学生在服务过程中把在学校学的知识运用到实践中去，并对所做所见进行反思，以巩固加强所学知识。

（二）社会服务学习的教育功能

当前高校思想政治教育取得的成果有目共睹，然而伴随社会多元化发展和高等教育普及化趋势，高校思想政治教育在实施过程中暴露出许多问题。为实现高校思想政治教育的有效性，高校思想政治教育必须开辟新的途径。随着我国社会的发展，志愿服务成为大学生参与和实践公民责任的新方式，成为思想政治教育有效的途径。因此，高校思想政治教育提倡社会服务学习模式。

（三）社会服务学习模式构建

高校思想政治教育活动的开展主要有两种方法，分别是在第一课堂进行授课和在第二课堂的日常思想政治教育工作中开展课外活动，在高校思想政治教育中引入服务学习的模式是将服务学习分别与两种通道形式相融合。

高校思想政治教育主要采取授课方式，融服务学习于第一课堂的思想政治教育中，要求学生根据课程学习内容，参与一定社会实践服务，实现理论的内化与外化，通过课程学习与社会服务的整合实现思想政治教育的有效性。值得注意的是，思想政治教育服务学习应着重与高校思想政治教育理论课相结合，改变以往高校思想政治教育理论课单纯说教的形式，使学生学会将理论应用于实践中，学会思考与反思，达到教书育人的目的。

高校思想政治教育也广泛开展于第二课堂的日常思想政治教育工作中，高校有计划、有组织地将志愿服务活动与思想政治学习相结合，即在学校有关政策和规范的指导下，由相关部门或学生自己对服务活动进行设计、策划与组织实施。区别于一般的实践活动，服务学习活动必须有学校配备或学生邀请的指导教师对学生进行培训与监督，并引导学生反思，给予学生评价。

为了高校思想政治教育服务学习模式的顺利发展，我们必须克服现实中存在的诸多困难，创造优良的外部环境。优化高校思想政治教育的外部环境需要多方资源注入和支持，离不开政府的重视和社会的支持，离不开学校教育观念的更新，更离不开三方共同协调和努力。指导服务学习模式的开展是一个长期艰巨的过程，所以我们应对高校思想政治教育服务学习活动进行科学的规划。高校思想政治教育在加强服务学习理论研究奠定发展基础后，要整合各方力量，努力创造具有自己特色的高校思想政治教育服务课程，逐步实现高校思想政治教育的目标。

伴随着高校思想政治教育服务学习环境的改善和规范的合理化，高校的思想政治教育服务学习模式应该努力适应各方面的需求，向组织合理化、制度规范化、活动广泛化的总趋势发展。当前，高校思想政治教育服务学习模式才刚刚起步，缺少合理的规章制度，许多问题都需要规范化的制度来解决。在合理的规范指导下，高校应进行科学化的组织，实现高校思想政治教育服务学习活动的社会化。

二、网络教育模式

截至 2020 年 5 月 31 日，全球互联网用户数量达到 46.48 亿，占世界人口数量的 59.6%。而且这一数字还在高速增长。

单从网络的发展速度和运用人数来说，网络时代已经悄然向我们走来。高等院校是我国社会“网络化”的发展前沿，随着网络在我国的日益普及和发展，上网的大学生将不断增加，网络对当代大学生的行为模式、价值取向、政治态度、心理发展、道德观念等将产生越来越大的影响。网络已成为中国共产党和西方敌对势力争夺青年的重要阵地，主动占领网络思想政治教育新阵地，要运用技术、法律、行政手段，加强校园网的管理，严防各种有害信息在网上传播，牢牢把握网络思想政治教育主动权。这给我们指出了网络思想政治教育的工作方向，即要占领网络阵地的制高点，必须一方面抓网络建设，一方面抓网络管理。

（一）高校网络思想政治教育体系建设

校园网是为学校师生提供教学、科研和综合信息服务的宽带多媒体网络。《中共中央国务院关于进一步加强和改进大学生思想政治教育的意见》指出：“要全面加强校园网的建设，使网络成为弘扬主旋律、开展思想政治教育的重要手段。”网络时代，大学思想政治教育的先导性、实效性、主导性正面临严峻挑战，只有努力在信息高速公路上“跑”好思想政治教育的“车”，才能变被动为主动，开创学生德育工作的新局面。学校首先实施铺“路”工程，大力加强校园网络基础设施建设。加强校园网络建设是建设主题教育网站或网页，积极开展网络思想政治教育活动的基础和前提。近年来，在教育部和地方教育行政部门的推动下，在各高校的努力下，据不完全统计，全国共有几百所高校先后建起了校园网，这表明我国“数字校园”的建设已初具规模。从总体规划的角度来看，校园网建设应包括基础设施建设、网上教学软件建设和有关人员培训三项内容。因此加强校园网络建设，也主要从这三方面入手。

1. 加强基础设施建设

基础设施建设是校园网的物质基础，包括硬件和软件两大部分。其中硬件部分由主干网和子网中有关设备及连线组成，而软件部分则由操作系统及大量校园网应用软件组成。当今世界计算机技术、通信技术、网络技术发展迅速，机器设备日新月异，要保持网络的优势，必须重点放在网络的基础设施建设上。校园网络硬件建设包括布线、服务器、工作站、交换机、路由器等设施和系统软件平台。其中最重要的是布线工程。未来的网络是一个光传输网络，速度和质量在现在和不久的未来网络中都将是一个重要的决定因素。因此，布线工程必须做长远考虑。网络硬件建设固然重要，但网络应用软件的建设也不可忽视。要正确处理好硬件和软件的关系。单纯追求硬件设备上的档次和规模，而忽视软件建设，盲目认为学校设备高档就是教育的现代化，这是校园网建设的大忌。从某种意义上讲，硬件水平只是一个投入的问题，而软件水平的提高远比硬件水平的提高要复杂得多。要采取“点上深入，面上拓展”的策略，就要在“用”字上下功夫，重视校园网络关键性的应用软件配置的建设，避免低水平重复开发教学软件所造成的人才和网络资源的浪费。因此，一方面要充分利用高校自身的技术人员和网络资源优势，以及硬件同步建设，自主地逐步设计出有自己特色的应用系统；另一方面可引进现成的系统平台。

加强网络安全建设也应该是校园网络建设的基本要求。随着网络迅速普及，安全性越来越引起人们的重视。如果硬件不安全，会造成网络瘫痪；软件、数据不安全，会造成重大的经济损失和不良的影响。网络的安全性对学校更是具有特殊的重要意义。因为学校是培养高素质人才的阵地，反动的、不健康的信息的流入，将严重危害当代大学生的身心健康。因此在建设校园网的过程中一定要加强网络的安全建设。

2. 加强网络教学软件建设

网上教学软件建设是校园网的核心内容。其任务十分复杂和繁重，需要长期、艰苦的努力才能使校园网名副其实地融入日常教学活动之中。配置、开发教学软件的设备至少应包括这几部分：非线性编辑系统、多媒体教学软件制作系统、光盘刻录系统。

3. 加强相关人员培训

人员培训是校园网能否正常运行的关键。校园网的出现是一件新鲜事物，学校各级领导和广大师生从观念与技术上都需要有一个适应过程，为此在安排培训对象和培训内容上应有针对性。具体设想如下：

第一，对主管校园网工作的各级领导，重点放在观念转变和对本校校园网的总体规划以及总体框架的培训上。

第二，对校园网的管理和维护人员，应使他们参加建设的全过程，由网管人员自己完成校园网络的系统集成，这样既锻炼了网管队伍又可以节省不少的经费，培训网管人员对校园网各硬件设备的连接及各种网管软件的使用与维护。

第三，对教学人员和学校其他职员根据上报需求的不同，进行分层次培训。

第四，现代教育技术培训班，目的是使广大高校教师人人都能熟悉并使用现代教育技术手段；正确使用多媒体教室的各种教学设备；能利用计算机信息网络获取信息、收发电子邮件，具有运用多媒体教学软件和管理软件进行辅助教学和管理的能力，了解计算机及信息网络的安全保护知识和法律法规，培训对象为全体教职员。

第五，教学课件制作培训，目的是培养一批能开发、制作本专业教学课件的骨干教师，为高校开发学科课件系列打好基础，培训对象为部分中青年教师。对学生，可由高校有关组织出面举办网络信息技术的相关讲座，采取多种方式组织学生学习网络知识。通过学生利用计算机完成课题的过程，培养学生的创新精神和动手能力。

（二）加强思想政治教育主题网站和网页建设

我国高等学校思想政治教育网络工作已经取得了很大的成效。但总的来说，学生在网上制作思想政治教育专题主页和建立思想政治教育专题网站比较多，而校园的思想政治教育专题主页和网站、思想政治教育工作者自己本身的专题主页和网站比较少。因此，网上的思想政治教育专题或非专题主页和网站的水平，就整体而言不仅参差不齐而且缺乏鲜活的个性化、生动活泼的育人界面，需要不断提升理论深度。因而，大力加强思想政治教育专题网站或网页建设，成为高等学校思想政治教育工作者的紧迫任务。

1. 加强网站阵地建设

加强网络阵地建设，建设有特色、有吸引力、有影响力的思想政治教育网站是一项基础工程。大力拓展网上思想政治教育阵地，用马列主义、毛泽东思想和中国特色社会主义理论体系去占领网络阵地。当前，尤其要注重学习中国特色社会主义理论体系重要精神以及科学发展观的深刻内涵，确保思想政治教育进网络有一个正确的舆论导向；要引导学生树立正确的世界观、人生观、价值观；要围绕一些重大的政治问题，旗帜鲜明地发表评论，进行积极引导，对错误言论要敢于批评，及时纠正错误信息。坚持网上有党、团组织的声音。

2. 贴近校园建设

在网上建立思想政治工作的平台，充分发挥“渗透式”隐形教育的功能。例如各个高校网站上的BBS、聊天室及其他相关栏目或版块，也是加强高等学校思想政治教育进网络工作的有益尝试。

3. 搭建校园立体平台建设

利用校园新闻资源，整合校报、广播、电视台等媒体，搭建校园网络新闻立体平台，做好典型宣传、热点透视和舆论引导工作，从而形成网上网下思想政治教育的能力。

三、校园文化教育模式

校园文化是校园环境的核心内容，校园文化迅速发展为自觉、稳定而有组织的文化阵地，是一种特殊的社会文化现象，它是以中国特色社会主义文化为根基，以学校文化活动为主体，由全校师生员工共同创造的、充满时代气息和校园特点的人文氛围。

（一）文化教育的基本原则

1. 主导原则

校园文化建设必须始终坚持社会主义意识形态的主导地位，坚持党的基本路线和基本方针，坚持先进文化的前进方向，坚持社会主义价值取向，坚持用科学理论武装师生头脑，坚决抵制腐朽文化侵蚀大学校园，为大学生思想政治教育营造良好的校园文化氛围。

2. 系统原则

校园文化是一个复杂的、开放的、多元并存的系统，具有整体性、结构性、层次性和开放性的系统特征。使校园文化建设有目的、有计划、有组织、具体来讲应该从学生文化到教职工文化、从物质文化到精神文化、从课内文化到课余文化、从通俗文化到高雅文化、从学习区文化到生活区文化统筹考虑、整体设计，以达到整体优化的功能。

3. 自主原则

校园活动特别是学生科研及课外活动应尽量由大学生自己独立组织、安排，充分尊重他们的创造精神，培养他们自我教育、自我管理、自我服务的能力。

4. 教育原则

开展校园文化活动是一种潜移默化的思想政治教育，应真正寓教育于各类活动之中，全员参与、全方位构建。校园文化是对青年学生进行素质教育的有效途径，在组织学生开展校园文化活动中必须注意其知识性、趣味性、科学性。

5. 创新原则

文化的核心和生命在于创新，校园文化也不例外。校园文化建设必须不断更新思想政治教育和管理的理念，着力于培养学生的综合素质，特别是培养学生的创新精神和创新能力，激发学生的创新潜力，着力于创新校园硬件和软件环境，只有这样才能使校园文化永葆生机和活力。

（二）校园文化建设的实践路径

大学生思想政治教育既面临良好的机遇又面临严峻的挑战，重视校园文化建设势在必行。校园文化重在建设，贵在坚持，与时俱进，难在开拓创新。创新是加强和推进校园文化建设的关键出路。在新世纪新阶段，我们要弘扬求真务实的科学精神。积极探索校园文化建设工作的新思路、新观念、新形式和新方法，努力开创大学生思想政治工作的新局面。

1. 校园文化建设的核心

校园文化建设必须为社会主义现代化建设服务，为高校的育人目标服务，着眼于大学生思想政治教育的现状，展现新时期高校的人文精神和大学生积极向上的良好风貌。校风建设是校园文化建设的核心，校风建设实际上就是学校精神的塑造。好的校风具有历史的传承性，大学在其沿革中积累下来的宝贵财富和精神食粮是激励师生孜孜以求的内在动力。校风最集中的体现是学风和教风。教风是主导，学风是主体，要抓好校风建设首先必须抓好教风建设，而抓好领导作风建设是抓好教风建设的重中之重。我们要开展师德教育活动，并结合形势和文化建设的侧重点充实学习内容，要把学习与学校的实际工作结合起来。要充分利用专题讲座、学习交流会、图片展、知识竞赛等各种载体开展形式多样、符合学生特点的学习宣传活动，在学生中形成爱党爱国、遵纪守法、尊敬师长、团结互助、勤奋好学、积极向上的良好风气。

2. 开展丰富多彩的文化活动

高校校园文化建设要重视品牌文化建设，精心策划与部署，同时投入相应的物力、财力和人力，组织适合本校办学特征的全校性的大型活动，如德育节、科技节、体育节、合唱节等，让其成为学校校园文化的标志，成为实施大学生素质教育的一道亮丽风景线。校园文化存在于学校全部教育与管理行为之中。除了组织大型活动之外，还要综合协调教师的业余生活和学生的课外活动，激活大众性生活文化。要针对当前学生活动的实际，探索通过社团文化、班级文化、寝室文化、食堂文化建设，促进学生在较长时期的潜移默化的过程中既增长才干，又接受主旋律文化。善于结合传统节庆日、重大事件和开学典礼、毕业典礼等，开展特色鲜明、吸引力强的主题教育活动。

3. 完善校园文化活动设施

第一，开展丰富多彩的校园文化活动，体现群众性，为加强学生人文素质教育，各高校特别是一些以理工科见长的高校应该对各专业有针对性地开设人文选修课，开设强化班。举办各种形式的人文素质讲座，组织人文精神大讨论。以网络为载体，积极主动、全方位地将学校丰富的思想政治教育内容搬上校园网，积极营造高品位的校园人文环境。

第二，在校园文化物质建设方面，高校要精心设计，科学布局，处理好建筑风格上传统与现代的关系，实现山水园林、人文景观和自然景观的完美结合，使其既有传统的韵味，又体现时代的气息，根据自身特色，突出深邃的文化底蕴。

第三，在校园文化制度建设方面，高校应强化制度建设，保持依法治校，在管理原则上坚持兼容并蓄，有容乃大：在管理方法上坚持收放有度，粗细相宜：在管理制度上不断建立、完善检查防范督促机制。

4. 加强校园文化管理

高校校园文化建设要注重校园文化的教育性，多引导、少随意，多严谨、少盲目，多积极、少消极。也要注重校园文化的学术性，突出学术氛围，举办各种学术讲座，聘请专家学者介绍学术动态，进行学术咨询，指导学术研究，体现出高校校园文化与其他社会文化的明显不同之处。

第六章 大数据时代高校意识形态教育的教学创新

高校意识形态教育实际上是一个系统的工程，这就需要从理论建设、载体建设、环境营造、队伍建设等方面协调努力。而高校思想政治理论课则是高校意识形态教育的主渠道。通过课堂理论教学与课外实践教学相结合的形式，系统地、科学地、持续地、直接地让社会主义意识形态的内容占领大学生的头脑。因此，高校意识形态教育的教学创新就是不断创新高校思想政治理论课教学，使其时效性得到有效的提高。

第一节　理论课教学的功能

正确理解和认识理论课教学的功能和具体地位，是非常有必要的。这可以在很大程度上牢牢掌握好理论课教学的功能，并且对理论课教学的地位有充分的掌握，以此为基础，对高校意识形态教育进行有效的创新。

高校思想政治理论课教学是为了在一定程度上促进大学生“知、情、意、信、行”的发展。因此，高校思想政治理论课教学的功能主要体现在知、情、意、信、行等方面。

一、“知”的功能

所谓的“知”，实际上是指增长知识和对是非的一种正确辨别认知。高校思想政治理论课教学通过各种有效途径和方法，使学生较完整、系统地掌握这些科学理论知识，并通过这些理论知识来不断增强自身辨别是非、善恶、美丑的能力，内化为对社会中存在的现象和行为的正确认识与评价。

在高校思想政治理论课教学中，大学生接收信息的质量和水平主要取决于动机需要的选择和思维方式的性质。

第一，动机和需要不仅是启动大学生学习的原动力，而且还是能够保持学习不断发展的持续动力。第二，思维方式直接影响着大学生观察问题、分析问题的具体方法，使其有针对性地从知识体系中摄取相关知识，并按照已有的价值标准对新旧知识做出评判，为新旧思想品德结构的整合、重构提供可行的方式，并以此提高新建思想品德结构的层次和水平。

高校思想政治理论课教师通过合理运用具体的认知原理，针对大学生接受思想政治教育的认知心理表现出的选择性和可塑性特点，提升自己的理论思维品质，建立科学的认知范式，以提高学生对所获取知识的理解、获取水平，从而使他们形成科学正确的世界观、人生观和价值观。

二、“情”的功能

所谓的“情”就是指感情。感情是人的各种感觉、思想和行为的一种综合的心理和生理状态，是对外界刺激所产生的心理反应，以及附带的生理反应。从思想政治教育学的层面看，感情是指个人根据一定的思想意识、政治观念和道德标准去评判自己或别人的行为时所产生的一种情绪体验。

00后大学生有着活跃的思维，思想相对而言也较为开放，乐于接受新事物，同时情感丰富、热烈。高校思想政治理论课教师在教学中辅以情感的熏陶，不仅可以帮助大学生理解马克思主义基本理论、毛泽东思想和中国特色社会主义理论体系的基本观点、基本内容，而且能够在很大程度上引起学生的共鸣，使他们的内心深处能够达到一种情感的完美结合。

三、“意”的功能

“意”具体是指意志。意志是人们为了进一步实现一定的理想、信念，在所发生的具体行为过程中克服内心障碍和外部困难所做出的一种自觉果断的努力。良好的意志品德，对于大学生的学习和进步、良好行为习惯的形成具有重要的作用。

高校思想政治理论课教学应该通过发挥其所具有的精神力量，进一步使广大大学生对社会、未来和自己充满信心，热爱生活，具有一种良好的精神状态。只要大学生具有调整行为的精神力量后，意志就会更坚强，充满勇往直前的决心和斗志。

四、“信”的功能

“信”就是指信仰。信仰是大学生对马克思主义有了较深的认识和相应的情感、意志后而产生的一种信念和追求。信是形成世界观、人生观和价值观的根本基础。

高校思想政治理论课教学通过对马克思主义的世界观和方法论进行传授，进而帮助大学生从整体上把握马克思主义；通过传授马克思主义及马克思主义中国化基本原理，帮助大学生把握马克思主义中国化的理论成果，坚定走中国特色社会主义道路的理想信念；通过传授近代以来中国人民奋斗的历史，帮助大学生了解历史和国情；通过传授社会主义道德、法制教育，帮助大学生增强社会主义法制观念，使得思想道德素质得到一定程度的提高。

五、“行”的功能

“行”是指具体发生的行为，是大学生在一定的思想认识、情感、意志、信仰的支配下所表现出来的。在大学生思想政治理论水平的不断提高下，情感、信仰不断深化和积累，从而逐渐形成了一种正确的世界观、人生观和价值观，并逐渐变成一种自觉的习惯。

因此，在高校思想政治理论课教学中通过将课堂教学与实践教学的相关联系，正确引导大学生积极参加社会实践，可以有效地培养他们做到言行一致、知行统一的良好习惯。

总之，高校思想政治理论课教学功能使得大学生在“知、情、意、信、行”上逐渐发展和变得成熟起来。拥有知识是前提和依据，而情感和意志是内在力量，信念是重要的核心和主导，行为是“知、情、意、信”的一种综合性表现。通过付诸实际行动，又能提高认识，增强情感，锻炼意志，坚定信念，循序渐进，不断深入，不断前进。

第二节　理论课教学创新的基本原则和主要举措

原则，主要是指说话或行事过程中所依据的具体法则或标准。大学生理论课教学创新的基本原则，具体就是指在高校思想政治理论课教学过程中，进行有效教学必须遵循的法则或标准。它是思想政治理论课在长期的教学和实践过程中形成和发展起来的，对于高校思想政治理论课教学与实践具有相关方法论的重要意义。

而思想政治理论课教学创新的举措选择要以课程的主体知识结构为基础，着眼于解决思想政治理论课教学中“知行脱节”的老症结，通过提高学生的是非辨别能力和行为实践能力，实现课程教育和人文精神的接棒融合，提高思想政治理论课的实效性，从而使得高校德育的针对性和实效性有所增强。

一、大学生理论课教学创新的基本原则

（一）主导性和主体性相结合的原则

解决大学生的思想问题和认识问题，是思想政治理论课教学的一个主要目的，而要达到这一目的，首先必须向大学生完整、准确地灌输马克思主义理论。全面宣传党的路线方针政策，系统地传播先进思想和科学方法，因为社会主义意识不可能自发产生。

因此，在思想政治理论课教学中，教师的主导作用必须得到充分的发挥。从字面层次来理解，“主”就是主要，“导”就是引导、向导，就是说，在整个思想政治理论课教学过程中，教师要能控制教学的全局，从而引导大学生的思想朝社会主义方向变化、发展。

当然，随着社会的快速发展和各种情况的不断变化，教师在教学中所具有的主导作用

的发挥也有了新的内涵。由于教师是教学活动的组织者、设计者、发起者与领导者，所以对整个教学起规划与导引的作用，教师通过系统的有计划的知识传授、理论阐释、言传身教等多种方式对学生价值观等产生重大影响。

在对教师主导性进行着重强调的同时，对于发挥学生的主体性作用也要予以一定的重视。高校思想政治理论课教学的主体性原则是指教师应该将学生视为实现教育目标的主体，充分尊重其主体地位，注意调动其自我教育的积极性。实践证明，在思想政治理论课教学过程中，思想政治教育理论只有被学生积极主动地接受、内化，才能真正地起作用。而严格来说，发挥学生的主体性需要做到以下几方面：

1. 充分尊重大学生的独立人格

应该把大学生看作一个个鲜活的个体，充分发挥他们在思想政治理论课教学中的选择性和创造性。由于新形势下的学生个性比较张扬，更不喜欢受到过分的约束，尤其不喜欢硬性灌输和枯燥的说教，对此甚至会产生抵触情绪。

因此，思想政治理论课教师应该在充分理解和掌握大学生的具体实际情况的前提下，以平等者的姿态，动之以情，晓之以理，通过和大学生做知心朋友的方法打动他们，从而将教育者的教育内容有效传递给大学生，以最大限度达到教育的预期目的。

2. 要尊重大学生的个体差异，有针对性地教学

对于每一个大学生而言，他们都有着属于自己独特的知识架构，有自己独特的个性特征，思想政治理论课教学要更多地对于个性化的教育进行强调。虽然我们不可能完全使每一位大学生个性发展的需要都能得到满足，但是，可以通过营造自由、民主、和谐的课堂气氛和校园氛围，最大限度地促进他们个性的广泛发展。

3. 要立足于大学生的日常生活

要从大学生的实际需求入手，紧紧抓住大学生在不同发展阶段所具有的特点，抓住不同专业背景学生的特点进行有针对性的教学。无论什么样的方法创新都不能脱离实际，必须善于贴近大学生的现实生活，关注和了解大学生对现实生活的看法和体验，解答大学生在现实生活中的疑问和困惑，把思想政治理论课教学与解决大学生的实际问题紧密结合起来。只有这样，教学才会有一定的意义，不会显得苍白、无力。

（二）思想性和科学性相统一的原则

所谓的思想性原则，具体是指高校思想政治理论课在进行教学的过程中应始终坚持一个正确的政治方向不动摇。这一原则能够对大学生意识形态教育的本质要求和基本规律进行如实的反映，是意识形态教育的根本原则。

当前，思想政治理论课教学的思想性原则主要体现为思想政治理论课教学要旗帜鲜明

地坚持社会主义和共产主义方向，要与中国共产党的纲领与宗旨相一致。实现共产主义是党的根本目的，近期目标是实现社会主义现代化，党的根本宗旨是全心全意为人民服务。而对于思想政治理论课教学来说，就是要始终以此为具体的方向，既要把现阶段党的路线、方针、政策教育与社会主义和共产主义思想教育结合起来，又要从当前我国生产力水平、社会发展状况、教育对象的思想实际出发进行教育，把对教育对象的日常工作、生活、学习、思想修养等方面的教育指导，与实现社会主义现代化的理想教育结合在一起。

1. 坚持思想性原则对大学生意识形态教育来说具有重大意义

首先，只有坚持这一原则，才能保持社会主义意识形态教育的本质特色。社会主义意识形态教育与其他任何阶级社会的意识形态教育的本质区别就是它的共产主义方向，坚持这一方向，就能使大学生意识形态教育的社会主义特色得到有力的保证。

其次，只有始终坚持思想性原则，才能使得人们的思想与行动得到统一，充分发挥思想政治理论课教学的作用，正确的政治方向能够对思想政治理论课教学各方面的力量进行协调，使之能够保证发挥重要的作用。

最后，坚持思想性原则是实现思想政治理论课教学价值的根本要求。思想政治理论课教学价值能否得以实现，必须以教育目的的实现程度和方向原则贯彻的程度来进行全面的衡量。因此，高校思想政治理论课教学要把坚定正确的政治方向放在首位。

2. 贯彻思想性原则须讲究科学性

贯彻思想性原则，就必须将其灵活地运用于思想政治理论课教学与实践。马克思指出："理论只要说服人，就能掌握群众；而理论只要彻底，就能说服人。"① 这里所谓的"彻底"，就是指理论的科学性，要增强高校思想政治理论课的实效性，就必须保证其科学、真实，如果掩盖事实、歪曲真理，势必会引起大学生的反感而产生抵触情绪，拒绝接受，更谈不上实效性、长效性。

因此，教育者在教育过程中要做到：讲实话，讲真话，讲清理论的真理性，用真理的力量开启大学生的接受之门，使其接受并自觉地内化为思想品德，对具体的行为进行外化。

（三）灌输和情感相结合的原则

在马克思主义中，一个最重要的原则之一就是坚持进行理论灌输，当然这也是加强高校意识形态教育不可忽视的一项重要原则。灌输，根据其字面意思来说就是灌送、输入、输送的意思。

而在思想政治理论课中的灌输，就是具体指教师利用课堂向学生系统传播马克思主义的先进思想和科学理论，传播社会主义核心价值体系。

① 马克思等：《马克思恩格斯全集》（第一卷），人民出版社 1995 年版，第 9 页。

高校作为育人的摇篮和培育“四有”人才的基地，担负着为党和国家源源不断地输送德才兼备的社会主义事业建设者和接班人的重任，思想政治理论课作为对大学生进行马克思主义理论教育的主渠道，必须坚持灌输的原则。世界社会主义事业的教训证明，放弃了马克思主义理论的灌输，就意味着放弃了社会主义的思想阵地，最后造成的后果不堪设想。

当然，灌输作为思想政治教育的重要原则，并不是对其他方法一味地予以排斥，在新的历史时期，我们必须根据学生思想发展的新特点有针对性地把灌输与情感型教育结合在一起。

情感型教育，实际上是从情感视野描述思想政治教育本质和属性的一个具体范畴。它通常是以思想政治教育作为具体的情感现象，以情感态度作为方法论，确证思想政治教育的情感本性，对于思想政治教育作为精神生产过程的传播、运行规律进行揭示，把思想政治教育作用归结为一种情感力量的理论。其旨在揭示现代思想政治教育创新与发展应当实现的内涵拓展和建设，体现时代发展要求的“以人为本”新理念的人文价值目标和追求。

情感方法即民主方法、理解解释方法和意义沟通方法。也就是说，思想政治教育是情感型的，而情感是内在于人的精神世界的存在。实践证明，马克思主义理论只有深入人的心灵，深入人的头脑，教育对象情愿接受、认同，顺利实现内化，最终实现行为自觉，这种教育才会有效果。

现代社会条件下，想要进一步实现行为自觉，就必须采取情感的教育方式，通过有效沟通和理解，以理服人、以情感人、以心交人，以交流、参与、对话等民主方式进行思想政治教育实践活动。思想政治教育只有对人尊重，理解人，爱护人，建设人，为了人，人才能进一步理解和接受德育。

（四）理论教学与实践教学相结合的原则

马克思主义具有的一个基本原则，就是使理论与实践能够进行一定程度的结合，当然这也是进一步加强和改进大学生思想政治理论课教学有效性的重要途径。

1. 理论与实践相结合的含义

（1）理论是行动的指南，必须加强理论教学

理论教学是思想政治理论课的基础和前提，如果没有掌握理论而去联系实际，那只能是一种纸上谈兵的形式。社会主义核心价值体系是社会主义意识形态的本质体现。要巩固马克思主义指导地位，坚持不懈地用马克思主义中国化最新成果武装全党、教育人民，用中国特色社会主义共同理想凝聚力量，用以爱国主义为核心的民族精神和以改革创新为核心的时代精神鼓舞斗志，用社会主义荣辱观引领风尚，巩固全党全国各族人民团结奋斗的共同思想基础。

这就进一步要求高校思想政治理论课在进行教学的过程中，必须采用科学的理论引导和帮助大学生树立马克思主义世界观、人生观、价值观，从而明确确立中国特色社会主义的共同理想。

（2）要充分发挥实践的作用，在实践中深化对理论的认识和理解

对于理论的相关学习和研究，必须和社会发展的具体要求、人民群众的相关实践以及丰富多彩的生活三者结合起来，只有这样，才能具有强大的生命力和影响力。

思想政治理论课除了应该要向学生传授马克思主义理论之外，更要使得学生运用马克思主义基本立场、观点、方法分析问题和解决问题的能力得到有效的提高；不只是向学生传播真理，更重要的是培养学生追求真理的科学精神，最终目的是让学生学会自我教育。那么，想要达到这一目的，把理论知识的传授与实践教学结合起来就显得非常必要。

2. 理论教学和实践教学相结合需要明确的问题

（1）理论教学与实践教学有主次之分

《关于进一步加强和改进大学生社会实践的意见》中明确指出："把实践教学作为课堂教学的重要组成部分和巩固理论教学成果的重要环节，使大学生在参与实践教学的过程中，深刻体会蕴含在各门课程中反映人类文明成果、弘扬民族精神、体现科学精神、揭示事物本质规律的内容，培养大学生的创新精神和实践能力。"

由此可见，对思想政治理论课起主导作用的还是课堂理论教学，理论教学是高校思想政治理论课的主渠道，而实践教学是一种辅助性的，是对理论教学的相关拓展和具体延伸。

（2）努力促进理论教学与实践教学的功能互补

虽然理论教学作为主渠道，而实践教学充当的是辅助手段，但是两者各有所长，应该使两者在发挥各自功能的基础上，进一步实现功能互补，从而找到理论教学与实践教学的最佳结合点。

（3）要统筹安排理论教学和实践教学

这里需要强调的是：实践教学作为一种辅助手段，并不是可有可无的，也不是随意能够安排的，而是需要在教学规划过程中做一个统筹安排，遂行统一管理。只有这样，两者所具有的优势才能真正发挥出来，从而使思想政治理论课教学的目标得以实现。

二、大学生理论课教学创新的主要举措

对思想政治理论课进行教学创新，并不意味着就要对传统教学予以全盘否定，相反，它恰恰是以传统教学为根本基础，在教学队伍、教学过程、教学评价和第二课堂的开辟等方面的一种综合创新。

从教学队伍的具体建设上来看，要有针对性地帮助教师摆脱职业倦怠的根本状态，从而积极实现专业化的进一步发展。从教学过程来看，要将教材体系转化为教学体系，在符合教学目标的前提下重新对教学内容进行整合；要积极改进教学方法、优化教学手段，以学生为本，激发学生的主体性；积极拓展第二课堂。从教学评价来看，要在一定程度上构建适合学生的发展性评价，以评价促进相关的发展。

（一）加强教师队伍建设，促进教师的专业化发展

高校意识形态教育的主渠道就是高校思想政治理论课，不仅如此，高校思想政治理论课也是大学生的必修课，是能帮助大学生树立正确世界观、人生观、价值观的重要途径。广大思想政治理论课教师是进行思想政治理论课教学的主力军，同时也是对大学生进行主流意识形态教育的主要力量。

在新的历史时期，思想政治理论课教师身负重任，不仅要提高高校思想政治理论课的教学成效，而且要充分发挥其在促进大学生成长成才中的作用，因此必须从整体上加强思想政治理论课教师的队伍建设，引领这些教师的专业化成长。

1. 提高教学水平，提升科研能力

《中共中央宣传部、教育部关于进一步加强高等学校思想政治理论课教师队伍建设的意见》中指出：“思想政治理论课教师要切实提高教学水平。思想政治理论课教师要以教材为教学基本内容，在教材体系向教学体系转化上下功夫，真正做到融会贯通、熟练驾驭、精辟讲解。要紧密联系改革开放和社会主义现代化建设的伟大实践，了解和掌握大学生思想政治状况，探索符合教育教学规律和大学生特点的教学方法，提倡启发式、参与式、互动式、案例式、研究式教学。多用喜闻乐见的语言、生动鲜活的事例、新颖活泼的形式，活跃课堂气氛、启发学生思考，把科学理论讲清楚、说明白。”这不仅对高校思想政治理论课教师胜任教学提出了要求，也明确了广大教师努力的方向。

首先，思想政治理论课教师对于马克思主义理论的学习要不断予以加强，从而提高马克思主义理论素养。做到真正理解马克思主义基本原理，拥有正确的政治观点、政治立场，拥有高度的政治责任感和政治鉴别力。对于马克思主义立场、观点和方法善于运用，合理地分析问题和解决问题，在真正意义上做到理论联系实际。

其次，要对教学基本功进行夯实。有效地增强驾驭教学内容的能力，通过采用多种形式的教学方法，对学生的主体性和参与热情进行激发，积极创新教学手段，使课堂气氛活跃起来。

最后，要对学生思想政治教育规律进行积极的研究，不断探索和改进教学方法。坚持

教学与研究紧密结合在一起，走“以教促研，以研哺教”的道路，使得教育教学的整体实力得到不断提高。

2. 坚定信念，增强专业使命感

教师产生精神动力的重要保证，就是对思想政治理论课教学价值的一个正确认识。大学生意识形态教育工作是一项功在千秋的事业，对于整个国家民族未来的发展来说都具有极其重要的意义。

因此，这对于高校思想政治理论课教师来说，应该积极树立正确的专业信念，增强专业使命感。正确地宣传和讲授马克思主义理论，作为教师自身必须坚信马克思主义理论的正确性和先进性，否则就不会具有说服力和感染力，就起不到对大学生的实际教育作用，也就削弱了主流意识形态教育的实效性。

所以说，对于高校思想政治理论课教师来说，能够树立正确的政治信仰、坚定正确的政治方向是至关重要的。在传授马克思主义理论知识的基础上，教师还应该善于联系实际，深入了解学生的实际情况，加强对大学生人生观、世界观、价值观的正确引导，做好大学生人生的引路人和指导者。

（二）提高课堂教学实效

1. 创新教学理念

想要进一步使高校思想政治理论课的教学实效有所提高，首要的是让教学理念有所创新。在进一步对学生进行的问卷调查中，学生普遍反映，思想政治理论课教学存在“宣讲式”“一言堂”“单向说教”的弊端。

确实，在进行思想政治理论课教学过程中，不同程度存在着教与学两张皮的现象，这就进一步使得教与学的矛盾比较突出；在教学过程中，教书的成分占到大多数，而育人的成分却很少；教师主导强调得多，学生主体强调得少。长此以往，便使学生失去了兴趣，教学就难以达到一种好的效果，因此，思想政治理论课教学理念的创新，就是要使学生在思想政治理论课教学中的主体地位重点突出，从而积极构建以学生为中心的思想政治理论课教育教学新模式。

（1）“以学生为本”的教育理念的内涵

①从学生的发展出发

高校思想政治理论课主要是针对人进行的一项培养活动。在这个过程中，学生是思想政治理论课的本体。因此，“以学生为本”就是要把关于学生的发展作为思想政治理论课活动的本体，一切思想政治理论课活动都从学生的具体发展出发。这是“以学生为本”教育理念的一个逻辑起点。“以学生为本”的教育理念是对人类思想史上人文主义、人道主义思想传统的批判继承，是针对当今社会和现代思想政治理论课中出现的人的物化的弊端并基于教育的本质而提出的。思想政治理论课这种培养人的社会实践活动，是“直接以塑造和建构主体自身为对象的实践领域”[①]。“教育社会功能的作用大小，取决于国民素质的提高，取决于建设人才的培养。”[②] 也就是说，思想政治理论课的最终目的就是培养人，促进学生的全身心发展。

②让学生得到全面和谐发展

“以学生为本”的教育理念一直以来都注重强调要促进学生的全面发展。当代人的全面发展，不但包含人的自然性与社会性、体力与脑力的发展，同时还包括生理与心理的全面发展。现代思想政治理论课必须培养全面发展的人，现代社会市场的不断扩大、交往的逐渐广泛化以及个人自由时间的增加也为人的全面发展提供了一定的客观条件。

在现阶段，我国还存在一些不利因素，这些因素对于人的全面发展形成了一定的制约。也正因如此，“以学生为本”的教育理念更加强调不断促进学生的全面发展。

③让学生个性得到充分发展

“以学生为本”的教育理念一直强调对于学生的个性应该予以一定的尊重，对于学生具有的各种潜能进行充分的开发，使学生能最大限度地获得有个性、有特色的发展。只有以学生为本，着重强调教育本身和受教育者在教育活动中的个性和创造性，才能最大限度地发挥学习者自身的创造力和潜力。科技加速了知识的更新换代、专业化分工变细，同时也给教育工作者提出了一个极为严峻的问题，即不仅要实现传授知识的有效方法，更重要的是要使学生自主地掌握系统知识，而这又回到了“以学生为本”。

(2) 坚持“以学生为本”的教育理念的途径与措施

①尊重学生在学校生存和发展中的地位

当今社会生源市场竞争非常激烈，教育作为一种服务性的产业，招生和就业情况是衡量一个学校办学质量高低的重要依据，而学校安身立命的根本就是学生。因此，学校工作的中心必须围绕育人工作展开。

②尊重学生在教育教学中的地位

作为受教育者来讲，学生应成为课堂的主人和学习的主体。对于教师而言，也应对自己以前一统课堂的做法进行相应的改变，把师生间知识和信息单向传递的做法予以适当的改变。在进行教学的过程中，教师不但要深入考虑教授的内容和具体方法，还要考虑让学生以什么样的形式学习。因此，学校的任务是培养人才，育人是其最终目的。

③尊重学生的人格、权利和需要

大学生是具备独立人格的人，他们已经具备了一定的自学能力、一定的分析和判断能

①徐展:《论主体主导主线说: 兼与双主体论和主导主体论者商榷》, 载《江苏教育学院学报(社会科学版)》1994 年第 2 期，第 26—28 页。

② 王策三:《论教师的主导作用和学生的主体地位》, 载《北京师范大学学报》1983 年第 6 期，第 70—76 页。

力、初步的发现和创造力。教师对其能力和品格应予以信任，不能采取封建家长式的专制，也不能当保姆式的教师。要敢于放手，让学生通过自己的切身努力获得一定的成功，教师应及时给予鼓励，以增加其信心和勇气。

④关爱学生

思想政治理论课教师应该主动地关爱学生，把学生当作朋友和亲人，而不是企业生产中流水线上的产品，考进来，送出去，就没有任何关系了。需要帮助学生树立正确的世界观、人生观和价值观，培养健全人格和心理素质，促进大学生健康成长和全面发展，最重要也最有效的方法就是关爱学生。

⑤引导学生

现代社会，教师扮演的角色不仅是知识的传授者，从一定程度上来讲，更应该是学生学习和成才的引导者。21 世纪人才必备的素质就是要“学会学习，学会创造”。作为思想政治理论课教师，一定要采取合理的措施去教会学生学会如何做人、学会用合适的方法学习、学会创造。授之以鱼，不如授之以渔。教师应该把自身的主导作用充分地发挥出来，具体来说，应该承担以下几个角色:

第一，研究者。所谓研究者，就是指既要对所讲授的教学内容做相关的深入研究，还需要进一步对教学对象进行相关的研究。

第二，设计者。根据学生所具有的鲜明个性特点、水平状况、实际需要和存在的问题，有针对性地设计相应的教学内容，选择合理的教学方法，从而最大限度地帮助学生掌握牢固的知识，培养能力，学会学习，确立未来人生方向和规划。

第三，指导者。作为指导者，要求教师要在尊重学生主体地位的前提下，加强对大学生的人生指导。当然，进行的这些指导必须建立在深入调查了解的基础上，是在师生互动过程中教师发现所存在的问题后，有目的地进一步指导或在学生提出问题后教师有针对性地进行指导。

第四，创造者。在教学具体实践的过程中，教师要做到与时俱进，不断创新，研究新的情况，解决新的问题，传授新的成果。只有具有创新精神和创造能力的教师，才善于培养具有创新精神和创新能力的学生。

⑥激励学生

能够支撑学生学习的原动力主要是积极性和主动性。对学生所具有的主体意识进行重点培养，把其内在的积极性和主动性充分地调动起来，是提高教学实效、实现教学目的的关键所在。

通过课堂教学，帮助学生树立正确的人生观和价值观是思想政治理论课的一个根本目的。传授知识是载体，而帮助学生提高素质、实现全面发展是最终目的。

2. 创新教学方法

无论是课堂讲授还是理论灌输，对于高校思想政治理论课教学来讲，都是具有一定的必要性的，当然，也是一种较为有效的教育教学基本方法。但是，在这个过程中，课堂讲授必须随着学生情况的变化不断进行创新。教学是教与学的统一体，而根本在于要有利于学生的学。

因此，教学方法的创新就是要最大限度地调动学生学习的积极性、主动性，真正让学生享受到上课的乐趣，体会到马克思主义理论的生命力。实践表明，以下几种教学方法具有较好的效果：

（1）主题研讨式教学

主题研讨式教学，通常是以学生最关注的热点话题为主要切入点，通过“师生选题—学生调研—小组汇报—互评讨论—教师总结点拨”的模式组织专题研讨。如在“基础”课教学的绪论部分，针对刚进校大学生的困惑进行主题研讨，既帮助老师及时了解学生的困惑，又通过研讨（邀请高年级的学生和辅导员现场回答）澄清学生的思想认识。

上述这种方式既完美地抓住了学生的兴趣点和矛盾点，给了他们平等参与的机会，又能够在很大程度上激发学生独立思考和个性兴趣，使他们的主体性得到突出。

（2）参与辩论式教学

当一些问题还存有争议的时候，如大学生提高思想政治素质和专业能力素质哪个更重要、大学生恋爱的利弊、大学生该不该从事社会兼职等，通过相关的辩论，既能使学生在辩论的过程中了解其他人对这一问题的明确看法，辩证地理解这一问题，又能够变被动地学为主动地思考、主动地讲，提高学生分析问题、解决问题和语言表达的能力。

（3）情感体验式教学

所谓的情感体验式教学，就是通过影片歌曲赏析、名著名言导读、名人逸事解析、视频动画观赏等方式，积极营造一种浓厚的情感氛围，以典导人、以情动人，让学生在饱满的激情和深深的震撼中加深对某些问题的理解和感悟。如用韩红的《天亮了》帮助学生深化对父母之爱的理解，用湖北荆州大学生长江救人的事迹引发学生对人生价值的深层次思考。

3. 创新教学内容

进一步实现教学目标的主要载体就是教学内容，如果内容存在问题，必然会对教学目标的实现造成一定的影响。思想政治理论课教学内容首先体现在思想政治理论课教材中，这部分内容是基础，是主体部分。教学内容还体现在教师对现实生活主题和热点的挖掘中，体现在教师对马克思主义理论的不断研究中。具体而言，创新教学内容需要做到以下

几方面:

(1) 吃透教材，将教材体系转化为教学体系

对于高校的思想政治理论课新教材而言，其集全国的智慧进行了精心的编写，其指导思想明确、内容丰富，有较强的思想性、针对性、实用性。但是，这只为好的教学效果提供了一种可能，只有进一步把教材内容完全消化为明确的教学体系，进一步转化为学生可以接受、理解的知识、理想和信念，这种可能才会变成现实。

(2) 联系生活，拓展教学空间，深化教学内容

思政课在进行教学的过程中，不能脱离实际，如果脱离社会实际就会丧失其理论的生命力和说服力，只有真正联系我国改革开放和现代化建设的实际，联系当代资本主义变化的实际，着眼于对学生关注的实际问题的理性思考，引导学生运用马克思主义理论不断分析和解决实际问题，才能不断深化学生对主流意识形态的认同。

(3) 整合内容，实施专题教学

课时少、内容多是高校思想政治理论课一直以来存在的矛盾，尤其是改革后的新方案，既有两三门科目的整合，又要辟出相应的实践学时。因此，在教学过程中，一定要对教学内容不断地进行整合，牢牢把握住中国化的马克思主义的主题，以建设中国特色社会主义为重点，实施专题教学，精选内容，避免交叉重复，突出重点难点，做到点面结合。

4. 创新教学手段

能够实施的教学手段有很多，而充分利用多媒体技术丰富课堂教学无疑是教学手段创新的一个必然方向。多媒体技术生动、形象、内容丰富、信息量大、不受时空的限制，并能将抽象的概念、理论通过影像、图片、图表等媒介加以具体化、形象化，使学生易于全面深刻地理解和掌握理论知识等特点，已经被广泛应用于各种教学。

因此，高校思想政治理论课教学也应该充分运用现代教育技术进行教学手段改革，运用多媒体制作教学课件，把文字、声音、图像和动画结合起来，把一些难以描述的材料形象、直观、生动地展示给学生，使抽象的理论具体化、高深的理论通俗化、复杂的问题简单化，以增强教学的吸引力。

但是，需要注意的是，在创新教学手段的同时，我们必须认识到，从辩证的角度看，传统教学手段与现代化教学手段各有优缺点。现代化教学手段多长于信息的呈现、感官的冲击和审美的教育，却短于品德、情感的交流，短于想象空间的开拓，师生之间缺乏人际交往、情感交往，学生难以从教师那里受到思想、情感、人格等方面的熏陶和感染；现代化教学手段的使用还存在短于具体的技能、技巧的培养，对眼、耳的过度刺激有害学生的感官。因此，对待二者不可偏废，要处理好传统教学手段与现代化教学手段的协调关系。

（三）创新教学评价

在教学中，考核是一个重要的环节，它既可以对教师的教学效果进行检验，又可以对

学生的具体学习效果进行检验。然而，在长期的教学中，思想政治理论课考核方法基本上是单一的闭卷考试，“课上记笔记，课下抄笔记，考试考笔记”的思维方式使得学生把课程学习的目标定位在应付考试上，教师也很难通过考试对大学生的思想、态度、素质和实践能力等有真正的了解。与教学方法的改革相适应，可以尝试以下三方面的考试改革：

1. 构建模块化考核方式，突出学生的应用能力考核

所谓的构建模块化考核方式，即将考核分为理论和实践两个模块，既对学生的理论掌握情况进行考核，也对学生的实践能力做相关考核，无论是理论考核还是实践考核，都强调对学生所学知识的理解和运用能力的考核。在对理论部分的考核过程中，采取抽签、指定与自选内容相结合的方式。教师事先准备好题库，学生任意选取一种方式进行现场考核。而实践考核主要结合实践教学进行，采用调研报告的形式，结合学生在实践教学中的综合表现进行。

2. 评价主体多元化，将学生的自我考核、学生互评与教师考核相结合

比如设立“基础”课的教学目标就是最大限度促进学生形成正确的人生观、价值观、道德观和法律观。课程的考核不能离开这一目标。而学生是否在为这样的目标而努力，又在什么层次上达到了这一目标，学生本人和他的同学更有发言权。

因此，在进行相关考核的过程中，可以在一定程度上适当地尝试给予学生一定的主动权，积极引入学生自评和同学互评，从而使评价的客观性和公正性得到有效增强。

3. 突出形成性评价，将形成性评价与终结性评价相结合

适当地调整学生学业成绩考核评定的比例，进一步增加学生日常学习行为的分数，也就是形成性评价的具体内容。这里所指的学生日常学习行为，主要包括课堂出勤、课堂笔记、课堂回答问题、作业质量、课堂讨论、课程网络学习完成等情况。这些记录应该分阶段公布给学生，以便于学生能够进行及时的调整与修正。

对学生日常学习行为进行记载的过程，实际上也是思想政治理论课教师对学生进行形成性评价的过程。这种形成性评价使用的是具有可操作性的语言和具体标准，最终也就可以进行量化评定。终结性评价一般是在期末集中采取考查、考试的方式进行。

（四）教学空间的拓展与创新

1. 依托科技发展，借助网络技术，构建信息化交流平台

“下课走、上课来，每周只有一面缘”的现象，在高校思想政治理论课教学中一直都存在，再加上基本是百人左右的大班授课，学生的问题无法在课堂上一一解决，老师在课

堂上也无法了解学生的真实想法；课后辅导与交流几乎是一片空白。

针对这种情况，可以适当地借助网络平台开设诸如“思想政治理论课交流群”和“思想政治理论课在线交流平台”，由专人负责管理，任课教师和值班教师参与交流和引导，进一步加强师生的课余交流。

“思想政治理论课交流群”由一个教师专用群和每个教师开设的群组成，“思想政治理论课在线交流平台”挂靠在学校网站上，可以容纳全校学生。实践证明，网络交流平台可以有效地对于传统思想政治理论课交流不足的缺陷进行有力的弥补。

（1）交流群有效地拉近了师生的心理距离

在网络平台上进行交流的师生，都是以一种平等的“好友”身份出现的，用的基本都是网名，这就会使在进行聊天时学生感觉更放松、更平等，思维显得更活跃，思路也更清晰，也敢于提出自己的问题和看法。即使是一些相对比较私密的问题，他们也愿意通过临时会话的方式和教师进行私聊。

（2）线上交流打破了师生交流的时空限制

由于传统的师生交流只能限于面对面进行，鉴于思想政治理论课授课时间和授课对象的特殊性，这种交流也几乎只能利用课间时间。而课间时间往往是比较短暂的，这就无法进行深入的交谈。加上人数众多，一一回答问题更是很难得以实现。而通过采用线上交流就可以很好地把这一问题予以解决，无论何时何地，只要上网就可以进行彼此交流。即使一方没在线，也可以用留言的方式或发邮件的方式进行提问和回答。

（3）利用交流平台交流有利于整合资源，发挥教师学有专长的优势

由于学生的思维比较跳跃，通常提出的问题是偏于多方面的，而教师并不是对每一个领域都很擅长，于是无法全面回答学生的所有问题。采用QQ交流就可以有效地解决这一难题。

在有针对性地安排交流平台值班人员时，需要进行行政人员、团学人员和专业课教师的有效组合，遇到一些专业性较强的问题时，及时请相关教师进行解答，能够充分保证学生的疑惑得到及时、有效的解决。教师还可以根据自己的研究领域结合热点问题有目的地发起讨论，从而最大程度引导学生参与澄清认识。而这种交流又是非实时的，师生都有一定的时间去查找有关资料，也进一步提升了参与者对问题的思考深度。

除此之外，教师还可以从学生的聊天内容、网名、网络动态等获得更多的关于学生的真实、新鲜、生动的第一手材料，极大地提升了教学的针对性。

尤其是对那些一直表现出负面情绪的学生，我们还可以通过管理员的备注（注册时的身份验证）及时对学生的真实信息进行了解，从而把更多的关心与帮助传达给学生。

2. 社会实践教学法

（1）要准确定位实践教学的内涵

思想政治理论课的实践教学，实际上就是在理论学习的基础上，有计划、有目的地进

行诸如调查、参观、走访、参与等一系列的实践教学活动，通过指导学生把系统的马克思主义理论和方法运用于实践，在实践中增强学生对马克思主义的理解，提升运用马克思主义理论分析和解决问题的能力，并把这些理论内化为思想政治素质、科学思维方法，从而促进学生全面、健康发展的立体化、综合性教育活动。

（2）要通盘考虑，协调工作

将思想政治理论课完全置于全校学生的思想政治教育大系统中进行全盘考虑、统配资源，从而形成校党委统一领导宣传部、教务处监督和指导，各院系、团学联动，马克思主义学院具体负责实践教学计划的制订、实践教学的管理和组织实施的实践教学体系，进一步丰富实践教学的内容和形式。

实际上，关于大学生主流意识形态的教学包括很多内容，从途径的角度可以分为高校思想政治理论课、党团学组织的相关理论培训和渗透在其他专业教学过程中的马克思主义理想、信仰、价值观的教育。

但是，高校思想政治理论课是高校意识形态教育的主渠道。我们必须牢牢占领这一阵地，让它发挥该有的作用。而要发挥这一主渠道的作用，我们必须不断创新理念和方法。时代在发展，形势在变化，在思想政治理论课教学中我们遇到了许多新问题需要我们去认真对待、科学把握、有效应对，这就要求我们必须不断创新教学方式，给教育对象一个更加有效的引导，给党和人民交出一份更加满意的答卷。

第七章　大数据时代加强高校意识形态教育的路径创新

高校主流意识形态教育，离不开具体路径的实施。在新的历史形势下，重新审视大学生主流意识形态教育工作，积极探索并创新主流意识形态教育的路径，使之更好地体现时代要求，增强高校主流意识形态教育的效果，开创高校主流意识形态教育既要抓住自我教育、校园文化、社团活动等常规的路径，同时还要坚持推陈出新，又要积极开辟网络、手机等新的路径，提高教育的吸引力和凝聚力。

第一节　利用网络新媒体，拓宽高校学生意识形态教育平台

网络作为当代信息革命的重要标志已深深融入人们的生活之中，渗透到社会的各个层面和领域。它的高度普及和广泛应用对当代高校大学生的学习、思维、交际和生活的模式产生了巨大的影响，也日益影响着高校的政治态度、道德风貌、价值取向及行为模式等各方面。网络技术的迅猛发展无疑给高校主流意识形态教育带来了难得的发展机遇，同时也不可避免地带来了严峻的挑战。利用网络进行高校主流意识形态教育是新形势下进一步加强和改进高校工作的必然趋势，高校主流意识形态教育的网络路径创新势在必行。

一、网络媒体给高校意识形态教育带来的机遇

（一）丰富信息来源

在传统的意识形态教育工作中，知识理念的灌输是主要方式，学生处于被动地位，内容枯燥单一，入脑难入心。而互联网的应用明显地改变了这一方式。在意识形态教育工作中，教师可以围绕课题更加广泛、更加方便快捷地搜集资料，丰富了教学资源，改善了教学方式。如多媒体在教学中的应用，教师和学生可以更加自由地调配从古至今、从中到外的信息资源，不仅有文字资源，还有声、画、影等资源，教学效果明显改善。

（二）整合教育资源

一是整合学校和家庭教育资源。学校利用网络搭建平台，就坚持家庭教育的重要性、

教育方法等问题与家长沟通。同时，经常性地公布学生在校表现，对学生存在的问题进行交流，有利于双方形成合力。二是整合社会资源。网络可以极大地开发其他可利用资源，如其他学校的意识形态教育名师课程资源、现实社会中的意识形态教育资源等，能够极大地提升意识形态教育资源质量，并便捷地获取丰富的、成熟的、经过检验的其他教学资源。

（三）增强意识形态教育的灵活性

利用网络，可以引导学生走出课堂，将意识形态教育工作延伸至社会各方面。如可就校内或社会上发生的某个事件，广泛开展交流讨论，通过群体发言的力量，扬善惩恶；设立在线咨询，教师和志愿者实时解决学生的困难、疑问和困惑；可将意识形态教育活动通过网络延伸到校园以外，号召全社会共同参与，开展宣讲、慈善、救助等活动，让学生在社会实践中强化意识形态教育成果。

二、高校主流意识形态教育网络创新的基本原则

为适应网络时代的迅速发展，高校主流意识形态教育工作必须加快创新步伐，不断增强高校主流意识形态教育网络路径的开发与建设。创新网络主流意识形态教育，要把握以下两个基本原则：

（一）坚持正面性原则，保证高校主流意识形态教育发展方向

高校主流意识形态教育网络路径创新，必须按照主流意识形态教育的要求，坚持马克思主义，弘扬社会主义主流文化。西方资本主义利用自己在网络中的优势，欲颠覆社会主义于无形，大肆宣扬自己的价值观，许多腐朽、落后的思想侵蚀与冲击着大学生。我们要有清醒的认识，主动迎战，积极应对，始终坚持正面引导，大力倡导社会主义原则，让马克思主义意识形态占领网络阵地。

（二）坚持时效性原则，提高高校主流意识形态教育的针对性

网络具有信息量大、传播速度快的特点，高校主流意识形态教育要跟得上时代的步伐，主要是教育信息要紧贴现实，结合当前热点信息内容，开展主流意识形态教育活动。不能死抱书本，死背教条，空洞说教。充分利用网络信息，丰富大学生主流意识形态教育内容，及时调整教育形式，以高校当前最关心的问题进行讨论、交流、学习。高校主流意识形态教育必须积极利用不断更新的网络信息，提高教育效果。

三、高校主流意识形态教育网络创新的基本途径

（一）建立高素质的网上高校主流意识形态教育队伍

在网络深刻影响高校的思想、学习、生活、交际之时，许多高校主流意识形态教育者

还没有意识到网络给自己带来的挑战。一方面，他们对利用现代网络信息技术开展思想教育的意识淡漠；另一方面，他们也没有掌握一定的计算机网络知识和技能；另外，他们对相关网络法规、网络道德缺乏了解。

因此，为了有效地改变和提高高校主流意识形态教育效果，必须建立一支高素质的网上高校主流意识形态教育队伍，使得广大高校主流意识形态教育者与时俱进，顺应时代发展的需要。

（二）加快建设高校主流意识形态教育主题网站

首先，明确网站建设的指导思想。高校主流意识形态教育主题网站建设必须始终坚持以马克思主义、毛泽东思想和中国特色社会主义理论体系为指导，保证正确的政治方向，以正确的舆论导向主动做好意识形态的工作。旗帜鲜明地高唱中国特色社会主义主旋律，传播社会主义核心价值观，针锋相对地驳斥资产阶级的腐朽思想文化。

其次，加强网站宣传推广。高校主流意识形态教育主题网站应有足够的“人气”，有高校的积极访问与参与，才能实现其教育、引导和服务的功能。为此，必须高度重视网站自身的宣传与推广，运用校园新闻资源，整合校报、广播、电视台等媒体，努力塑造良好的外部形象，使更多的学生知晓网站、认识网站、了解网站、登录网站，对网站高度认同和肯定。

最后，及时更新网站内容。高校主流意识形态教育内容必须及时更新，空洞的理论展示不仅浪费网站资源，而且将逐步在高校中丧失吸引力。只有通过跟踪当前热点话题，围绕一些重大的政治问题、敏感的意识形态问题，及时报道最新进展，旗帜鲜明地发表评论，增强网站内容的吸引力和时效性，才能提高高校浏览欲望。

（三）加强高校主流意识形态教育的网络管理

第一，制定完善的校园网络管理规范。高校相关部门要以国家的法律法规为依据，结合学校自身的实际情况，制定一系列明确的网络管理规章，规范网上秩序，严肃网络纪律。制定符合高校实际的针对校园网络特点的管理制度和办法，加强对网上舆论管理和监控的力度，对不符合高校主流意识形态教育的行为给予坚决打击，切实净化校园网络环境。

第二，加强网络信息的监控。开展高校主流意识形态网络教育，必须对网络信息进行严格监控，采取有效的技术手段限制，剔除那些有害高校健康成长的信息，清除思想垃圾，规范网上行为，尽量为学生提供一个良好的网上生活空间。依靠技术手段，加强对网上不良信息的过滤，控制不良信息传播的范围，从信息传播的源头上加强控制，正本清源，扬清去浊，净化网络环境。

现在，手机在学生中已经普及。高校主流意识形态教育要充分利用手机及其网络的功能和优势，通过短信、手机报、手机教育网、家校信息通等载体和平台，不断提高教育的时代性和实效性。

四、利用网络新媒体加强意识形态教育工作的对策

（一）加强高校党委对意识形态工作的领导

意识形态工作是党的一项极端重要的工作，是高校党委工作的重中之重。高校党委要作为单位意识形态工作主体责任者，党委书记作为第一责任人，要克服认识不到位、主要领导重视不够等思想问题，加强检查指导，建立健全考核奖惩机制，在人员、物资、设备等方面提供充分的资源保障，从思想上、组织上、物质上构筑高校意识形态工作的坚实堡垒。

（二）加强意识形态风险防范

加强意识形态风险的防范是一个系统工程，不仅需要学校内部建立起风险防范工作格局，更需要社会新闻舆论和新媒体的高度自律：不仅需要政府拓宽主流意识形态发声渠道，更需要学校与政府、与社会媒体建立起良性互动的渠道。

（三）加强媒介素养教育

媒介素养，指人们对媒介的有效使用能力，以及对媒体信息的接受、选择、理解和创造的能力。进行媒介素养教育要着重培养大学生的信息伦理意识，使学生加强法治观念，自觉维护和创造正确的、良好的、充满正能量的网络信息环境。要培养大学生对各类信息的鉴别能力与批判精神，鼓励和引导学生不盲从、不盲信，保持思想的独立性，把个体价值与社会整体价值有机统一起来。另外，也要加强意识形态教师的媒介素养教育，引导教师关心、关注网络言论与信息，及时发现苗头性问题，有效地利用网络工具加强对学生的思想引导。教师还要对学生习惯和流行的网络语言进行了解，以学生乐于接受的语言与交流方式，保持与学生的良好沟通与交流，使意识形态工作的开展更加贴合学生实际，从而提高工作的效率。

（四）加强校园网络社区建设

高校要深入研究网络信息及工具的特点和学生行为方式与思想特征，化被动为主动，充分利用网络为思想政治工作服务。要利用其传播快、互动性强、载体功能强等优点，灵活设计思想政治教育内容，使其成为能够引人注意、引人思考、促人进步的信息。并把此类信息通过自媒体信息发布、交流互动、发展粉丝等方式，以体验式、渗透式、交互式的形式融入学生的生活、学习、社会交往、业余娱乐等环节，切实增强工作的实效性。要顺应网络时代特点，在学生、网络与信息内容三者之间搭建起校园网络社区，把学生从分散的网络世界集中到校园这个大家庭中，成为网络社区的建设者。以网络社区为基础，建成

信息交流和教育平台，辅导员利用网络平台开展思想政治工作教育，并将其与传统教育方式相结合，形成多层次、全方位、立体化的思想政治工作体系。

总之，高校应充分发挥网络优势强化意识形态教育工作，利用网络丰富教育资源和教学方式，增强意识形态教育实效。同时也要清醒地认识网络对学生理想信念、道德观念和处理社会关系的影响。在此基础上，通过优化资源配置、加强网络监管和创新意识形态教育方式等手段，最大限度发挥网络优势，避免不良影响，构建科学的意识形态教育工作体系。

五、网络新媒体下意识形态教育工作的必要性

（一）创新是思想政治教育模式的必然选择

本研究将有助于思想政治教育工作者紧紧抓住大学生的具体阶段性特点，有助于我们将大学生思想政治教育的主、客体紧紧地联系在一起，有助于有效地传递思想政治教育信息，从而增强高校学生思想政治教育的实效性。因此，创新大数据时代高校意识形态工作研究，对于高校而言具有较强的理论及现实意义。

（二）有助于丰富传统高校思想政治教育理论思维模式

大数据时代意识形态教育工作，在理论上，将有助于我们丰富和创新思想政治教育理论思维模式。力求突破单纯依靠传统教育方式对学生进行教育传统认识，以加强和改进意识形态教学模式，填补相关领域研究的空白。

（三）有助于提高思想政治教育的针对性

在实践上，有助于提高高校思想政治教育的针对性，更好地发挥思想政治教育过程中的主观能动性，增强学生接受思想政治教育的主动性与自觉性，从而更好地因材施教，促进创新型、应用型人才的培养。要响应国家号召，契合时代主题，有效推动大数据时代高校意识形态教育工作，使此项工作能够成为国内的领头羊，并起到积极的带头作用。

在大数据时代高校的意识形态教育工作究竟如何发展，如何将意识形态教育贯穿大学思想政治教育的始终，并建立长效机制，就成为一个亟须解决的问题。要研究高校意识形态教育的理念，力求突破对高校学生思想政治教育的传统认识，以加强和改进高校意识形态教育的实效性，使高校思想政治教育更具针对性。

第二节　积极发挥党团组织作用，利用第二课堂加以引导

在大数据时代要针对加强高校意识形态工作问题的有效途径进行全面、系统的研究，为解决目前国家提倡的重视高校意识形态工作的有效途径提供可靠保障。因此，要探索出一条加强高校学生意识形态工作的有效途径，建立高校意识形态工作长效机制，为学校的后续发展提供经验，以期在实际工作中体现指导意义。

一、充分发挥第二课堂的载体作用

第二课堂是相对于第一课堂而言的，是学校在教学计划之外组织和引导学生开展各种有教育意义的活动。第二课堂作为一种教学方式和途径纳入教学体系中，作为第一课堂的有效补充，是学校人才培养的重要载体。第二课堂更能体现学生的自我展示，重视学生对所学知识的灵活运用，并鼓励学生主动参与，在更多实践活动中提高综合素质。与此同时，高校意识形态工作应当主动参与到第二课堂教学中，创造性地开展意识形态工作。

（一）发挥高校教师基层党组织的引领作用

高校教师基层党组织可以组织活动，与高校学生党组织或团组织进行对接，走进同学日常生活的党日或团日活动，以第二课堂为载体，开发更多新颖和丰富的组织活动。高校教师应当不断以身作则，充分发挥自身思想引领作用，以积极向上的价值观念潜移默化地影响高校学生。高校教师应当主动关注学生学习生活，并给予学生有价值的帮助，用实际行动践行社会主义核心价值观，体现高校教师的党员党性风范，为在校学生树立良好的榜样，起到广泛的示范效应。

（二）完善新媒体网络平台的第二课堂教育

高校应当将意识形态教育与网络、自媒体等新媒体相结合，以提高意识形态教育的预见性、时效性和广泛性。加大对网络意识形态教育的人才和资金投入，努力建设好微信公众号、微博、论坛等各类信息源和综合网络平台，合理利用这些网络平台发布信息或者进行主流意识形态教育，不断提高这些网络平台的影响力、号召力和公信力。这些网络平台上的信息不仅包括与主流意识形态相关的理论知识、时事热点的剖析、国家政策的解读、社会正能量事件，还有与大学生生活、学习等方面息息相关的优秀文学作品、影视作品、知名专家和学者等成功人士的演讲等吸引大学生的内容。

高校应该打造这些网络平台的资源共享、交流互动、便捷发表思想观点等功能机制，将主流意识形态融入其中，引导大学生身心健康成长，在潜移默化中对大学生进行主流意

识形态教育。高校意识形态教育工作者及相关领导应当通过这些功能与大学生积极互动，以深入了解当下大学生的思想状况和价值取向，了解大学生对意识形态教育工作的看法和建议，据此对高校意识形态教育工作进行改进和创新。

（三）开拓更多意识形态工作第二课堂新阵地

社会实践活动是第二课堂的主要阵地，也是高校意识形态工作的重要阵地。社会实践是全面推进学生素质教育和青年学生成长成才的重要环节，是大学生思想政治教育的重要途径，把学校教育、社会教育和实践教育有机结合起来，让枯燥的理论变生动并易于接受。在社会实践组织过程中应当主动发挥思想引领作用，组织学生亲身体验社会经济发展进步，体验公益服务社会的价值所在，在实践中深刻领会党的方针、政策和路线。深入挖掘社会实践中的爱国主义资源，主动对接爱国主义教育基地。加强校企合作，推荐学生到优秀的民族工业企业或者基层社区锻炼实践，实现学生从校园走向企业的无缝接轨，从实践中收获正向的价值理念。

二、加强党对高校意识形态工作主导权的对策

进一步提高高校党委对意识形态工作重要性的认识。随着党在意识形态领域工作的不断深入，新情况、新问题层出不穷。高校党委要充分意识到加强意识形态工作主导权的重要性和紧迫性，继续深化对加强党在高校意识形态工作主导权的认识。

首先，深化对党在高校意识形态工作主导权的必要性、长期性、艰巨性和复杂性的认识。意识形态工作本身就是一项极为复杂的工作，高校的意识形态工作则更为复杂。高校是思想意识相互交锋最为激烈的场所，不同年龄、学派和党派的学者以及在校大学生在思想意识上有很大的差别甚至矛盾。高校党委必须高度重视意识形态工作的复杂性，充分认识党的意识形态工作的长期性和艰巨性，戒骄戒躁，从实际出发，在行动上自觉坚持马克思主义的指导思想，及时制定正确的对策措施，在意识形态工作的针对性、实效性和创造性上下足功夫。

其次，充分认识意识形态教育在高校工作中的重要地位。意识形态工作事关党在高校的执政地位，事关校园环境的和谐与稳定，事关高校的社会主义办学方向。高校党委要充分借助思想政治教育理论课的重要作用，对大学生开展爱国主义、集体主义和社会主义的思想教育，促进师生的全面素质特别是思想政治素质的提高。

最后，牢牢树立加强党对高校意识形态工作主导权的关键在于党委的理念不动摇。从坚持党委领导核心作用、把握党委领导与校长负责的关系、健全科学有效的运行机制三方面入手，不断创新领导形势，巩固和完善党委领导下的校长负责制。当前，必须以党的十九大精神为指导，坚持中国特色社会主义的指导思想，在坚持党委领导的前提下，充分发挥各级党组织和广大党员的作用，增强意识形态工作的时效性和针对性，使学校真正成为传播和研究马克思主义意识形态的坚固阵地。

（一）明确加强党对高校意识形态工作主导权的目标和任务

加强党在高校意识形态工作中的主导权主要目标就是实现马克思主义在高校的大众化。高校作为人才培养高地和马克思主义大众化的主阵地，应从“马克思主义政党只有赢得青年，才能赢得未来”的战略高度，使当代大学生从马克思主义大众化的普及对象成长为马克思主义中国化的坚定信仰者、践行者和传播者。所以，实现马克思主义在高校的大众化是加强党对高校意识形态工作主导权的首要目标。

在高校推进马克思主义大众化，主要就是用马克思主义的意识形态武装大学生的头脑，不仅让马克思主义的基本理论和基本观点为大学生们所熟知，而且让马克思主义的方法论成为大学生在认识世界、改造世界过程中的主要方法。我们必须看到，马克思主义大众化首先是高校思想政治教育工作中的一项系统工程，高校思想政治教育工作将是马克思主义大众化的主要实现平台。马克思主义大众化必须通过充分发挥思想政治理论课的主渠道作用，不断提高思想政治理论课的教学实效，使思想政治理论课成为大学生真心喜爱、终身受益、毕生难忘的课程，真正使马克思主义意识形态受到学生们的认可和欢迎；必须通过日常思想政治教育的阵地建设和校园文化建设相结合的新型模式，形成马克思主义大众化的有效教育合力，最终使大学生树立马克思主义的信仰和中国特色社会主义的理想；必须通过各种途径加强对西方资本主义意识形态的坚决批评来帮助在校大学生们看清西方资本主义国家的阴谋诡计，防止大学生误入资本主义意识形态的陷阱。这些都是摆在高校思想政治教育工作者面前今后的主要任务，我们要通过利用好高校思想政治教育这个平台来实现马克思主义的大众化，切实增强党在高校意识形态工作中的主导权。

加强党对高校意识形态工作主导权的任务是把握高校舆论导向，把握高校的舆论导向才能为党和社会培养合格的社会主义建设者和接班人。在校大学生是党在高校舆论宣传工作中引导的主要对象，大学生具有开阔的视野、活跃的思想、敏捷的思维，对新信息、新知识、新问题具有很强的接受能力，是各种意识形态信息接收和使用的中坚力量，同时他们对学校的舆论导向也比较敏感。在高校舆论环境日趋复杂、西方敌对意识形态随处可见的当今时代，充分发挥党在高校意识形态工作中的舆论引导作用，对大学生们给予正确的舆论引导，用马克思主义先进的思想文化占领学生的意识形态阵地，对于高校坚持社会主义办学方向，培养社会主义事业合格建设者和可靠接班人，具有十分重要的现实意义。

高校舆论工作正面临并将长期面临经济全球化、社会转型和互联网的普及等国内外复杂的背景环境。党在高校中的舆论引导工作，既要充分利用这一复杂环境信息量大、互动性强、传播渠道广的优势，又要注意新的传播方式所带来的去中心和多元化带来的泥沙俱下、鱼龙混杂的情况。党在高校的舆论引导应立足于时代发展的制高点，从高校健康发展的大局出发，充分发挥党的地位和作用，在高校舆论引导中上通下达，对进入校园的大众媒体、海量信息进行严格监控，慎重筛选。

一方面稳定提供正面的社会主义意识形态的信息，另一方面尽可能堵截、删除西方敌对意识形态的信息。另外，还可以对正面信息进行深加工，以更加贴近实际、贴近生活的方式在校园里进行二次传播，使正面信息发挥它们的最大效能。同时，党在高校进行舆论引导时还要在具体方式上有所改变：把传统的“严把关”变为“巧指路”，从让人们“看什么”转变为教人们“如何看”，变以“堵”为主为以“导”为主，更多地依赖所要表达的意见本身的说服力来达到引导的目的，这样才能真正实现党对高校舆论工作的引导。

及时有效地抵制西方资本主义意识形态的渗透，不断巩固社会主义主流意识形态在高校的安全，也是我党加强在高校意识形态主导权的主要任务之一。改革开放以来，尽管社会主义的意识形态被作为主流的意识形态，但是根据国内国际的复杂形势，我们应认识到，马克思主义必须在斗争中才能发展，不但过去是这样，现在是这样，将来也必然还是这样。正确的东西总是在同错误的东西做斗争的过程中发展起来的。要想真正确保社会主义意识形态主流的地位就要与资本主义意识形态做坚决的斗争。

（二）把握加强党对高校意识形态工作主导权的途径

1. 加强组织领导

高校党委要切实加强对意识形态工作的领导，定期听取意识形态领域工作进展的汇报，掌握最新的工作动态，牢牢把握意识形态工作的主导权。继续坚持党管干部、党管人才的原则，在任免干部的过程中把意识形态工作能力作为审核的重要标准。充分发挥党委宣传部门的指导和协调作用，切实加强对校园内的新闻舆论、党员教育、文化建设等工作的领导，始终掌握对宣传文化系统领导干部的任免权，掌握对宣传文化工作方针政策的决策权，掌握对意识形态宣传业务的终审权。

2. 完善管理体制

高校要抓紧构建党委统一领导、各部门有效管理、基层党组织密切配合的管理体制，构建以主管部门为主体，其他部门共同参与、相互配合的管理格局。在高校党委的统一领导下各部门各学院要对本部门本学院内的意识形态工作切实负起管理职责，绝对避免形式主义、主观主义的作风，把意识形态工作落到实处。对于意识形态领域出现的新问题、新矛盾，下级部门要及时向上级主管部门汇报，不断提高解决意识形态领域突发情况的能力。

实行主要领导人问责制，哪个部门和单位出了问题，就追究哪个部门和单位主要领导的责任。建立健全意识形态领域舆情信息汇集和分析机制，随时掌握校园以及社会上的舆情动态，及时发现和处理不良倾向性问题。建立和完善信息通报和信息协调制度，各级部门要建立长期的信息共享平台，主动沟通意识形态领域的各类信息，尤其是一些重要情况以及需要注意的突发问题。高校党委还应建立和完善内部管理和监督制度，始终保持处理意识形态工作的及时和高效。

3. 积极推进理论科研建设工作

高校党委还应该鼓励和支持马克思主义理论研究与创新。马克思主义理论研究与创新在高校意识形态工作中起着基础性的作用，是体现党的领导的重要保证。改革开放以来，中国特色社会主义现代化建设的伟大实践、中国高等教育由精英化向大众化的历史性转变等现实为马克思主义理论创新提供了丰富的材料，我们必须从这个实际出发，抓住机会，努力把马克思主义理论创新推向一个新的高度。理论创新的目的在于增强马克思主义理论教育的时代感、针对性和实效性，增强党对高校意识形态工作的说服力、战斗力。我们要在坚持马克思主义基本立场、观点、方法的基础上围绕高等教育的最新发展趋势以及意识形态领域的新情况、新问题，抓住重大根本性问题，站在最新的学术前沿，对马克思主义理论进行总结、说明和创新。

（三）加强党在高校意识形态工作的主导权必须与时俱进

面对互联网的新的冲击，加强党在校园网络宣传阵地中的主导权。可以从以下三方面拓展我党在校园互联网舆论宣传的阵地。首先，着手进行马克思主义意识形态的网站建设，开辟舆论宣传的主阵地。网站建设，是网络意识形态宣传的主要手段，是传播我党意识形态理论和价值观念的主要方法。

然而我们已有的网站在内容建设上还有待提高。仅仅把网站内容局限在国内外新闻时事、领导人的活动报道等，那只不过是把我们的网站变成一个网络形式的报纸杂志。如果是一般性的新闻网站做成这样还可以让人理解，但是，作为我党在高校的网络意识形态阵地的网站，仅有上面的那些内容显然是不够的。我们可以从以下几方面进行内容上的拓展和丰富：

1. 增加中国传统文化的相关内容

我们中国的传统文化博大精深，内容丰富，作为过去的意识形态，我们不能把它们一棒子打死，而是要重新发掘，进行再利用。在与当前国情以及马克思主义理论相结合的基础上使中国的优秀传统文化再次绽放光辉。借助中华传统文化将有助于人们了解和把握当今主流意识形态的某些价值观念，它们之间有很多共同之处。另外，高校大学生对传统文化也有比较好的认同感，这都有利于我们借助传统文化开展意识形态教育。所以，党在高校的意识形态网站，应当充分发掘我国的传统文化，利用好传统文化的资源。利用传统文化的形式是多种多样的，历史文物、历史典故、经典著作、传统艺术等都可以在我党的网站上有一定的位置。

2. 增加最新政策法规的相关内容

我们党的所有政策法规都是在马克思主义的意识形态理论指导之下制定、出台的，是主流意识形态的直接反映，人们可以通过对这些政策法规的了解和认知，感受社会主义意识形态的现实力量，有助于人们更加鲜活地理解我们的意识形态理论。应当在网页的显著位置专门设立一块政策法规宣传网页，可以供大众随时查阅浏览。

3. 增加马克思主义的经典文献及最新理论的相关内容

马克思主义的意识形态理论，主要蕴含在一些经典作家、领袖人物的著作和文献资料中。不学习经典原著和文献，就难以理解和把握真正的意识形态的理论。不可否认，现在大学生可以从很多地方接触到对我党的意识形态理论无意或有意地曲解的内容。所以，我们的意识形态网站上必须有马克思主义经典作家和领袖人物的经典著作以及我们党的重要文献，以供人们学习和研究真的马克思主义的理论。另外，除了学习经典，我们还要学习我们时代的马克思主义理论家的最新观点和理论成果。我们党的意识形态理论的建设和发展，从来就离不开党内理论家们的探索和研究，这种研究既包括对经典理论的研究和解读，也包括结合我国的发展实际对理论进行的创新。让我们的大学生了解我们主流意识形态理论的前沿内容，及时掌握理论动态和发展方向，是非常必要的，所以我们的网站还要开辟出这样一块最新理论成果展示的块。

4. 抓紧开发马克思主义意识形态理论的相关教育软件

在丰富内容的同时，我们还必须保证技术能够跟得上内容的需要。从大学生的知识水平、认知特点、兴趣爱好等实际状况出发，开发出一批符合马克思主义意识形态理论教育需要的应用软件。运用马克思主义的基本立场、观点和方法，生动地阐释社会主义意识形态的内容以及在社会主义市场经济条件下人们关心的热点难点问题，实现寓教于乐、寓教于知，增强高校社会主义意识形态教育的时效性。

5. 借助新兴媒体提出一些理论和现实的热点难点问题供大家讨论和交流

利用社交网站的开放性特点，建设网上马克思主义意识形态的讨论阵地，定期发布马克思主义意识形态理论研究的成果和社会上的热点难点问题这类的话题供大家学习和讨论，任何一个大学生，只要有兴趣，就可以随时登录查看我们的微博或社交网站，了解相关的内容，发表个人的观点。通过这种开放的平台变意识形态教育的单向输出为双向的互动，充分调动同学们的积极性和主动性，让他们真正参与到我们社会主义意识形态的建设中来。

第三节 加强校园文化建设，促使意识形态教育潜移默化

意识形态工作是党的一项极端重要的工作。作为中国特色社会主义实践的重要组成部分，社会主义意识形态建设事关党和国家的前途命运，事关民族的凝聚力和向心力。高校作为意识形态工作的主阵地，承担着研究和宣传马克思主义、培育和践行社会主义核心价值观、为实现中国梦提供人才保障和智力支持的重要任务。这就要求坚持把立德树人和意

识形态教育工作贯穿高等教育教学全过程，强化高校意识形态阵地建设，因事而化、因时而进、因势而新，通过开展健康向上、格调高雅、形式多样的校园文化活动，做好大学生意识形态教育工作。00 后大学生的价值观和意识形态还未稳定，他们是社会成员中的活跃分子，容易受到一些别有用心的人的蛊惑，所以意识形态教育需要特别关注大学生，加强大学生价值观的培育，用科学的价值观引领意识形态教育。

一、校园文化活动对加强高校意识形态教育的作用

高校意识形态阵地建设工程，是铸魂工程，是固本工程，也是战略工程，其意义就在于巩固了马克思主义在社会主义意识形态领域的指导地位，巩固了实现伟大中国梦的共同理想基础，具有十分重要的意义。通过提升校园文化活动的质量品位，传承校园文化活动的人文精神，打造校园文化活动的“品牌”工程，把透彻的说理同鲜活的语言结合起来，把理论的穿透力同情感的亲和力结合起来，以大学生喜闻乐见的形式回答大学生关注的热点问题，使青年大学生真正成为中国特色社会主义理论的积极宣传者、自觉践行者和坚定信仰者。文艺作为一种特殊的社会意识形态和精神生产形态，反映出从物质世界到精神世界、从生产关系到思想关系的人类全面的社会生活。文艺以独特的形式、形象、意境感染青年、影响青年、塑造青年，在潜移默化中使青年陶冶情操，提升精神境界。校园文化以一种隐形教育的方式，蕴含着丰富的意识形态教育内容，承载着青年大学生“三观”教育的功能。一部优秀的校园文化作品，可以从世界观、审美情趣、思想品格等方面给大学生带来潜移默化的熏陶。校园文化作品的质量决定着其发挥意识形态教育功能的关键，任何一部文艺作品、任何一项文艺活动的组织呈现，都包含着一定的时间、精力和专业素质，不是一蹴而就的。培养优质文化活动的“体”载社会主义意识形态的“道”，就需要久久为功的精神。

二、以校园文化活动参与高校意识形态教育

大学将自身建设成为思想文化的标杆、道德文化的旗帜和科技创新的高地，完成促推、引领和守护社会主义意识形态的历史使命。大学精神是大学发展过程中的原动力，也是最宝贵的传承，对于彰显大学的办学特色和水平有着重要的作用。弘扬大学精神是高校意识形态教育的重要内容。大学精神的培育，除了要进行课堂教育之外，还要在浓厚的人文氛围中开展内容丰富、形式多样的校园文化活动，树立原创性、引领性、示范性的文化品牌，因为校园文化活动浓郁的“品牌”对于大学精神的培育意义重大。通过精品工程抓提升、原创作品抓特色、高雅品位抓引领，打造能够反映大学精神的文化脉络，体现大学精神的校园文化活动，传递核心价值观，引导大学生追求充满正能量的生活，并增强他们的社会荣誉感和道德判断力。高校意识形态教育要创新实践方式，丰富教育内容，完善教育体系，增强文化自信。探索社会主义核心价值观和大学精神的有机契合，重视民族团结进步教育，提升大学生马克思主义民族观意识。以社会主义核心价值观和大学精神引领校

园文化思潮，帮助青年大学生掌握科学的世界观和方法论，加强人文关怀，培育健康心理，弘扬优良学风和校风，从源头上巩固各族青年团结奋斗的共同思想基础。

大学生大部分时间是在高校校园中度过的，校园文化对大学生的成长、成才起着重要影响。校园文化是高校进行大学生主流意识形态教育的重要载体之一，良好的校园文化作为一种宝贵的教育资源，以一种特有的潜在力量影响着大学生的思想素质、道德品质和行为意识等各方面。建设先进的、和谐的高校校园文化，有利于进一步加强和改善大学生主流意识形态教育工作，提高教育的实际效果。

三、校园文化主流意识形态教育的基本内容

校园文化是学校在长期办学实践中形成的学校精神、学校传统、校园文化活动及文化环境的总称，是以塑造学生良好的综合素质为主旨，以学生与教职工的积极交往互动为主干，以课外活动为主要手段，以学校精神与校风为主要特征，所展示的是校园独特的文化感召力、吸引力和统摄力。校园文化主要由校园物质文化、制度文化和精神文化三部分组成。

高校主流意识形态教育中的校园文化是指在高校内，以学生为主体，以教师为主导，在校园文化建设中渗透主流意识形态教育内容，通过潜移默化的形式影响学生思想素质、意识观念和行为形成与发展过程的物质文化和精神文化的总和。重在从校风、学风、校园历史、校园建筑、校园活动等方面体现学校核心精神和教育理念，渗透着国家主流价值观念，对大学生进行潜移默化的熏陶。其主要特点就在于教育内容的渗透性、教育形式的多样性和教育目标的潜隐性。

四、高校主流意识形态教育的校园文化路径创新

（一）坚持以社会主义核心价值体系作为校园文化建设的指导思想

校园文化建设的正确定位，关键在于明确其指导思想，社会主义核心价值体系正是新时期推动校园文化建设的必然要求。校园文化建设是校园文化先进性的可靠保证，是发展社会主义先进文化的重要内容。加强校园文化建设，建设先进校园文化，必须坚持以发展着的马克思主义为指导，以马克思主义中国化的最新成果引领校园文化建设，弘扬健康文化，使马克思主义的理想、信念成为大学生的精神支柱和自觉意识。

（二）坚持系统性和可持续性原则推进校园文化建设

校园文化建设是一项系统工程，既要注重校园“硬件”方面的改善，“软件”方面的加强也十分重要。校园文化建设作为一个综合建设，必须坚持系统性和可持续性原则。高校要高度重视校园教学环境和学生生活环境的治理与改善，使校园的规划、景观等呈现一种和谐美。同时，也要注意校园文化宣传，充分利用校报、板报、电台、电视台、网络等

传播媒介，推进校风建设和优良学风的形成，在校园范围内营造浓郁的积极向上的校园文化氛围，让大学生从中得以滋养、熏陶，促进主流意识形态的形成与发展。当然，先进校园文化建设须经历一个逐步完善的过程，须在实践中不断沉淀，尤其在促进大学生主流意识形态教育过程中，更要深度开发和系统整合校园文化建设资源。

（三）坚持以活动创新带动校园文化建设

高校校园文化活动必须注重思想性与艺术性的统一，通过寓教于乐的方法，以大学生喜闻乐见的形式开展各项活动。一方面，不要流于形式，过分追求娱乐效果，忽视“主旋律”弘扬；另一方面，不能空洞说教，忽视活动效果。既要注意活动的思想性、教育性，又要积极探索新形式，创新活动方法。广泛利用校外空间，争取社会各方面的支持，拓宽活动开展所需资源条件。加强学校同社区、企业、部队、博物馆等单位的联系，将周边丰富的教育资源融入校园文化，让大学生在活生生的生活中解决实际的政治、思想和道德问题，促进主流意识形态教育目标的实现。

第八章　大数据时代大学生思想政治教育的措施机制

第一节　大数据时代大学生思想政治教育的措施

明确了大数据给高校思想政治教育工作带来的机遇和挑战，也分析了大数据视野下国内外高校大学生思想政治教育工作的现状和存在的问题，这就给我们寻找应对大数据视野下的大学生思想政治教育措施提供了充分的帮助和支持。抓住大数据背景下的机遇，主动地迎接挑战，利用大数据技术，趋利避害，建立适应大数据时代发展要求的思想政治教育，争取思想政治教育的主动权，拓展大数据时代思想政治教育的有效途径，以取得高校大学生思想政治教育工作的更大进步与成效。

一、完善大数据管理体制，营造健康的大数据环境

（一）法律约束

《中共中央国务院关于加强和改进思想政治工作的若干意见》中明确指出："要抓紧建立健全有关的法律法规和制度，依法加强对社会生活各方面的管理，把我们倡导的思想道德原则融于科学有效的社会管理之中，使自律与他律、内在约束与外在约束有机地结合起来。"

法律约束是指依照国家制定的法规的法律效力，对社会人的行为产生的制约机能，它是加强管理机制的一种重要手段。法规中的法律、法令、条例和规定等，一经依法成立，都具有法律约束力，由国家强制力所保障。思想政治教育功能的发挥，必须以资源作为供应并提供动力。法律的作用可以分为规范作用和社会作用，规范作用是从法律调整人们行为的社会规范这一角度提出来的，而社会作用是从法律在社会生活中要实现一种目的的角度来认识的。法律作为高校思想政治教育的重要资源，对思想政治教育有着重要的保障作用。通过法律手段，可以更加彻底地开发思想政治教育的资源，可以提高教育者和受教育者对思想政治教育的本质性认识，进而有利于思想政治教育实践的资源获取和开发，提高对思想政治教育本质属性的正确认识，获取社会广泛认同，提高思想政治教育的有效性。

随着大数据技术的不断发展，我国社会发生了翻天覆地的变化，在高校领域个人主义、拜金主义、享乐主义等负能量有滋生、泛滥之势，这些不良信息对大学生的思想、道德、政治觉悟和价值观形成产生了负面影响，更有甚者，在不良信息的唆使下，个别大学生被狭隘的眼前利益所驱使，铤而走险，走上了违法犯罪的道路，给自己人生、家庭和社会造成了极大的伤害。在如此严峻的形势下，高校思想政治教育的最原始的灌输和说服所产生的力量和效果都显得比较羸弱，只有依靠法治的力量，再强化以思想上的教育，双管同步齐下，才能抵御和澄清大学生认识和思想上的混乱，有助于弥补思政教育依靠说教等方式带来的执行力弱的缺点，促进高校思想政治教育的顺利开展。

法律约束与思想政治教育是一种相辅相成的关系，其在引导人的行为和维护社会发展上，两者相互作用，相互补充，彼此支持。高校思想政治教育比较强调潜移默化，强调“觉悟”的作用，是一种以“号召”为其主要特征的影响过程。在通常情况下，高校思想政治教育具有明显的有效性，这种有效性融入大部分受教育个体中，但是对缺乏道德自觉和追求的人就很难起作用。法律则不同，它不仅能通过具有强制力的法律手段惩罚那些具有道德不轨的人，保障道德规范的实现，还可通过授予荣誉称号、表彰、晋级等法律手段，鼓励人们的道德追求，对于提高思想政治教育实效性大有裨益。

政府立法与学校法规同行。通过政府的立法，可以规范大数据的行为，净化大数据环境，对于不文明、有伤道德的行为做出教育甚至惩戒，引导大学生能够健康、合理合法地利用大数据。当然，单纯的政府立法是不够的，由于高校是社会和历史的一部分，不同的高校都有自己不同的传统和实际，所以在进行立法“一刀切”管理的同时，各所高校还应该因“校”制宜，不失时机地制定大数据管理条例和行为准则，用以规范高校思想政治教育工作。通过以政府立法为主，高校配套相关规定为辅，就能够全方位构建起高校思想政治教育的法律屏障。

坚持团结稳定鼓劲、正面宣传为主，是宣传思想工作必须遵循的重要方针。这为高校的思想政治教育工作与舆论宣传工作指明了方向，积极宣传政府法律，普及法律意识，让法治观念深入人心是高校思想政治工作者的责任和义务。在进行思想政治教育的过程中只有做到有法可依、有法必依，才能有效净化大数据环境，避免大学生因为网络使用不当而出现的违规违纪现象的发生。在面对一些不文明行为或发现一些不良信息通过网络传播的时候，高校应该占领“舆论”制高点，利用法律武器，通过必要途径对不良信息实行有效管制和封堵，坚决杜绝不良信息和不良现象的传播与扩散，净化网络空间环境，为大学生成长成才和树立正确的人生观、价值观提供有效的法律保证。

（二）行政约束

行政约束行为，是指相关部门为保障社会和他人的安全对具有某种可能危害社会、他人或本人安全情形的自然人所采取的短时间限制其人身自由的行政措施。十年树木，百年树人。培养出全面健康发展的为社会所需要的优秀人才，既是国家对人才的需要，又是高校的光荣使命。随着大数据技术的发展，现实生活中有许多不良风气侵蚀着大学生的思想，这些不良风气一方面影响着大学生科学的人生观、世界观与价值观的形成，另一方面阻碍了高校全面、健康、稳定发展的步伐。因此，高校要运用一定的行政手段、行政措施来约束规范大学生的行为，并以此来协调大学生与大学生、大学生与高校、大学生与社会之间的关系，以确保大学生养成良好的思想道德品质和行为习惯。

大数据技术的发展，使得高校思想政治教育工作的复杂性和艰巨性增加。在思想政治教育过程中，高校要建立健全突发事件应急管理机制，务必做到组织机构健全，人员定岗定位，责任分工明确，只有未雨绸缪，才能最大限度地预防、管控危机，维护高校正常的教学秩序和生活秩序，保持校园稳定。

高校采取行政手段一个很重要的方面就是担负起监控校园舆情的重要任务。这项工作的主要负责人应该是高校从事思想政治教育的行政管理人员，这要求对学校舆情的监控，能够实现在第一时间准确地把握学生心理动态，防止群体性事件的发生，务必将一些危机事件的苗头消灭在“摇篮”之中。应对与遏制不良信息的泛滥传播任重而道远，具体来说有以下几方面。

首先，建立高校舆情危机事件应急处理小组。大数据使人们在一个非常自由的环境下接收和传播信息，有用与无用的、正确与错误的、先进与落后的各种信息充斥大学生周围，对此要有清醒的认识，如果处理得不好，就会使学生的是非观念模糊，社会责任感弱化，极易导致学校和社会政治的不稳定，从而增加了高校思想政治工作监管的复杂性和艰巨性。鉴于高校大学生心理发展还处在不够成熟的阶段，在各种信息的撼动下，心理素质显得捉襟见肘，加之从众心理也比较普遍，很难理性地去处理一些敏感话题或者热点问题，容易导致事态的不可控发展，造成极坏的影响。高校通过建立舆情危机事件处理小组、制订校园舆情应急预案、建立大学生心理档案等措施，在面临应急事件时，能够在第一时间启动应急处理方案，对事发大学生进行疏通和引导。在事件还未爆发之前，要通过相应的思想政治教育网站和论坛，发布权威和正确的信息，在还原事件真相的同时，能够让大学生了解事态变化，稳定大学生情绪，稳定校园环境。同时，要借助社交媒体了解大学生思想动态发展，引导大学生正确地处理敏感事件，净化大数据环境。应急小组成员的筛选过程一定要本着慎重、认真的态度，选择高校中那些政治性强、思维清晰、处理事情理性的学生干部和学生党员。高校突发事件的发生发展是一个渐变过程，高校要提高应急组织机构人员的危机传播管理意识，确保信息系统的畅通及时有效，加强管理人员的危机传播管理知识教育和系统培训。同时，建立健全组织体系，达到人员管理的常态化，这是高校行政干预的保障。

其次，高校要建立舆情监督机构。所谓监督，指的是及时发现和纠正计划执行进程中的偏差和错误。面对高校舆情，要制定必要的规章制度，明确各个岗位人员的职责，建立健全岗位责任制，并定期或不定期进行检查，从中发现各种矛盾，找出原因，及时采取措施予以纠正。监督也包括对教育、教学过程的监督，这个监督，不一定就是监督人和考核人，还包括对计划、制度本身正确与错误的检验和调整。监督的主要手段有检查、评比、总结、考核、教育和鼓励。为了及时发现问题，解决问题，少受损失，必须建立灵敏的、准确的、有力的反馈信息系统。对于利用媒体所发布的信息，高校舆情监督机构应该进行细致严谨的审核，加强有效信息的过滤整合，在有限的范围内加强内容的实效性，提升每一条信息的质量和价值。这种舆情监督机构的建构，一定要明确人员分工，对于送审流程进行细致的规范，提高审核效率，确保出现问题后能够及时反馈，有效改正，强化审核制度的执行力。

第三，发挥学生干部以及学生党员的主体性作用。学生干部以及学生党员在信息的传播、扩散过程中起着非常重要的作用，也是信息能否有效传播的重要一环，高校可以通过必要的行政手段，培养一支思想先进的学生干部以及学生党员队伍，通过发布符合主流意识形态的相关信息，与大学生进行沟通和疏通，防止某些机构或个人利用敏感事件造成社会动乱。高校的思想政治教育工作不能够一味地消极防守，也要适时地主动出击，把握话语权。这个过程中，还要不断强化这支队伍：一要增强学生党员干部的主体意识，二要提高学生党员干部的思想政治素养，三要搭建学生党员干部的活动平台。

教育过程中高校思想政治教育与行政管理是相辅相成、互相促进的统一的有机体，思想教育是行政管理的基础，而行政管理又是做好思想政治工作的有力手段。没有行政管理的思想教育是软弱无力的思想教育，没有思想教育的管理是盲目的管理；行政管理既代表学生的根本愿望和利益，也代表学校的意志和要求。行政管理带有强制性，它是建立在合情、合理、合法的基础上，没有合理的行政管理，即使思想政治教育有些成效，也难以持久。思想政治工作加强了行政管理的力度和作用，行政管理又巩固了思想政治工作的成果，所以说，行政管理也是思想教育的一种形式，思想政治教育也是管理手段，二者相得益彰。

二、打造一支优秀的思想政治教育工作者队伍

《教育部关于加强高等学校辅导员班主任队伍建设的意见》强调指出：“辅导员、班主任是高等学校教师队伍的重要组成部分，是高等学校从事德育工作，开展大学生思想政治教育的骨干力量，是大学生健康成长的指导者和引路人。加强辅导员、班主任队伍建设，是加强和改进大学生思想政治教育和维护高校稳定的重要组织保证和长效机制，对于全面贯彻党的教育方针，把大学生思想政治教育的各项任务落到实处，具有十分重要的意义。要从战略和全局的高度，充分认识新形势下加强辅导员、班主任队伍建设的特殊重要性和紧迫性。”

高校思想政治教育工作者作为大学生日常思想政治教育的基层指挥员，大学生健康成长的人生导师、知心朋友，是加强和改进大学生思想政治教育的中坚骨干。为此，高校应该不断健全和完善高校思政工作者队伍建设机制，精心打造高素质的高校思政工作队伍，为加强大学生思想政治教育提供坚强的组织保证。

大数据时代背景下，面对信息全球化的浪潮，高校必须以开放的心态高度重视互联网的信息传递手段。大数据时代，随着网络的普及，高校思想政治工作者一是要在观念上摆正态度，紧随大数据时代要求，掌握大数据时代的特点和传播方式，认真研究高校学生的思想动态、心理变化及对高校大学生思想政治、道德素质的要求。二是高校思政教育工作者用积极开放的心态对待网络，认识网络带来的机遇和挑战，进一步增强用马克思主义占领高校思想文化网络阵地的政治意识，有效利用网络载体，积极推进高校思想政治教育进驻网络的工作。三是高校思政教育工作者积极学习大数据技术，明确思想政治教育者“定位”，发挥职位职能，积极做好校园网络监管与监控工作。四是高校思政教育工作者应该不断提高创新意识，不断探索，做到与时俱进。

（一）更新观念，明确大数据定位，用开放的心态对待新媒体

大数据时代的信息传输载体是新媒体，传统主流媒体尤其是极具强势地位的机关报、电台、电视台一直充当着舆论监督的领头羊。然而，随着社会转型期的到来和大数据技术的发展，传统主流媒体舆论监督的强势地位受到网络等新媒体的挑战，从舆论监督的引领者变为新媒体的跟随者。新媒体技术在教学中扮演着不同的角色。一是工具角色，作为一种教学工作实现的方式，新媒体技术能够为传统的教学课堂提供新颖的软件和硬件的配合，通过新媒体的使用，达到提升课堂效果、渲染课堂氛围、增加课堂感染力的效果；二是教师角色，利用新媒体技术手段，课堂的课前准备实现了人机结合，教师可以将系统知识借助新媒体得以实现，为学生做好提前备课；三是学生角色，人机互动是新媒体的特色，新媒体的交互性使得学生可以借助新媒体完成学习任务，成为学生学习的“知心朋友和协作者”。所以，掌握了新媒体技术便可以掌握思想政治教育过程中的诸种角色。

作为高校思想政治的教育者，在大数据时代，要善待新媒体。新媒体以其独特于传统媒体的优势，在诸多方面都有所体现。一方面，新媒体作为一种形式新颖的传播工具，可以开拓高校思想政治教育的平台，具有其他载体不可替代的作用。高校思政教育工作者可以此为载体，开辟思政工作新途径；另一方面，新媒体可以更加便捷地、全方位地了解大学生的心理状态，在高校思想政治教育过程发挥着“知已知彼”的作用。高校思政教育工作者可以此全方位解读大学生心理发展历程，有效制定和完善大学生心理疏导与教育工作的新举措。

大数据背景下，高校思想政治教育者要善用新媒体，必须深刻理解和准确把握大数据的功能和规律，积极吸收和利用大数据的特点，做到因势利导，使其更好地服务高校。一方面，高校思政工作者要重视大数据在信息传播中的地位，拥有“亲口尝梨知酸甜，亲身下河知深浅”的心态，借助大数据工具创新工作方式、方法；另一方面，高校各部门在利用大数据手段上进入全方位多元化的领域，高校思想政治教育者决不能仅把自已看作大数据手段和宣传领域的一个发布者和参与者，更要把自己摆在一个思想潮流引领者的位置。只有这样，我们才能成为宣传领域的积极参与者和优秀教育者。

（二）积极学习大数据技术，明确思想政治教育者职责，积极发挥职能作用

所谓高校思政教育工作者的“角色定位”，就是高校思想政治教育者在高校和大学生的学习生活中所扮演的角色和发挥的作用。高校辅导员、班主任构成了高校思想政治教育工作者的两大重要角色。辅导员制度是目前高校普遍采取的一种学生管理制度。新生入学时，从高年级优秀教师中挑选专职或兼职人员担任学生的辅导员，从事学生的思想政治教育、学生管理以及学生党团建设等方面的工作。辅导员的角色定位，概括起来就是“双重身份，亦师亦友”，辅导员既是课程的教授者，又是学生的管理者，具有“学术”和“行政”两种身份；在处理与学生的关系时，他们既是教师，又是朋友；对于大学生而言，辅导员就像是引导者、规划者、思想者，引导大学生正确发展，规划大学生生活过程，为大学生提供丰富的精神食粮。高校辅导员将思想政治教育融入日常工作中去，引导大学生正确认识和理解马克思主义，引导大学生用发展着的马克思主义眼光去认识和理解当代中国的发展以及发展过程中遇到的各种困难，不断增强大学生对马克思主义的信仰、不断增强对社会主义和共产主义的信念，引导大学生树立正确的世界观、人生观和价值观。班主任制度也是普遍采用的一种学生管理制度。班主任是学校中全面负责一个班学生的思想、学习、健康和生活等工作的教师，是一个班的组织者、领导者和教育者，也是一个班教育工作的协调者。孔子曰：“其身正，不令自行；其身不正，虽令不行。”班主任的职业特点决定了其理应成为学生的道德楷模，其举手投足都要对学生起到表率作用。班主任的角色定位是班级学生的教育者和组织者，是学生思想、学习、生活的指导者，把教书和育人两项职能有机地结合起来。

所谓“职责定位”，就是高校思想政治教育者在大学生思想政治教育工作中所应承担的具体职责。《普通高等学校辅导员队伍建设规定》中明确提出了辅导员在政治、道德、稳定、就业、助困、班级、活动和组织八大方面的主要工作职责，辅导员应侧重学生的思想辅导和日常管理、服务；班主任应侧重学生的学习指导。一支优秀的思想政治教育队伍，不但在思想上要过硬，而且要善于学习和利用大数据技术，将不断更新的大数据技术与思想政治教育结合起来，创造出内容丰富生动、形式多样的思想政治教育内容，适应新时期大学生思想政治教育的要求。

（三）完善自身心理素质，提高创新意识，不断探索，与时俱进

高校思想政治教育工作者的素质包括思想道德素质、科学文化素质、法纪素质、审美素质、身体素质和心理素质等，而心理素质是思想政治教育者素质的核心，在整个素质系统中处于重要地位。良好的心理状态，有助于高校思想政治教育工作者进行思政教育。

社会进步需要创新，高校的发展也需要创新。创新意识、创新精神构成了事业开拓奋进的基石，时刻保持创新意识、时时拥有创新精神、处处体现创新信念，这将是我们与时俱进的思想引擎。创新是一个民族进步的灵魂，是一个国家兴旺发达的不竭动力，也是一个政党永葆生机的源泉。大数据时代的高校思想政治教育工作者必须具备创新意识，所谓的创新意识包括高校思想政治教育观念创新、工作方法创新、宣传途径创新和应对对策创新等。

高校思想政治教育工作者必须紧紧把握“创新”走“与时俱进”之路，这个过程中必须做到两点：一方面，要牢固树立“以生为本”“为爱付出”的观念，“没有爱就没有教育”。爱既是一种教育手段，也是一种巨大的教育力量；既是对学生应有的崇高感情，又是对学生高度负责的体现。在对学生进行教育过程中，要把学生当作各项活动的最高主体，工作应做到心到、口到、眼到、腿到。另一方面，要坚持“育人为本、德育为先”，把思想政治教育摆在首要位置，要牢固树立“改革创新”的观念。一是要求高校思政教育工作者应该从学生的内在需求和社会需求出发，引导学生把个人成才目标和学校的教育目标结合起来，为学生的成人、成才、成功尽最大可能创造条件。二是要从根本上增强思想政治工作的有效性，做到“有破有立”，要对现有的思想政治教育体系从理论到内容、从方法到手段进行一系列的改革创新。

大数据技术的发展给高校思想政治教育所带来的新情况、新问题需要我们做出新的概括和解释，这不仅是时代赋予高校思想政治教育工作者的新使命，也是创新和发展思想政治教育理论的新机遇。

三、重视高校思想政治教育“网上”建设，开辟新的思想政治教育舞台

大数据时代背景下，“网上”思政建设变得异常重要。高校思想政治教育网站是做好大学生思想政治工作的重要阵地，是使网络成为弘扬主旋律、开展思想政治教育的重要手段。

为了提高网络环境下思想政治教育的主动性、有效性、长效性，必须建立一批具有活力的、能够起到示范作用的思想政治教育专业网站，通过建立各种不同层次的专业思想政治教育网站和强大的思想政治教育信息库以及相应的实用软件，构建起思想政治工作的网络体系。高校的“网上”政治教育还应该从以下几方面入手。一是队伍建设。教育者是影响网络思想政治教育实效性的主导因素。要加大培训力度，不断提高综合素质，整合资源，建设一支包括思想政治教育理论研究者、思想政治理论课教师、学生党员骨干等在内的专兼职结合的稳定队伍。二是要准确定位。准确定位是正确安排网站内容，赋予其相应功能，发挥应有成效的基本前提。网站是利用现代先进的信息网络手段拓展思想政治教育的空间和渠道，要努力使网站成为集舆论宣传和提升素质于一体，成为服务大学生成才成长的平台。三是要优化内容。首先要加强思想性，提高渗透力，使网站朝着积极、健康、向上的方向发展，更好地促进社会的和谐与进步；其次要加强知识性，提高吸引力，高校应该积极挖掘其思想政治教育内涵，把网上的虚拟和网下的真实有机地结合起来，形成网上网下育人合力，从而激发大学生思想政治教育学习的兴趣；再次要加强服务性，提高凝聚力。思想政治工作应从实际出发，与解决实际问题结合起来。网站建设要为学生提供服务，形成教育学生的平台，提高思想政治学习的凝聚力。四是要加强交互性，提高亲和

力。网站的交互性功能使得思想政治教育从说教的方式转变为对话的方式，在这种双向互动过程中，大学生的平等角色和主体地位得到体现，这会极大地吸引和提高大学生的参与意识。

四、教育大学生自律自控，积极发挥学生组织作用，提高正确运用网络的能力

教育部在《关于加强高等学校思想政治教育进网络工作的若干意见》中指出："进一步健全有关管理办法，加强对上网师生的自律教育。各高校要进一步建立和完善有关规章制度，规范网络运作，加强对局域网、校园网的管理，加强对免费个人主页及其链接的审查，落实实名注册登记，并通过必要的技术、行政、法律等手段，阻止各类不良信息进入校园。要将管理和教育结合起来，自律与他律结合起来，通过各种形式，增强师生上网的法制意识、责任意识、政治意识、自律意识和安全意识，培养健全人格和高尚情操，树立良好的网络道德，自觉构筑抵制不良冲击的'防火墙'。"自律是在没有人现场监督的情况下，通过自己要求自己，变被动为主动，自觉地遵循法度，拿它来约束自己的一言一行。自律并不是让一大堆规章制度来层层地束缚自己，而是用自律的行动创造一种井然的秩序，来为我们的学习生活争取更大的自由。自律在高校思想政治教育过程中具有积极的意义。

高校大学生做到自律应该从以下几方面入手。一是强化自我责任意识，让大学生明白"没有规矩不成方圆"的道理，增强大学生的责任意识、规矩意识，让大学生明白必须对言论肩负责任，增加大学生的责任感。二是通过实践教育，提高判断力，通过设身处地的实践，了解事件所表达出来的深层次真相，提高自己的判断水平和明辨是非的能力。三是要积极提高自己的道德水准。"流言止于智者"，只有自身形成抵抗负面信息的能力，才能在大数据时代独树一帜，洁身自好。大学生在信息的传播过程中，不传播淫秽、暴力、反动的信息，杜绝利用大数据技术侵害他人利益的行为，培养自己健全的人格。

高校学生组织是高校思想政治教育的重要渠道。随着网络技术的不断进步，随着教育体制改革的不断深入，大学生学习、生活方式出现新的变化，参与学生组织，参与学校活动，成为学生丰富校园生活、培养兴趣爱好、增加交友范围、丰富课余生活的重要方式。大学生组织日益成为高校中具有影响力的群体，日益成为学生思想政治教育工作的一个重要途径和渠道。《中共中央国务院关于进一步加强和改进大学生思想政治教育的意见》（中发〔2004〕16号）指出，学生组织是加强大学生思想政治教育的一个重要环节，这充分说明高校学生组织已经成为学生思想政治教育工作的一块重要阵地。高校思想政治教育应该努力做到发挥学生组织的团队作用，积极利用大数据手段，开展思政教育活动。例如，可以定期地利用学生组织开展相关的思想政治教育活动，定期组织学生参观彰显社会正能量的场所等。

第二节　大数据时代大学生思想政治教育的机制

大数据时代的到来，传统的思想政治教育机制已经不能完全适应新的时代要求，构建符合大数据时代特征的大学生思想政治教育机制成为必然。大数据时代的大学生思想政治教育机制的构建，必须符合大数据的特征，体现大数据的价值，能够使大数据在大学生思想政治教育中发挥潜在作用。

一、预测预警机制

（一）预测预警机制的内容

大学生思想政治教育不是孤立封闭的“院墙教育”，它必然会受到现实社会和网络社会各种因素的影响和制约。因此，大学生思想政治教育，必须考虑社会环境，包括现实社会和网络社会的影响因素，并有针对性地构建和完善相应的预测预警机制。

大数据时代的大学生思想政治教育预测预警机制是指高校在收集到的与学生思想政治相关的海量数据的基础上，通过数据挖掘、分析、处理等技术手段，对与大学生思想政治有关的思想动态、言论、立场、行为趋向等因素进行客观、科学的评估，及时做出预测，并依据一定的程度发布不同等级的教育预警信息，采取必要而有效的教育行动和措施。

这就需要构建大学生思想政治预测预警的指标体系，包括大学生意识指标、生活指标和关系指标。

大学生的思想政治意识指标主要包括以下几方面：①要了解大学生对日常生活中风俗习惯等情况的把握程度；②了解大学生对社会行为是非、善恶的判断尺度的把握情况，这是其行为基本准则的反映；③了解大学生对有关思想政治概念、范畴的认识与把握程度，从而判断其思想政治知识水平；④了解大学生对思想政治事件的认识与看法，把握其思维的特点；⑤了解大学生在典型现象与事件上表现出的心理感受和特点，把握其思想政治水平；⑥了解大学生对社会普遍遵循的思想政治规范形成的信仰状况；⑦了解大学生为实现一定思想政治目的，克服困难的决心和毅力；⑧了解大学生对高尚思想政治境界的追求和向往情况。

大学生思想政治生活指标则包括以下方面：①了解大学生在面对多种冲突的行为、观念而需要做出抉择时，所经历的内心斗争和心理活动；②了解大学生对各种思想政治行为的对错与否进行的评价活动；③了解大学生积极自发地通过学习与锻炼，不断提升自身思想政治境界的活动。大学生思想政治关系指标主要包括：人与人的关系以及人与社会的关系，了解大学生在社会行为中与他人通过交往形成的关系如何、与整个社会结成的关系如何，从而把握其思想政治境况。

（二）预测预警机制中的大数据分析原理

小数据时代，由于缺乏获取全体样本的手段，只有通过随机调研的方式把握，这样一来，样本的抽取越随机，就越能把握问题的真实状况，但这种方式实现起来难度太大，不仅代价极高，而且耗费时间。云计算和数据库能够帮助获取更为全面的样本数据，实现起来就简单多了。过去使用抽样的方法，需要在具体运算上非常精确，时间代价非常高。到了大数据时代，在保证不放大偏差的前提下，以最快的速度把握整个轮廓和发展脉络就比精确的计算更为重要，而且大数据不是利用逻辑推理方法，而是充分利用相关性分析，所谓“相关性”是指两个及两个以上变量的取值之间的本质联系。通过“相关分析”可以发掘数据集里隐藏的关联网，而反映相关性则通过支持度、可信度、兴趣度等参数。通过发掘两个及以上数据集之间的数理关系，通过某一个现象的关联物的发现进而建立相关关系，在此基础上实现对当下的把握以及对未来的预见。传统的数据处理方法是通过建立抽象的理论模型来完成预测以及模型修正的，与之不同的是，大数据的相关分析是采用全样本分析，能够不受偏见的影响，从而避免偏差出现。在大数据预测结果的基础上，决策者可以对大学生的思想政治状况准确进行预警，为高校相关部门提供参考，通过迅速及时的反应，有效防止发生大学生道德危机。

（三）预测预警机制的实践

大数据的运用可以说非常广泛，不仅可以广泛用在教务管理、科研规划等业务层面的宏观规划、预测之中，还可以在学生个体思想政治危机这一微观层面发挥积极作用，其微观层面的作用主要通过对单个学生的需求进行评估和判断，以及时发现问题并处理。例如，可以根据校园一卡通的消费数据来把握不同学生的经济情况，如果一个同学家庭比较困难，那么长期来看他的一卡通消费肯定会表现出省吃俭用的特点，这就需要教育者给予足够重视，通过学校资助系统对其生活困难问题进行有效解决，这既是以人为本的应有之义，也是避免心理危机和思想政治问题的先手棋。此外，还可以根据各个学期学习成绩的变化，把握学生学习波动情况，及时跟进，分析学生学习方面的变化是否由于心理或思想问题引起。有些学校还通过大数据的采集、处理和分析，对学生行为特征、招生与就业情况、教育质量以及舆情等其他各领域问题进行分析。

大数据时代，传统图书馆也面临着冲击，大数据可通过对数据的分析和挖掘，对云服务端存储的各种数据进行把握，分析学生的借阅习惯和偏好，通过对学生需求的预测，帮助图书馆管理人员科学决策。同时，大数据的分析还可以帮助教育者利用智能决策等技术为图书馆建立科学及实用的风险评估模型，如数据图书馆馆藏信息安全评估模型，其主要优势是根据对软硬件资源、网络资源、信息资源、服务资源及知识资源等的分析状况，对可能出现的故障进行预测，提前做好预防，避免遭受信息攻击和信息泄露。

二、数据化管理机制

（一）数据化管理机制的内容

1. 教育资源的数据化处理

数据存储以及计算的问题是一大难题，但是云计算很好地进行了解决，因此各高校为了提高教育资源的利用率，都在大力建设以云为中心的教育教学环境。大数据时代提出了一种全新的教育资源分析方法，就是利用内存检索技术、数据实时反应技术等 Hadoop 技术，构建一个基于云计算的大数据信息处理平台，对数据进行基于 MapReduce 编程的模型管理，使数据分析效率得到大大提高。其工作原理是，首先收集各种碎片数据，主要是学生信息数据、教室信息数据、基础信息数据、学习信息数据、搜索信息数据等教育信息资源，然后过滤碎片数据，将连续的、低信息粒度的数据提炼出来之后形成优质数据，然后交于上层并进行数据分析，通过这个数据处理平台就可以对学生的学习行为、协作能力、课后行为和娱乐行为进行分析，然后运用分类算法、回归算法、聚合算法等数据挖掘算法，挖掘已经进行了数据分析之后的数据，以找出数据背后隐藏的有价值的信息，为做决策提供参考，如给学生提出最适合他们的指导意见。此外，还可以通过数据分析来评估教师当前的教学效果以及学生的学习效果，预测未来的教与学的效果，在对预测结果进行分析、挖掘之后，给师生提出最佳策略。可以说，在大数据时代对数据的挖掘依然是结合云计算，采用数据挖掘技术对教育资源进行挖掘之后，揭示隐藏的但又确实对教师和学生非常有价值的信息，并以此提出预警和指导。

2. 教育资源的数据化服务

高校资源服务随着云计算和大数据技术的兴起以及师生对知识需求的变化而得以变化，如高校教育资源的服务方式、模式、途径变化就非常典型。未来的高校将通过数据的汇聚、过滤、分析和挖掘等操作为教师、学生提供服务，因此这些服务将更具针对性。首先，在大数据的背景下，师生只需要关注其最终结果而不必知道其原因。高校数据处理中心只须运用大数据技术分析和挖掘各种碎片数据，以研判采取某种教学方式对教学效果或学习效果的影响，如果得到正反馈，那么决策者要做的就是决定是否要采用这种教学方式即可。其次，大数据时代下的资源服务将会更加主动，更加贴近师生的实际需求。当前，各高校在“智慧校园”的背景下纷纷整合资源系统，提高资源的应用效率，这样高校师生就可以尽可能地应用资源，同时也可以为资源平台建设、服务评价等交互式工作提供协助，而系统通过收集师生在平台上留下的“痕迹”，动态把握他们的资源需求，及时满足其个性化需求。因此，师生的认可度将得到极大提高，而资源中心也会因此增强主动服务的意识。

（二）数据化管理机制的作用

首先，对于高校管理者来说，数据化管理可以给高校管理者提供清晰的管理依据。数据化有助其理清管理思路，使工作目标化、制度化，减少人为过失，形成科学的管理行为。

其次，对于高校的教育工作来讲，数据在教育工作中无处不在，数据化促使教育者有条理地记录、分析、处理日常教育工作，养成良好的工作习惯，让高校的教学过程更具条理性，同时还可以让高校在数据的基础上做出决策，为高校管理方式、方法的改善与创新提供依据。

最后，对于高校发展来说，数据化管理有助于高校管理精细化，有助教育目标分解的细化和落实，让高校的发展改革规划能有效贯彻到每个环节并发挥作用。只要数据采集是真实、准确的，相关的数据研究和分析就会有说服力，从而有利于决策者做出最优的判断，制订最科学的发展规划，优化工作流程，建立数据标准，改善教育结构，助推高校的改革和发展。

三、开放性机制

（一）政府的数据资源开放机制

想要对所有的数据资源进行整合，必须是建立在数据公开的基础之上的。政府作为数据资源的掌控者，所谓的数据开放，就是指政府将各种生活、社会、国情等数据资源向公众公开，这样有助于政府对信息及数据资源进行有效利用，有助于政府在国家的管理方面更为有序、细致，也有助于增强政府科学决策的能力。

（二）高校的数据资源开放机制

随着经济及科技的发展，21 世纪注定是信息数据膨胀、知识需求不断加大的时代，所有的进步与发展都离不开知识的支持，而大数据、云计算以及互联网必定会是教育改革的重要推动力量。近年来，在知识的传播方面，教育的有关资源经历了逐渐公开的过程，这在以前是不敢想象的。我们相信，未来的教育模式必将颠覆传统，网络教学成为主流，教育资源丰富多彩，学习者可以针对自身需要进行选择性学习，教育不再有年龄的界限。教育突破了距离的界限，教育不只局限于学校等。

经过长期的建设，在现阶段，我国的高校信息化基础设施建设已经取得了良好的成果，建立起了以“人、财、物”为主要核心的业务系统，但是由于我国的历史原因和教育行业的特殊性，导致这些业务系统并不是在同一时间、同一环境背景下建成的，甚至在开发语言和后台的数据库中都是完全不同的，因此这些数据都是分散、重复、相对孤立的。这一情况正是现在各高校所持有数据的现状，但是随着社会的快速发展，高校的业务开展对数据的依赖程度越来越高。随着各种业务系统与数据需求的不断增加，系统间的数据共享与交换的需求也越来越突出，不同系统之间要实现数据的交互需要传统的 Excel 表来导入和导出，这种方法不仅烦琐而且容易出错，不能很好地保证其准确性。要做好数据资源的开放与共享首先必须将所有的高校数据资源进行整合，确定需要整合的资源类型，在考虑业务变化的同时也要同时考虑到未来数据应用的趋势，了解学校未来的发展方向及在信息化、数据化建设过程中的定位，这样才能做到有效整合，随后将集成后的数据库作为中心节点，不同的业务系统的工作都围绕中心节点开展，从数据的集成到数据库的建成等方面全面加强，最后从数据库的集成中心下发到公共数据库中为大家所用。所以，数据集成平台在“智慧校园”的建设中有着重要的作用，这一部分是所有系统的信息传输、信息交换的总线。通过数据的集成平台来实现数据的及时交互与传输，按照学校业务系统的需求将所需的数据分发到各自的业务子系统中，从而实现业务的综合管理。作为当前高校各类数据整合的中心，公共数据库也是高校数据云服务平台的运营中心，其内容主要包括：教育部、信息产业部等行业标准在内的标准模型，公共标准及能够满足教学管理执行的标准模型，教师、学生、教学管理、领导机制、师资队伍、培养模式等在内的全部数据模型。在公共数据库、历史数据库与数据仓库的基础上，学校能够按照实际的业务工作需求，建立起相应的数据综合查询、统计分析、决策支持等功能，为学校的用户提供综合性的数据服务。例如，为师生提供基本信息查询服务，为院系、部门的工作人员提供本部门的信息查询服务，为院系、学校领导提供决策制定的辅助服务，这样就能让学校的不同用户对自身的基本信息情况有所了解，进而掌握学校的宏观整体情况。

四、评价机制

大学生思想政治教育评价机制是根据一定的评价标准，在系统收集资料和信息的基础上，对学校教育工作者的教学方法、教学效果与水平、学生的思想政治行为与基本情况进行评定的一种方式。通过评价机制能够较为全面整体地了解学校乃至社会的思想政治发展水平，对于学校思想政治教育目标的调整、教学方式的改进等都具有重要的意义。教育评价机制作为整个教育活动的一个关键环节，对教与学均具有导向性作用。

（一）评价机制的新要求

目前，各高校均积累了大量的教育数据，但是由于过量的冗余数据和数据的不一致，使得教育数据没有充分地发挥其优势作用，在教育决策与评价过程中无用武之地。在大数据时代，大学生思想政治教育评价需要运用多种评价指标，使多个评价主体对教育的全过程进行全方位和整体性的评价。在进行评价时涉及的内容包括学生学习情况，教师教育情况、研究情况等方面，通过对这些方面的数据进行积累和挖掘，提炼出有用的信息，从而对影响学生与教师正常发展的因素进行分析，提出有效提高教育效果的对策办法。但是，目前的教育评价体制在数据的综合使用方面都相对比较单纯，不能综合内部与外部的数据进行统一的分析，不能有效地抽取教育数据形成统一的格式。现阶段的教育评价技术其主要的缺点在于数据的多位分析，而数据仓库的出现对于消除冗余数据来说是非常有效的，通过这一技术能够将真正有用的数据信息保存下来，剔除那些冗余、无用的数据，在数据仓库中更加合理有效地处理数据。随着教育评价的主体更加多元化，不同的主体都希望从各自的角度来进行数据的分析，针对这一情况，现有的教育评价技术的效率其实是比较低下的，而通过数据挖掘技术进行的数据分析可以从多角度、多维度进行数据的查询与分析，将所需要的信息及时展现出来。数据仓库提供的联机分析处理工具，可以提供各种分析处理功能并将数据可视化，将教育评价的结果直观地提供给评价人员，评价人员也能够自主地选择需要研究的数据，不同的分析角度与分析结果可以让他们对数据的分析更加深入。

（二）评价机制的内容

大数据决策支持系统是建立在数据仓库基础上的，伴随着联机分析处理技术的发展而发展起来的，这种新系统可以解决原来旧有系统在处理过程中出现的问题。大数据决策支持系统还可以进行综合决策，它可以提出一整套的解决方案，这种解决方案也是运用了数据挖掘技术和联机分析处理技术。数据挖掘技术和联机分析处理技术能够多维度地对数据信息进行分析，通过建模将数据知识化，从而发挥其在影响空间和聚合空间中的重要作用。另外，数据仓库可以为联机的数据分析提供可靠有效的数据保障，为决策的制定提供科学合理的依据。正是由于这种内在的联系才能促使数据的挖掘与分析相互配合，为决策的制定提供坚实有效的技术保障。数据仓库以数据组织和存储为主，联机事务处理系统中的数据库能够提供大量的真实可靠的数据，可以促进决策的有效制定，而这些大量的真实可靠的数据正是建立数据仓库的物质基础。数据仓库对其中的事务性数据可以及时地提取、转换和综合，重新形成面向全局的数据库，为决策的制定系统提供有效的数据存储的组织环境，为决策的制定提供统一的数据模型。数据的联机分析一般多用于多维度的分析，通过多维分析快速有效地提取数据，为用户分析问题提供一种更加人性化与自然化的观察方式，从而全面系统地研究各种影响因素的本来面目，为决策的制定提供依据。

大数据时代，大学生思想政治教育评价机制的发展不仅表现在评价的过程中，而且在大学生通过信息化设备进行个性化发展上、大学生之间交互的思想政治活动中也比较明显。与学生思想政治活动有关的大数据在网络空间中随处可见，通过大数据技术方法的运用为大学生的个性化思想政治评价提供了可能。正是在这种评价的客观性与科学性的基础上，才能根据学生的特点判定出其思想政治活动状况和思想政治行为实施情况，使教育者能从中洞察学生的道德思维，相应地调整教育活动。

基于对教育大数据进行分析后产生的学生的个性化思想政治评价，主要包括：大学生学习思想政治知识的效果如何，这方面主要是对学生在学习之后取得的成绩、积累的思想政治知识结构和学习思想政治知识态度等方面的陈述性知识进行评价；大学生对思想政治概念掌握的情况如何，这方面主要是对学生思想政治概念的理解、能否正确使用、是否有深度认知等方面进行评价，因为如果教育没有考虑到学生之前已经掌握的知识，那么这些知识一般来说只能用来应付考试。只有学生从自身的角度意识到掌握思想政治概念的重要性这一问题，他们才会逐渐完成从知识的获得到知识结构的建构的变化。大学生对学习到的思想政治知识能否进行迁移，这方面主要是对学生的知识应用能力和迁移能力进行综合性评价，主要包括学生解决问题的能力和创造性思维的能力，通过对学生在复杂情况下解决问题的能力进行评估，来判断学生是否具有较高的解决问题的能力。对大学生的学习力进行评价，其评价指标主要是学生的心智，评价学生是否有更好的学习能力，评价内容包括学生的学习能力、学习动力与学习的毅力，在此评价的基础上为学生的自我导向与学习技能的获得提供参考借鉴。

（三）评价机制的功能

大学生的思想政治教育评价机制具有引导决策的功能。运用大数据技术对大学生各方面的具体信息进行科学的统计与分析，通过教育效果的评价找到教育工作中存在的不足与问题，指明今后教育工作应该改进的方向，从而为教育的决策提供科学合理的依据。

大学生的思想政治教育评价机制具有对大学生的思想政治行为进行鉴定的功能。运用大数据技术收集和处理的信息，通过教育反馈，可以使教育者更好地了解学生的思想政治意识水平、思想政治倾向等具体表现，这样就能对学生的行为、思想政治认知水平、思想政治行为进行科学的鉴定，从而引领大学生思想政治朝着正确的方向发展。

大学生的思想政治教育评价机制具有教学改革的指导功能。可以通过教育评价指标与结果的分析对改革教育进行指导，对指标体系中的权重比例进行分析研究，从而对教育改革起到指导的作用。

对大学生思想政治教育来说，主要是通过对思想政治教育的评价来对学生的道德水平进行评估，从而为大学生思想政治的进一步发展提供参考。所以，在道德评价的过程中，作为评价的主体不仅要客观公正，而且要认真细致，通过对思想政治评价结果的分析和梳理，对大学生的思想政治教育中遇到的问题进行分析，不断修正，改进思想政治教育方式，不断提高学生的思想政治水平，从而让学生在评价中不断提高，从评价中了解自我的不足与缺点，为大学生思想政治的健康发展明确方向。

大学生思想政治教育评价机制，在进行大数据的分析时也面临着各种挑战。首先，由于评价过程是综合了多种因素进行的，其本身包括非常复杂的内容，能否对这些因素进行科学的评价，在大数据背景下进行数据的分析是挑战之一。其次，数据的复杂性，从客观的角度来说，在学生的成长过程中能够对他们的成长产生影响的事件是很多的，怎样将这些事件梳理清楚也是一个巨大的挑战。再次，时间的长期性，由于在思想政治教育的过程中，要理清教育的规律是非常困难的，而那些成功的案例也不是能够百分百复制的，这就说明教育评价体系本身可能存在一定的缺陷。最后是交互性，从根本上来说，思想政治教育是一个相互交流的过程，在交互的过程中有可能会涉及个人隐私保护与内容收集方面的矛盾，这一挑战也是目前亟须解决的。

五、保障机制

未来，大数据必将从概念走向应用，从尝试走向普及，其价值也将得到逐渐认同。有着数据资源、人才资源优势的高校，应该建立大学生思想政治教育的保障机制，使大数据的分析和使用发挥其独特的优势。

（一）与大数据背景融合的教育环境的保障

大数据、云计算、智能终端共同形成了新的教育环境，不仅给大学生思想政治教育提供了前所未有的新的工具，也给高校的改革和发展带来了机遇，为大学生思想政治教育提供了新的动力。在未来的科技化社会中，将会实现万物相连，包括人与人、人与机器、机器与机器的连接。百度总裁曾经说过，在过去的30年中人们将物理的世界不断地数字化、虚拟化，将各种文字、音乐和视频都转换成数字的形式存储于计算机中，这些存储的信息又通过网络相连接，而在今后的30年我们的世界将会走向另一个方向，也就是要将数字构建的世界重新转换为物理世界。

在我国的高等院校中有着海量的大数据信息，我们站在学生的角度来分析可以发现，大数据包括学生的联系方式、生活住宿、饮食消费、学习娱乐、课外活动等各方面的信息；从老师的角度来说，大数据的信息包括老师的教学任务、教学课件、发表的论文专著、参与的科研项目等基本信息；从学校管理者的角度出发，可以发现大数据信息包括的内容有学校的资产、师资力量、招生就业信息等。随着新一代互联网技术的快速发展，高校中学生、教师与管理层所遇到的信息会越来越多，如各种社交信息、搜索信息等。从全国范围来看，很多国内一流高校都开始了大数据信息的收集与分析工作。

随着我国高校校园信息化的建设进程日益加快，伴随着新的业务和服务系统更容易出现新的“数据孤岛”，所以要建立起与大数据时代相匹配的教育大环境，从而保证在大数据时代高校的管理和运行能够更加科学合理。通过加强数据的标准化建设，在全校范围内推行统一编码，将数据整合与流通方面的潜在威胁排除。在业务管理工作中，可以通过学生入校后生活、学习主线的建立将学生的相关数据全部串联在一起，从而形成条理清晰的数据链；在教学资源方面，建立起知识化的资源管理模式，将不同类型的资源整合后进行统一管理；在网络行为方面，选择以数据化作为重点，建立起以“人”为核心的数据搜索和存储模式。我国高校需要对数据的变化情况加强关注，发现数据的变化规律。另外，由于传统的业务和服务系统一般只注重短期和实时的数据对业务工作的支持，而在数据的关联性方面较为缺乏，但是在同一条主线背景下的数据一般都能正确地反映出学生在某种特定条件下的变化与发展趋势，通过对这一数据背景的分析能够及时有效地发现问题，并针对这一问题提出具体的解决办法，从而优化服务与业务系统。在大数据的分析过程中，还需要对教育工作的思路与实践进行深入的理解，一般来说，最初级的数据挖掘工作只能解决大约四分之一的问题，而真正重要和核心的问题需要对数据进行细致的分析与研究后才能解决，这就要求高校数据的处理人员需要有专业的技能和较好的业务能力。我国高校应当注重对数据的分析与挖掘，从大数据中挖掘提炼出对学校发展有用的信息，为学校的决策提供依据。建立起大数据环境对高校的信息化建设有着非常重要的作用，同时也是高校在未来大数据时代发展的基础。在未来，大数据在高校的普及与应用将会进一步促进教育环境的完善，为高校的发展提供导向性的支持。

（二）与大数据特征切合的教育制度的保障

1. 加强顶层设计

在信息社会中，高校的信息化、数据化制度建设是一项长期系统的工程，这项工程的建设需要高校对各项业务进行系统整合，需要通过全校资源的调动才能完成。所以，现代高校的信息系统建设工作已经不是某一个独立的部门能够完成的，它的建设需要全校调动各项资源，从学校顶层开始进行设计，依次推动落实，需要全校各个系统积极参与和协调才能完成大数据在教育中的分析与应用。通过对全校有效资源的整合，建立起完整统一的职责职能体系，有力推动信息系统建设，做好大数据的处理与应用。

高校对大数据进行分析应用，首先需要从建设目标方面设计系统，其次在思想上足够重视，既不能影响学校本身的正常教学与管理工作，又要达到大数据时代的教育创新目的，这一过程涉及学校整体的管理、教学各项工作，需要做好系统的设计。在早期阶段，高校的信息化工作人员都有一种基本的认识，即所有的数据都是有用的，但是如何去用这些数据在当时并没有明确的路线。所以，在大数据的规划管理与分析应用中必须有早期的设计与规划。随着大数据时代的到来，高校在系统信息的规划建设过程中就需要加强系统性建设，确定有哪些类型的数据需要长期保存，哪些数据的使用年限可以缩短，哪些是重点数据需要进一步分析，哪些数据的质量必须有所保证。所以，数据的长期规划在高校信息系统的建设过程中是非常重要的。只有良好的数据管理制度才能在数据标准、数据积累、数据管理等方面建立起系统的网络体系，促进大数据时代的数据交流。数据只有在流转中才能体现其价值，而只有有价值的数据才能受到使用者的关注，这就要求数据的使用者主动去维护数据，保证数据的真实有效。信息化部门需要为高校不同层次的用户定制数据分析的层级，建立起“个人—院系—学校”的数据管理与运行制度，确保信息化发展的良性循环。

2. 确立数据交换与共享制度

长期以来，政府教育机构之间、政府教育机构与高校之间、不同高校之间、高校内各业务部门之间的数据一直处于相对独立状态，形成“信息孤岛”或“数据孤岛”，如与学生有关的思想政治教育、教务管理、学生的奖勤助贷、学生学习、学生心理、学生身体素质等有关方面，因为系统建设缺乏统一规划，采用不同的专业化管理软件，造成相关的管理信息系统和数据资源类型各异、来源不一，导致大量可共享的数据重复录入，缺乏教学活动、教育资源、教学管理、教学评价的有机整合，造成了教育工作效率的低下、相关数据利用率低等状况，一些急需此类数据的部门或教育者不能及时掌握这些信息和数据，不能提高教育的针对性。因此，教育部要求按照“两级建设、五级应用”的模式建立教育管理信息的数据交换与共享体系，这个体系的建设重点是国家教育管理核心业务信息系统以及省级业务系统，通过两级系统的建设，使得业务管理信息系统中的基础数据能够随时进行更新。建立数据交换和数据更新的安全认证，建立“省、市、校”多级审核备案机制，确保交换、更新的数据真实可靠。各级教育行政部门和学校依托核心系统和通用系统要按照向上级管理系统的数据标准回传数据。

3. 建立决策系统

在大数据时代，海量的数据都要通过信息管理系统来运行，而运营系统也正是为了提高工作效率、提高工作质量而设计开发出来的。虽然这种系统并不是主要为数据的分析而设计的，但在这一系统中，所有的业务过程都可以被记录下来形成数据存储起来，这些数据便于查询，所以运营系统一般采用关系型的数据库来存储数据，以便数据的查询与统计，在这一系统中主要用来进行信息转换的方式是形成报表。而大数据时代建立的决策分析一般都是建立在数据仓库的基础之上的，通过数据的挖掘、分析等方法来实现决策分析，这些业务系统都属于业务智能系统，用于提供决策的基础参考。在决策分析系统中，其中最主要的就是数据仓库、数据挖掘、数据交流与数据的可视化技术。数据仓库一般是作为决策分析的基础，通过对仓库中海量的数据进行分析，形成核心框架，形成多元数据存储中心。在大数据时代，数据都是来源于不同的信息系统，通过统一的格式与定义将这类信息经过清洗、转换等过程，加载到数据仓库中。实际上，数据仓库是大数据的资源集散地，在数据仓库中将数据资源进行集中，这样就能保证数据资源的价值。而数据的联系主要是指对数据进行透视性的探测，技术人员通过在后台建立起多种数据模型形成数据魔方，保证用户在前台使用时能够实现所需要数据的及时切换，从不同的维度开展数据分析，从而获取全面有效的数据。而数据的挖掘则主要指的是对数据资源的开发与利用，发现隐藏在数据仓库中的数据之间的关系、历史变化规律以及数据模型规律等，通过对这类数据进行分析来进行预测，做出决策。最终将繁杂、枯燥、难以理解的数据通过可视化的过程呈现给用户，让业务智能与风险决策成为人人都能够使用的工具。

4. 制定数据安全制度

一般来说，现实中的事物都有正反两面性，大数据技术同样如此，既有巨大的潜在价值，也有巨大的潜在风险。在现有的信息安全制度基础上，必须制定针对大数据的信息安全管理制度，提高应对风险的能力。在个人隐私方面，教育者首先可以通过对大数据的挖掘来找到其中的有用信息。教育者可以通过大数据的挖掘与分析来得到有关学生个人隐私的信息。因为在现代社会环境中，从政府部门的依法监管到网络公司、电信运营商的无形监督都无处不在，只要我们上网、上微信、打电话就不可能逃脱监控。比如任何人都可以通过分析其他人的网络行为，发现他们的想法，从而预测别人未来可能做出的行动。然而，通过现有的技术手段来应对大数据时代的信息安全，所起到的效果显然不是很好的。另外，教育者还可以通过对数据的分析来实现对学生的行为与动机的预测，其中就有可能会涉及司法公正与个人隐私的保护。在大数据时代，教育者可以通过对数据的分析和统计为教育的决策者提供科学的参考和依据，从而做出正确的决策。但是，如果过分依赖数据则会导致另一个极端，那就是被数据所统治。在大数据时代，开放的社会倡导数据的开放与共享，但是这一情况也会带来一定的风险，即数据的垄断。在数据的自身安全方面，涉及数据安全的密码学、信息安全计算、系统数据存储、终端确认、数据挖掘、数据来源与通道等，这些都具有很强的专业性。随着大数据的量不断增加，大数据信息的保护越来越重要，对数据存储的物理安全性的要求也会越来越高，这就对数据的容灾性提出了更高的要求。所以，在大数据时代，信息的安全防护需要从制度、法律、政策等方面进行变革和创新。

（三）大数据管理与运用的教育队伍的保障

当前，我国高等教育信息化在基础设施建设方面也就是硬件方面已经取得了较快发展，与信息技术相关的人才的培养正在飞速发展，关键技术的应用信息化标准建设也取得了明显的进展，高等教育数字化、信息化在总体水平上已经迈上了推广并普及的阶段。大数据时代背景下进行的高校信息化建设，在其实践当中所遇到的最大困境并不是来自技术层面，而是受到了掌握高技术人才队伍的限制。因此，越来越多的大学领导者已经达成了这样的共识，并且在全世界范围内积累了越来越多的成功经验来创建与大数据这个背景相适应的大学信息化管理体制：将战略规划逐步统一，共同建设教育资源并将资源进行共享，建立协调部门之间工作的机制，重组高校的管理体制使之更加高效能工作。其中，以CIO为领导的大数据管理与运用的教育队伍，成为大数据时代大学生思想政治教育的保障机制中的一部分。信息主管也被称为首席信息官或信息总监，是专门负责处理与组织中的信息技术系统相关的各方面事务的高级管理人员。

以CIO为领导的高校大数据教育队伍的主要职责有以下几方面：要统一管理本校的各类信息资源，负责制定全面的大数据建设与管理制度，这个制度必须是结合了自己学校的实际情况，包括数据质量标准规范和数据挖掘的程序，在这些技术、制度的基础之上综合管理全校的信息数据；要负责管理本校的与大数据或者海量信息有关的技术部门与服务部门，统一规划本校的大数据系统建设方案；要参与本校的与大数据系统的建设、项目的开发、系统的整合等有关的决策工作。建立这样一支教育队伍的目的在于它将会为高校领导层的各类决策提供基于大数据技术方面的支撑，从大数据时代所具有的特征这一角度出发，提出本校在未来如何更好地发展的建议，保证本校所做出的决策是符合时代发展的新要求的，是可以提高本校的工作效率的；要负责科研管理的信息系统、负责决策支持的信息系统以及教学管理信息系统和后勤的管理信息系统，并能够通过云平台将这些系统整合成为一个无缝集成的综合管理信息系统；要负责共享和协调信息系统部门和其他部门之间的数据和任务；要负责本校网络基础架构的设计、管理校园网的建设以及校园网资源共享，为全体师生提供网络服务；要制定本校的与数据共享和信息交流相关的政策和机制，以此来保证所掌握的信息数据不外流，而且是绝对安全的；最后还要负责制定相关信息库系统开发所需的目标、标准、指标、体系等。

第九章　高校思想政治教育的未来发展

第一节　强化思想政治教育师资建设

思想政治教育师资建设是加强与改进高校思想政治教育工作的必要支撑，是高校教师队伍建设的内在部分。打造一支出色的思想政治教育师资队伍，是对当代大学生进行思想素质与道德素质教育的需要，是全面推进素质教育的应有之义。

一、推进高校思想政治教育队伍规划和体制建设

为增强高校思想政治教育教学的实效性，高校应充分调动思想政治教育工作者的主动性和积极性。基于这一认识，高校要将思想政治教育的教师队伍建设纳入学校师资队伍建设的总体布局之中，同时也要根据思想政治教育教学工作的实际需要，建立具备科学性与规范性的制度，如选拔任用制度、培训制度、考核制度以及人事激励制度等。加强考核工作是高校思想政治教育教师队伍管理的重要环节。高校要立足于工作实际，建立有一定科学性和可操作性的考核体系，并将考核体系纳入学校教师工作考评的整体框架，灵活运用定量分析和定性分析等评价方式，将岗位聘任、津贴标准、职级待遇、职称晋升以及绩效考核有机结合起来。在思想政治教育工作者的职务聘任中，要充分考虑思想政治教育实践性强的特点，注重考核从业人员的思想政治素质、政策水平以及从事思想政治教育工作的实效与能力。无论是在职务聘任时还是在工作考评过程中，都要严格遵循相关制度的要求，不断提高思想政治教育工作者的主动性和积极性，为高校思想政治教育教学提供重大人才力量支撑。

二、加强高校思想政治理论课教师的师德建设

高校思想政治理论课教师是马克思主义理论和党的路线、方针、政策的宣讲者，社会主义意识形态和主流价值观念的传播者。提高高校思想政治理论课教学质量和教学效果，关键在于教师。

（一）强化理论学习，提高思想政治理论课教师的理论修养

思想政治理论课教师对学生学习与成长发挥着示范和引导作用，其言行是一种无形的力量。因此，在高校思想政治教育过程中，思想政治理论课教师要以身作则，并具备较高

的思想政治素质，做到言行一致。思想政治素质是高校思想政治教育教师队伍的一种基本素养，具体表现在以下几方面：

1. 正确的政治方向

高校思想政治理论课教师既要树立坚定的理想信念，更要确立正确的政治方向。只有确立正确的政治方向，思想政治理论课教师才能排除各种因素的干扰，坚定不移地按照党和国家的要求以及社会主流价值观念开展思想政治教育教学活动，教育和引导当代大学生坚持正确的政治方向，并在此基础上不断前进。现阶段，这种政治方向体现在，要毫不动摇地贯彻和落实党的基本路线，坚持中国特色社会主义理论体系，培育和践行社会主义核心价值观，树立为实现中华民族伟大复兴中国梦而不懈奋斗的信念。

2. 坚定的政治立场

政治立场是指社会个体在观察和处理问题的过程中所具备的根本政治态度。高校思想政治理论课教师必然要具备坚定的政治立场，其政治立场具体体现在两方面：一是坚决维护党和人民的利益，积极宣传中国特色社会主义理论和社会主义核心价值观，宣传党的路线、方针和政策，坚决拥护党的事业；二是坚决同各种不良思想行为做斗争。高校思想政治理论课教师只有具备坚定的政治立场，才能具备高度的辨别是非的能力，才能更好地推进思想政治教育工作。

3. 较高的政治理论水平

较高的政治理论水平是高校思想政治教师明辨是非的基本要求。作为一名专业的思想政治教师，必须具备较高的政治理论水平，增强明辨是非的能力，以正确处理大学生所遇到的问题，做好大学生的思想政治教育工作。政治理论水平要求广大教师要积极学习党最新的理论、路线、方针、政策，深刻认同社会主义主流价值观，并以此来要求自我和大学生群体。

4. 坚定的理想信念

理想信念体现了一个人的政治立场和世界观，是人的精神世界的重要支撑。坚定的理想信念是指以坚定的共产主义信念、社会主义信念为人生目标，以中国特色社会主义共同理想为奋斗方向。只有信念坚定，才能明确前进的方向，进而产生战胜各种困难和挫折的强大精神动力，才能自觉地把共产主义远大理想、中国特色的社会主义共同理想同现阶段的任务紧密结合起来。对于高校思想政治理论课教师而言，更要树立坚定的理想信念，积极投身于教育事业，以高度的事业心、坚定的信心、高度的责任感以及顽强的毅力开展思想政治教育工作。

（二）加强师德建设，提高思想政治理论课教师的职业道德素质

教师的职业道德对自身的教学行为有着广泛而深远的影响，其职业道德素质与教学效果息息相关，其职业道德行为对于广大学生有着鲜明的示范作用。因此，思想政治理论课教师要想取得良好的教学效果，取得高校整个思想政治教育工作的成功，必须严格按照职业道德规范要求自己，这样才能赢得同行和学生的信赖与尊重。

1. 热爱祖国，奉公守法

一方面，广大教师要热爱祖国，热爱人民，坚决维护中国共产党的领导地位，大力支持中国特色社会主义建设事业。另一方面，要在相关法律法规的要求下开展教学工作，即坚持依法执教。依法执教要求教师在教育教学过程中，要积极贯彻与落实党和国家的教育方针，模范地遵守宪法以及其他各种法律法规，如《教育法》《教师法》，依法履行教师职责和权利，不得出现违背党和国家方针与政策的言行。

2. 敬业精神

对从事教学工作的教师而言，崇高的敬业精神是一种不可或缺的品质。大学生思想政治教育是理与情相交织的实践活动，通过教师潜移默化的影响，能够起到重要影响作用。教师要认识到岗位的光荣和责任的重大，树立强烈的敬业意识、忠诚本职工作的事业心、敬重本职工作的责任感以及成就本职工作的使命感，全身心地投入研究工作和教学工作之中，不断提升自身的施教能力，在崇高敬业精神的引领下帮助当代大学生树立正确的人生观念和价值理念。

3. 尊重学生，热爱学生

尊重学生、热爱学生是广大教师顺利推进教学工作的一个重要前提。教师应给予学生尊重和热爱，尊重和热爱学生才能以更大的热情投入教学工作。换言之，对学生缺乏热爱情感的教师并不是一个真正意义上的优秀教师。尊重和热爱学生具体体现在以下几方面：一是关心学生，了解学生。关心学生是师德的灵魂，教师只有真心实意地关爱学生，以真才实学教导学生，以真知灼见感染学生，才能获得良好的教育效果。全面了解学生是教学工作的起点与关键，对学生的全面了解是一项长期的、贯穿于教学全过程的重要工作，需要投入大量的爱心、时间和精力。二是尊重学生，信任学生，尊重学生的人格和自尊心，尊重学生的个性、爱好和隐私，平等对待学生，构建互信、和谐的师生关系。三是严格要求学生。严格执教也是热爱学生的一种体现，其“师严”也是建立于“爱徒”基础之上的“师严”。四是要公平公正地对待学生。现代社会倡导公平正义，在思想政治教育教学过程中，更要体现公平正义，无论所教学生的智力、家庭背景、性格等有何种表现，广大教师都要一视同仁，不偏不倚，以深化学生对公平与公正的认识，并使他们形成公平公正的为人处世理念；同时也要充分尊重学生的主体地位，引导广大学生民主、平等地参与教学活动。

4. 身正为范的品德

人的道德修养是一种无形的教育力量，能够对教育对象的思想与行为产生重大影响。高校思想政治理论课教师担负着传播马克思主义、社会主义核心价值体系，提高大学生思想觉悟和道德素质，帮助大学生确立积极向上的人生态度，培养社会主义建设者和接班人的重大使命。因此，高校思想政治理论课教师只有关注社会、关注党和国家的命运，具备强烈的社会责任感和使命感，才能充分调动大学生的社会责任意识，唤起大学生对社会发展中各种热点和难点问题的关注与思考，才能引导他们沿着正确的道路和方向不断前进。

（三）加强业务学习，提高思想政治理论课教师的业务素质

在高校思想政治教育教学活动中，思想政治教师必须具备扎实的理论基础和较高的能力素养，即具备丰富的理论知识、良好的教育和教学能力以及科研能力和媒介素养。

1. 丰富的理论知识

高校思想政治教育工作具有强烈的知识性、专业性和综合性，这种特性对思想政治理论课教师的业务素质提出了较高要求。高校思想政治理论课教师的理论知识主要包括两方面的内容：其一，他们进行思想政治教育的目的在于教育和引导大学生树立正确的世界观、人生观和价值观，促使当代大学生成长为适应社会发展需要的高素质人才。这要求思想政治理论课教师必须全面而深入地掌握马克思主义理论、中国特色社会主义理论体系、社会主义核心价值观等理论知识。其二，思想政治教育体现出显著的思想性与针对性，这种特性要求思想政治理论课教师必须具备扎实的思想政治教育专业知识，这些知识构成了他们开展高校思想政治教育工作的必要前提，是教育工作顺利推进的理论指南，同时也是他们把握思想政治教育规律、运用科学方法开展思想政治教育的重要保证。

2. 教学和教育能力

教学能力是对教学信息的加工和传导以及对教学的组织管理能力，即我们通常所说的教学技能和教学技巧。教学能力是思想政治理论课教师能力结构中的核心部分。教师只有具备对教学信息进行合理加工和传导的能力，才能引导学生掌握和接受教学内容；只有运用思想政治教育专业知识，在教学实践中了解受教育者心理活动规律，准确把握大学生的思想动态，才能对其进行有效的影响和引导，从而营造思维活跃、生动活泼的学习氛围，促使学生真正融入教学过程中。

3. 科研能力

科研能力体现在教师对专业知识和教育理论的刻苦钻研上，体现到高校思想政治理论课教学中就是要教师积极关注本学科的科研动态和学术信息，追踪学科前沿，并结合时事热点和焦点问题，不断促进思想政治教学质量与大学生思想素质的提升。

4. 网络媒介能力

高校思想政治理论课教师的网络媒介能力是指利用网络媒介增强思想政治教育工作效果的能力。思想政治理论课教师应具备以下三方面的媒介能力，即网络媒介的运用能力、网络媒介的批判和反思能力以及运用网络分析和制作信息的能力。

（1）网络媒介的运用能力

网络媒介的运用能力是指思想政治理论课教师掌握必要的媒介基础知识，能够运用媒介设备进行思想政治教育工作的能力。媒介的运用能力是思想政治理论课教师所必备的素质。思想政治理论课教师只有在了解网络基础知识、熟练运用网络设备的基础上，才能正确使用网络工具对网络信息进行检索、存储和制作。进入互联网时代，特别是随着“互联网+”时代的到来。互联网与高校思想政治教育之间的联系更加密切，为适应时代发展形势和高校思想政治教育的创新要求，思想政治理论课教师必然要具备运用网络媒介的基本能力，具体而言，既要具有利用网络媒介信息的能力，也要具有使用各种教学媒介的能力。第一，思想政治理论课教师要熟练掌握各类网络常用信息媒介的操作方法，如最基本的Office、Photo shop等应用软件，Explorer、Firefox等浏览工具，百度等搜索引擎，网络下载工具，网易等电子邮件的收发工具，常用的QQ、博客、微信、微博等互动交流工具。第二，思想政治理论课教师要有较高的外语水平。在信息化和网络化的时代发展背景下，思想政治理论课教师的外语水平特别是英语水平，已成为其综合素质的重要依据。信息技术的迅猛发展和互联网的广泛应用，全球信息呈高速融合的发展态势，国际上最新的网络技术的交流与使用很多是通过英文向世界推广的，因而思想政治理论课教师具备较高的英语水平，有助于提高其获取信息的能力，并且提升他们运用网络的能力。

（2）分析和制作网络信息的能力

分析和制作网络信息能力是指思想政治理论课教师利用已获取的有益信息，遵循思想政治教育基本原理，并结合网络的应用，分析和创作出适合高校思想政治教育教学工作所需材料的能力。随着互联网与教育的深度融合，思想政治理论课教师既要具备必要的业务能力，同时也要根据时代发展要求，不断加强个人能力结构的完善与优化，具备科学、创造性地分析和制作网络信息的能力，以更好地服务于思想政治教育工作。

思想政治理论课教师应具备的科学、创造性地制作网络信息的能力体现在以下两方面：一方面，思想政治理论课教师要具备较高的信息整合能力。进入互联网时代，信息数量极速增长，而且网络信息尤为繁杂，高校思想政治理论课教师作为大学生思想意识与价值观念确立的重要指导者，不能简单地堆砌信息，而要通过互联网获取各种有益信息，综合运用文字、声音、图像等多种表现手法，对所收集的信息资料进行汇编和整合，使之体现深层次的内涵。另一方面，思想政治理论课教师要具备创新思想政治教育教学的能力。网络信息有着传播速度快、范围广、更新快等特点，在激烈的意识形态斗争领域，思想政治理论课教师应充分利用网络媒体资源，不断提高广大学生甄别信息和加工信息的能力，并且将网络思想政治教育作为大学生思想教育的一种渠道和手段，以争取意识形态斗争的主动权。因此，思想政治理论课教师要主动适应互联网时代的特殊要求，拓展高校思想政治教育工作的新选题，探索思想政治教育教学的新方式，站在时代前端，以多种途径同大学生展开沟通与互动，以创立思想政治教育的新局面。

(3) 对网络媒介的批判和反思能力

对网络媒介的批判和反思能力是指思想政治理论课教师运用马克思主义基本原理，结合现有的知识储备对网络信息进行甄别，揭示信息背后所隐藏的意识形态、商业和情感等诉求，从而科学认识和把握信息的能力。对网络媒介的批判和反思能力不仅是网络健康发展的内在要求，更是民主社会的重要特征，它成为思想政治理论课教师网络媒介素养的一种核心能力。

网络媒介既能够真实反映信息，同时也具有更改现实的功能。在以互联网为途径和载体的传播过程中，信息被赋予政治、经济、文化等各种色彩，进而表现为某种意识形态或价值观念，特别是资本主义国家所散布的一些网络信息，渗透着资产阶级的意识形态与价值观念，导致互联网环境呈现出显著的复杂性。因此，思想政治理论课教师要对各种网络信息保持清醒的认识，以一定的甄别能力分清网络信息与网络行为的正误。对网络媒介与网络信息的批判和反思能力，有助于思想政治理论课教师在面对不良信息时，保持正确立场和态度，不为西方各种不良价值观念所侵蚀。同时，思想政治理论课教师也要主动成为网络信息的积极受众，以一定的批判意识和反思能力对互联网环境中的各种信息进行独立判断，并在反思过程中形成自身独特的认识，在网络空间发表个人看法，不断增强自身的信息甄别能力和免疫能力，依靠较高的网络媒介素养开展思想政治教育工作，保障思想政治教育教学活动科学推进。

第二节　开展多样化的社会实践活动

实践是人的认识活动中必不可少的一环。在高校思想政治教育中，深入进行理论教育的同时，更要发掘社会实践的教育功能。从某种意义上来看，社会实践是高校思想政治教育的必要组成部分。

一、大学生社会实践的价值体现

（一）有助于提升大学生的思想政治素质

思想政治素质是大学生素质结构中的核心部分，思想政治素质的高低与大学生人格成熟程度密切相关。我国高等教育教学体系中，大学生的思想政治素质主要是通过思想政治教育来培养的，而高校思想政治教育的一项根本原则就是坚持理论教育与实践教育相结合。理论教育与实践教育是高校思想政治教育必不可少的两方面，二者相辅相成、相互促进，以强大的教育合力推动大学生健康成长。

当前，我国尚处于社会主义初级阶段，社会主义市场经济体制的建立与完善、新媒体技术的发展和应用，有力地推动了人们的思想解放和观念更新。基于各种价值观的并存与冲突，大学生需要在社会实践中探索社会主义核心价值体系与新时代精神的契合点。在思想政治理论课教学中，教师更加注重理论灌输与启发；而在社会实践活动中，大学生则能从理论与实际、历史与现实等多个角度和层次受到教育，深化大学生对社会现实的认识，帮助他们剔除思想观念中脱离实际的观念，引导他们树立新的理想追求，形成正确的人生观和价值观，进而使大学生在理论与实际的联系中做出符合社会需要和个人发展需求的选择，培养出合格人才。

（二）有助于提升大学生的综合素质

无论是科学知识的获取还是个人才能的增长，都无法脱离实践面对当代中国社会日益严峻的就业形势和求职压力，大学生已经意识到，如果缺乏社会适应能力、岗位胜任能力、组织管理能力、社会交往能力等，就难以在激烈的职场竞争中获得优势。社会实践是促进大学生社会化的重要方式。大学生年龄多在20岁左右，其身心发展日趋成熟，但他们缺乏社会阅历，社会实践活动能帮助大学生了解社会、体验生活，有助于培养其社会责任感和社会角色意识，提高其社会适应和社会交往能力，加快大学生的社会化进程。

社会实践能促进大学生的素质拓展。大学生只有具备了良好的素质，才能更好地获取知识、运用知识和创新知识。而大学生所学到的书本知识只有经过社会的锤炼才能内化为个人素质。通过社会实践活动，大学生既能提高个人的语言表达能力、社会交往能力、组织协调能力等基本素质，也能提高自身的人文素质、职业素质和创新素质，由此实现其各方面素质的全面提升。

二、开展多样化的社会实践活动，促进理论与实践的融合

（一）完善组织管理，推动社会实践规范化和多样化发展

1. 构建组织管理机制，提升社会实践规范化水平

大学生社会实践活动的有序开展，需要完善的组织管理机制的支持和保障。建立大学生实践活动的组织管理机制，就是明确社会实践活动的目标，明确学校组织系统中各部门在大学生实践活动中的职责。值得强调的是，校团组织应懂得放权，一切有利于大学生社会实践的活动都应大胆尝试。在具体的社会实践活动中，既要关注某一类社会实践活动的深入开展，也要重视面向学生个体的社会实践活动。对于面向学生个体的社会实践活动，要注意在活动主题的确定、实践方式的选择、活动实施过程以及实践报告的撰写等方面提供有效指导，增强实践活动的实效性。

2. 充实大学生社会实践活动内容，丰富社会实践形式

大学生社会实践活动要形成自己的特色与品牌，增强社会实践活动对大学生的吸引

力，促进社会实践活动的长期发展。大学生社会实践活动的开展要与地方发展实际和发展需要相联系，积极开展人民群体迫切需要的服务活动，如偏远山区支教、送医疗和科技知识下乡、法律援助活动等。在活动形式上，要体现多样性，如社会调查、生产劳动、志愿服务等。大学生社会实践活动的开展，要注重活动效益的获取，即为人民群众提供实际帮助。同时，大学生应具备吃苦耐劳的精神，如在偏远山区支教时，大学生必须适应当地的生活条件；在农村开展调查工作时，大学生可能需要到田间地头访问，以获取第一手资料。大学生只有真正深入社会，切实感受社会最真实、最有用的东西，才能有效提升自身的思想认识。

3. 完善大学生社会实践活动的监督和评估机制

高校社会实践活动的对象是全体大学生，而且大学生社会实践活动的开展离不开必要的监督，因而要建立起完善的具有强大激励价值的监督机制和评估机制，将大学生社会实践活动的考核结果计入学分体系中。同时，各高校可尝试建立社会实践资格证书制度，将大学生参与社会实践活动的质量与就业联系起来，激发大学生参与社会实践活动的积极性，提高大学生在未来就业中的工作胜任能力。

（二）注重大学生社会实践的策划和指导，保障实践活动的科学开展

1. 加强大学生实践活动的主题策划

大学生社会实践活动开展过程中，确立活动主题是实践活动顺利推进的前提和基础，一个优秀的主题能增强活动吸引力、优化活动效果。确立社会实践活动的主题，实际上就是明确实践活动的方向与内容。为凸显社会实践活动的思想政治教育价值，高校在开展大学生实践活动时可为学生提供明确主题，使学生围绕活动主题开展社会实践，进行自我教育。在大学生社会实践活动主题的选择上，既要保证活动主题有深刻内涵，也要体现鲜明的时代特色，适应学生的思想实际。

2. 为大学生社会实践活动安排指导教师

对于大学生社会实践活动指导教师的安排，既可以是专业教师，也可以是辅导员，凡是对学生实践活动开展有益的教师都可成为指导教师。在指导教师中，领队教师的作用尤为重要，这是由于领队教师是社会实践活动的主导者，负责处理社会实践过程中的各种突发事件，如果领队教师缺乏处理突发事件的能力，无法协调各方关系，会影响到社会实践活动的有序开展和效益获取。

当前，大学生社会实践活动中存在着指导教师指导不力的问题。对于这一问题的解决，可从以下几点入手：第一，将指导教师纳入社会实践计划体系中，高校领导既要激励指导教师自觉指导学生实践活动，也要为指导教师提供强大的制度支持；第二，加强对指导教师的培训，既要增强指导教师带领团队的能力，也要使指导教师深刻认识到社会实践在人才培养中的突出价值，调动指导教师参与和指导大学生实践活动的积极性与创造性；

第三，要注重发挥指导教师的专业特长，使大学生实践活动与指导教师的教学科研内容相结合，提高指导教师参与和指导实践活动的兴趣；第四，将大学生实践活动成果与指导教师的考核联系起来，把指导教师对大学生社会实践活动的指导工作计入工作量，以此作为教师考核的依据。

（三）积极推进“三维实践基地”建设，实现大学生社会实践的深入发展

实践基地是专门为学生社会实践而成立的一个基地或机构。“三维实践基地”则着力从社会实践、科技实践、创业实践三方面推进大学生社会实践基地建设，社会实践基地、科技实践基地和创业实践基地共同构成了培养学生综合素质的“三维实践基地”。

1. 社会实践基地建设

在社会实践基地建设中，高校可结合当地企业共建服务活动，也可以班级、院系或社团为单位，就近建立实践基地，高校可与当地企业建立长期的合作关系。同时，不同年级的学生还可以采取以老带新的方式组团开展活动，增强实践基地的传承性，为更多大学生经常性地参与社会实践活动提供机会和渠道。在校外实践活动中，大学生可结合专业特点和自身优势参加社会调查、实际生产、社会服务等活动，使大学生通过实践活动提升自身的专业技能，增强自身的社会适应性。

2. 科技实践基地建设

高校通过开展诸如全国“挑战杯”科技竞赛、国家大学生创新性实验计划等活动，并结合科学商店项目在校内建立大学生科创中心，以此作为科技实践基地。同时，各高校应积极开展各种形式的科技文化活动，为巩固科技实践基地奠定基础，增强大学生参与科技实践基地的主动性和能动性。此外，高校可针对完成一定创新实践并取得成果的大学生，由学校组织专家审核与认定后，为其奖励一定学分。对大学生获取的科技成果予以奖励，能有效激发大学生学习科学文化知识、参与科技实践基地的兴趣，促进大学生科技创新水平的进一步提升。

3. 创业实践基地建设

高校既要满足大学生创业实践的基本需求，也要积极开展一系列创业教育，开设相应的选修课程，加强个别指导，对大学生进行创业知识培训，鼓励和引导大学生充分发挥个人才智，积极参与创业活动。同时，在学校统一指导下，学校相关部门与社会相关企业可联合建立创业实践基地，大学生可将在创业计划竞赛、课外科技作品竞赛中的作品与创意应用到创业实践中，促进理论与实践的结合，激发大学生的创新意识和创造能力。

（四）深入发掘社会实践的思想政治教育价值

大学生社会实践活动在内容和形式上都体现出丰富性和多样性，在大学生社会实践过程中，要深入发掘实践活动的思想政治教育价值，将社会实践活动与思想政治教育融为一体。

1. 在社会实践中深化大学生的劳动意识和爱国情感

在大学生成长过程中，既需要掌握大量的理论知识，也需要通过参加生产劳动深化其劳动意识，使大学生在劳动过程中掌握基本的生产知识与技能，并将课堂上所学知识与中国特色社会主义现代化建设的实际结合起来，使他们做到学以致用，深刻认识劳动的意义，在劳动中形成热爱劳动人民、热爱国家的积极情感。

2. 在社会实践中深化大学生的政治认识和思想觉悟

社会调查活动有助于大学生深入认识社会，了解我国国情和民情，了解改革与建设的实际情况，由此获得对社会的客观认识，深化自身对中国特色社会主义建设与党的路线、方针、政策的理解和认识。通过参与社会调查活动，大学生易于发现我国发展中存在的一些问题，更为重要的是透过现象看本质，深刻认识社会主义制度的优越性，树立坚定的共产主义理想信念，坚持正确的政治方向，保持较高的思想觉悟，进而实现对大学生的思想政治教育。

3. 在志愿服务活动中增强大学生服务人民的自觉意识

志愿服务活动有多种形式，如义务劳动、文化培训、政策宣传、科技咨询、医疗服务等。大学生志愿服务活动的开展，能使大学生形成良好的社会公德意识和社会责任感，促进大学生集体主义精神的培养，能引导大学生深入群众，践行群众路线，形成服务人民的自觉意识。

第三节　拓展思想政治教育载体渠道

高校思想政治教育必须通过一定的载体进行。载体是联系思想政治教育主体与客体的一种物质存在形式与外在表现形态。为全面推进素质教育，高校思想政治教育的载体必须与时俱进，实现传统载体与新型载体的融合。在网络媒体迅猛发展的新形势下，应积极建立思想政治教育的新型载体，加大社会主义主流意识形态对大学生的影响，让思想政治教育渗透于大学生学习与生活的各方面和各个环节。

一、深化高校思想政治教育网站建设

高校思想政治教育要注重对网络平台的运用，主动占领网络思想政治教育的新阵地。在新媒体环境下，加强网络文化建设，建立思想政治教育网站，使网络平台成为弘扬主旋律、开展思想政治教育的重要手段，这是高校顺应互联网时代发展要求和大学生特征变化的必然选择。与传统媒体相比，互联网具有信息资源含量大、资源共享性强、传播速度快

和影响范围广的优势。加强网络载体在高校思想政治教育中的运用，有助于拓展大学生思想政治教育的新空间，实现思想政治理论课教学的延伸。建设高校思想政治教育网站，大力倡导主流文化，能够促进和谐、文明校园文化环境的形成，促进广大师生政治素养、道德素养的提升以及思想政治教育实效性的增强。

（一）依托网站宣传马克思主义优秀理论成果

综观各种思想体系，马克思主义作为无产阶级的思想体系，在产生与发展过程中都展现出强大的生命力。马克思主义是以实践为基础的科学性和革命性的统一。马克思主义是不断发展变化的，马克思主义中国化也是在实践发展过程中不断变化的。马克思主义中国化的理论具有先进性、科学性和时代性特征，是不断丰富和发展的理论体系。构建马克思主义理论学习和研讨的平台，积极宣传马克思主义的立场、观点和方法，可发挥主旋律网站和校园网的舆论引导功能。通过建立红色网站，宣传马克思主义最新理论成果，有助于加强师生间、同学间关于马克思主义理论的交流与互动，深化广大师生对马克思主义理论的认识，激发大学生思想政治教育的积极性和能动性。依托网站宣传马克思主义优秀理论成果，有助于促进对网络的兴趣和理论学习的有机结合，以先进的文化成果武装当代大学生的头脑，促使大学生树立社会主义的坚定信念、形成正确的人生观和价值观。

（二）构建具有实用性和生活色彩的校园网站

校园网站的设立以服务广大师生为基本目的，高校思想政治教育主题网站也应体现服务大学生的理念，充分关注当代大学生的个性特征和实际需求，网站主题与内容要具有实用性和生活色彩，即贴近学生、贴近实际。如建立校园新闻网，并开通讨论、评论版块，引导大学生及时关注社会热点、关注国家大事，并积极发表个人见解，通过讨论与互动，解决大学生面临的思想困惑和问题，使他们形成正确的认识，而且有助于大学生在众多的消息中把握重点，提高其分析能力、辨别能力、认知高度，拓展思想政治课堂教育的内容与资源。此外，也可以开设网上辅导员流动站、心理指导中心、就业指导中心和校园文化活动中心等栏目，开设同学录、留言板和网上调研等交互性频道，促进师生之间、学生之间的情感交流。

（三）网民共同参与网站建设与管理，推动网站的持续发展

思想政治教育主题网站的建设是一项具有复杂性和系统性的工程，仅依靠个别部门的力量是难以完成的，而要各种社会力量的共同支持。因此，网站建设应由党委直接领导，党委宣传部牵头，由思想政治理论课教师、各党总支、网民工作组织和计算机网络技术部门共同协作，由此构成网站建设群体，并强调分工协作原则。而且在网站开发、建设和维护过程中，要充分调动广大网民的积极性，明确职责分工，落实工作任务。对于广大学生

而言，不同程度地参与网站维护与管理，有助于增强他们运用网络知识的能力与水平，同时也能够促使其组织管理能力得到锻炼，增强他们的政治意识与责任意识。对于思想政治教育网站的建设，要注意避免网站内容枯燥、信息陈旧等问题，构建兼具实用性、趣味性和服务性的网站内容，增强网站对大学生的吸引力，引导大学生交流与互动，为大学生创建民主、和谐、文明的话语空间和沟通平台。在网站建设过程中，建设主体要具备一定的创新意识，在网站重设中融入创意，推进网站的完善与优化。

二、借助博客平台进行思想政治教育

在大学生思想政治教育中，博客也是一种有效的教育载体，因而高校思想政治教育者要学会利用博客这一载体，根据当代大学生的特点与社会需求，有目的、有针对性地开展思想政治教育工作。作为思想政治理论课的补充，博客有助于增强思想政治教育的时效性、灵活性和趣味性，其活动形式可以是发布文章、评论学生博客、与学生互动等形式。通过将思想政治教育者编撰或经过筛选的思想政治教育内容发布到博客上，传递积极、健康的思想政治教育相关信息，促使广大学生在潜移默化中提高自身的科学文化素养与思想道德修养。

博客为大学生思想政治教育提供了新的教育载体和教育手段。博客在思想政治教育中的功能主要体现在以下几方面：一是思想导向功能。高校思想政治教育者可及时发布大学生最关心的思想政治教育素材、基本思想道德教育价值观等方面的教育观点。二是思想交流功能。博客的实时互动性和平等性为交流双方提供了有利条件，高校思想政治教育双方可展开积极互动的双向、多向交流和点到面的立体交流。三是渗透覆盖功能。高校思想政治教育者通过正面的宣传教育、师生间的交流互动等实现教育的深度渗透，突破时空限制，促使正确的思想观念渗透于大学生的思想意识之中。博客在思想政治教育中各种功能的有效发挥，需要高校思想政治教育者准确把握博客的特征，敢于尝试新方法和新手段，并以认真负责的态度强化博客管理。同时，博客功能的发挥还要求高校思想政治教育者与大学生展开广泛而深入的探讨，高校思想政治教育者作为大学生思想政治教育的指引者和协助者，要主动成为网络世界中深受大学生认可的“意见领袖”，以引导广大学生形成正确的价值观念和思想意识。

博客为高校思想政治教育者开展网络思想政治教育工作搭建了新平台。博客为记录学生的动态、了解学生的情况创造了条件。不同观点的出现、交流与碰撞，展现了不同学生的思想观念和性格特征，有助于高校思想政治教育者掌握大学生的实际状况，并通过平等交流拉近师生之间的心灵距离，从而增强思想政治教育的针对性。高校思想政治教育者可将与学生思想政治教育相关的信息发布到博客平台上，用于补充思想政治理论课教学中由于时间、空间限制而未能完成的任务。博客可以容纳文字、图片、视频和音频等多种形式的信息，为大学生提供更加丰富、生动的思想政治教育内容，增强这些教育内容对大学生的感染力和渗透力。大学生通过网上浏览、下载和评论等形式进行学习和思考，及时与他人交流学习心得、提出疑问并得到反馈，从而实现自主学习，提高学习效率。对于高校思想政治教育者而言，师生间交流讨论的问题和话题，既能为学生答疑解惑，还能获取广大学生对自己提出的工作建议，从而不断改进教学方法，提高教学水平，形成思想政治理论课与博客合力互补的教学模式，提升思想政治教育的实效性。在传统思想政治教育中，思想政治教育者的主导作用得到了充分发挥，但大学生的个性特征则容易被忽视，而且大学生的见解与观点也难以受到重视。而在以博客为载体的思想政治教育中，大学生既可以是博客的博主，也可以是思想政治教育者和其他学生博客的评论者，促使思想政治教育者“一人发声”的不对等局面得以打破，有助于激发大学生参与思想政治教育的积极性和能动性，而且有助于构建民主、自由的校园氛围。

随着新媒体的应用，高校思想政治教育者已经认识到博客载体在大学生思想政治教育中的价值，也尝试通过这种新的教育路径提升思想政治教育的实效性。但在对博客的实际应用中，大学生仍未形成借助博客参与思想政治教育的自觉性，思想政治教育者博文的关注度并不高，因而博客在大学生思想政治教育的有效应用，将是高校思想政治教育者应持续关注的一项重大问题。

（一）强化博客内容建设

博客内容的丰富性、教育性和趣味性能够对博客在思想政治教育中作用的发挥产生深刻影响。优秀的思想政治教育者要善于将优秀的民族文化、优良传统美德与典型事例相结合，将抽象理论与具体案例相结合，减少过于表面化、形式化的理论描述，充分利用图片、音频和视频的优势，增强博客内容的吸引力，关注社会热点问题并对其做出深入分析，引导正确的舆论导向。利用博客的及时性、公开性的优势，可传达学校的各类文件、通知和管理规定等信息。通过留言回复等形式来为学生答疑解惑，以消除学生面临的思想困惑或心理问题。在博客中加入大量原创性内容，这些内容要贴近学生的生活实际，要具备一定的时效性，培养广大学生通过博客参与思想政治教育的自觉意识。

（二）强化博客的日常管理

高校思想政治教育者往往承担着大量的教学工作和科研任务，因而难以有充足的精力投入博客管理中，导致博客在大学生思想政治教育中的应用缺乏持久性。在开放、自由的互联网环境中，大学生极易获得各种负面信息，这已成为大学生思想政治教育的重大阻力。因此，高校思想政治教育者要注重加强博客的日常管理，并保证博客管理的持续性，同时，思想政治教育者还要关注当代大学生的实际需求，强化博客建设，进行长期而合理的规划。为增强博客在大学生思想政治教育中功能的发挥，要从加强思想政治教育者之间工作经验交流或加强博客团队建设着手，积极获取博客管理的经验和智慧，进而使思想政治教育者的博客管理能力得到提升。值得注意的是，博客思想政治教育价值的发挥也有赖于高校相关配套措施的实施，如建立网络监管体系、加强大学生网络规范意识等。

三、依托微信开展思想政治教育

微信具有显著的便捷性、互动性和实用性，它作为一种新的媒介形式已迅速发展成为人们普遍使用的一种沟通工具。在新媒体环境下，高校思想政治教育的有效推进，必须关注对微信这一新的媒介形式的运用，不断优化微信载体在大学生思想政治教育中的运用效果。

基于当代大学生对微信的广泛使用，高校思想政治教育者要积极推进思想政治教育载体的创新，加强微信载体在大学生思想政治教育中的运用，以拓宽思想政治教育渠道，为思想政治理论课教学提供有效补充。在新媒体环境下，高校思想政治教育者要善于把握机遇，勇于迎接挑战，积极探索大学生思想政治教育的新模式，以显著增强大学生思想政治教育的有效性。

（一）依托校园公众号，进行思想政治教育相关内容的推送

在微信的诸多应用中，订阅公众号是微信使用者获取信息的一种重要方式。公众号往往采用文字与图片相结合的形式推送消息，还可添加语音和视频，这种沟通方式和信息获取方式具有新颖性、创新性、知识性、趣味性和可读性，常被商家用作线上线下的互动营销方式。在高校思想政治教育中，思想政治教育者要充分利用微信公众号的优势，通过公众号向广大学生推送思想政治教育相关的内容；利用图片、音视频等因素增强推送内容的趣味性和可读性，促使大学生积极阅读推送内容，自觉接受思想政治教育。借助微信载体开展思想政治教育，能够促使思想政治教育内容的传递更加自然、顺畅，促使大学生对教育内容的阅读和内化更具自觉性，排除因单纯说教产生的排斥心理，引导大学生形成良好的阅读习惯，并且更多地接触思想政治教育相关的内容。在微信载体的运用过程中，思想政治教育者也可依托多个公众号从不同角度推送思想政治有关内容，展现思想政治教育不同的教育主题，为大学生提供更加丰富多样的信息资源，更好地满足广大学生对各种资讯的需求。

利用微信公众号开展思想政治教育，既是对思想政治理论课的必要补充，也是思想政治教育工作模式的扩展与创新。对于新媒介载体在高校思想政治教育中的运用，思想政治教育者必须坚持融知识性、趣味性和时效性为一体的原则，关注教育载体的日常管理，并持续推进新的教育载体在思想政治教育中的应用。同时，高校思想政治教育者要积极关注当下社会热点问题，特别是当代大学生普遍关注的事件，既要以学生需求为基本依据，也

要强化对学生的引导。利用微信公众号推送思想政治教育有关信息，其信息内容要贴近大学生，介绍大学生最关心的、最直接的和最现实的问题。对于有争论性的话题，在尊重多元化观点的基础上，对舆论走向进行积极引导。

（二）以语音、文字等对话方式促进师生交流与互动

作为一种即时通信工具，微信最为显著的一种特征就是可以语音对话。与文字对话相比，语音对话为交流双方提供了时效性和便捷性，交流主体所传递信息的内容含量显著增大，而且语音中的语调、语速等因素促使双方的沟通与互动更加真切。对于工作量较大的高校思想政治教育者而言，语音对话为其提供了更加便捷的沟通方式。无论是在上班途中、电脑桌前，还是在闲暇时间内，都能够以聊天的方式与学生展开交流，减少了触屏打字的操作，促使师生交流更加快捷，从而实现沟通效率的提升。值得强调的是，语音对话能够真实记录谈话双方的语气、语调等，其中暗含语音发出者的态度，有助于思想政治教育者把握学生心绪和精神状态，提高交谈的针对性，拓展谈话内容，及时发现学生面临的问题。语音对话有助于使学生感受到思想政治教育者对个人的关爱与帮助，使其获得有效的心理安慰与精神支撑。对于微信载体在高校思想政治教育中的运用，思想政治教育者可将文字交流与语音对话相结合，并且根据交谈情境的不同选取适宜的沟通方式，从而增强思想政治教育的灵活性和有效性。

（三）通过关注朋友圈掌握学生动态，实现信息共享

高校思想政治教育者与大学生处于共同的朋友圈，既有助于思想政治教育者传递相关教育内容，也便于教育者把握大学生的思想动态。大学生思维活跃、兴趣广泛、充满好奇心，高校思想政治教育者可通过学生分享或转发的文章了解其兴趣点和关注点，并通过相关评论进一步掌握学生的真实想法和心理特征。对于高校毕业生而言，他们往往具有较大的就业压力，因而要对其给予特别关注，其发布和评论内容能展示对外界事物的看法、最近的心情状况和精神状态，一旦发现其中存在消极词汇或抵触外界的言语时，思想政治教育者要及时给予心理疏导，以消除就业所带来的负面情绪。大学生热衷于关注和评论社会热点问题，并将自己的立场和观点发表于微信朋友圈，其小小的点赞行为也能传达学生的某种情感倾向，因而思想政治教育者要善于从细微处把握大学生的思想动态。对于因认知水平有限而产生的偏激观点和错误想法，高校思想政治教育者可通过在线交流或评论互动的形式展开互动，打破了传统思想政治教育中主体与客体的明显定位。

另外，将微信载体运用于高校思想政治教育中，能够实现思想政治教育相关资料的共享，这种共享方式既可以是向微信好友传递资料的方式，也可以是收藏的方式。高校思想政治教育者要不断丰富公众号、朋友圈中主流价值观的宣传，促使广大学生在潜移默化中汲取正能量，有效发挥微信的隐性教育价值，使微信成为大学生思想政治教育的重要辅助

力量。

值得关注的是，对于微信在高校思想政治教育中的有效利用，要注意以下几个问题：一是如何提高思想政治教育者对于微信平台的管理运营能力并保持长久的生命力，二是如何消除微信对大学生思想价值观念和行为习惯带来的负面影响，三是如何在裂变式传播形态下加强高校校园的网络舆情监控。对于高校思想政治教育而言，这既是一种机遇，同时也是一种挑战，高校思想政治教育者作为大学生思想政治教育的主导力量，必然要以迎难而上、改革创新的勇气推动思想政治教育的发展，加强思想政治教育与新媒介载体的结合，开创大学生思想政治教育的新局面，营造大学生思想政治教育的新气象。

第四节　创建“三全育人”新格局

建设教育强国是实现中华民族伟大复兴中国梦的需要，是中华民族伟大复兴的基础工程，优先发展教育，才能面向新时代、赢得新时代。新使命使教育事业面临艰巨任务：深化教育改革，加快教育现代化，办好人民满意的教育，落实立德树人根本任务，发展素质教育，推进教育公平，培养德智体美全面发展的社会主义建设者和接班人。教育部《高校思想政治工作质量提升工程实施纲要》（教党〔2017〕62 号）确立了思想政治教育的总体目标，全员全过程全方位育人格局是其目标之一。构建“三全育人”新格局成为高校思想政治教育工作的一项重要任务。在社会经济飞速发展的进程中，高等教育规模日益增大，情况更为复杂，传统的高校思想政治教育已不再适应新情况、新问题，在内容、方法、体制等诸多方面受到严峻的挑战。因而要认真贯彻落实《高校思想政治工作质量提升工程实施纲要》精神，充分认识到高校思想政治教育的重要性，转变观念，形成新思路，探索新路径，全面提高大学生的整体素质。要达到这一目的，应加快构建全员育人、全过程育人、全方位育人的“三全”育人新格局，打造纵向衔接、横向贯通、纵横相连的立体式高校思想政治教育模式。

一、构建高校思想政治教育格局的总体思路

要坚持把立德树人作为中心环节，把思想政治工作贯穿教育教学全过程，实现全程育人、全方位育人，努力开创我国高等教育事业发展新局面。在社会现代化进程中，教育者应深入把握高校思想政治教育重要性，科学分析高校思想政治教育面临的挑战，从全员育人、全方位育人、全过程育人三个维度探讨高校思想政治教育实施方略，构建有助于提升大学生道德素质的长效机制。

在新的时代环境下，要想真正提升高校思想政治教育质量和成效，就必须准确把握大

学生群体的特点和高校思想政治教育的特点，科学处理人文精神与科学精神之间的辩证关系，以有效增强大学生的思想道德素质和科学文化素质。针对这一需求，可尝试建立大学生“三全育人”模式。在大学生思想政治教育模式中，从横向看，应该将工作重点放在如何利用大学生已有的知识结构和经验，通过激发大学生的自我管理、自我教育、自我服务，调动其内在体验和道德需要，激发其德育内化；从纵向看，则应进一步优化思想政治教育的外部环境，促进学校、企业和社会的三方联动，尤其在校内要建立起“全员育人、全过程育人、全方位育人”的思想政治教育理念和工作模式，充分利用各方资源，协同推进，营造良好的思想政治教育氛围，打造健康、向上的思想政治教育环境，最终形成纵向衔接、横向贯通、纵横相连的立体式高校思想政治教育格局。当然，在此高校思想政治教育格局的形成过程中，大学生自身的德育内化是基础，学校、企业和社会的三方联动则是搭建“全员育人、全过程育人、全方位育人”这一立体式高校思想政治教育格局的有力支撑。二者缺一不可，都是有效实施高校思想政治教育的保证。

二、高校思想政治教育“三全育人”体系建设的必要性

（一）是党和政府对高校思想政治教育提出的新要求

我国党和政府历来高度重视高校思想政治教育，大学生身心健康日益受到重视。因为大学生是一个特殊的群体，他们是中国社会主义现代化建设的接班人和主力军，事关国家和民族的未来。加强和改进高校思想政治教育是推动党和国家事业不断发展的必然要求，是提高党的执政能力、巩固党的执政基础的重要保证。当今全球化浪潮不仅影响全世界各个国家和民族的发展过程，而且还直接冲击着每个人，各种思想文化的激荡必然会影响每个人的生活方式和价值取向。我国市场经济的深入改革发展，在加快我国经济飞速发展的同时，唤醒了人们的个人意识，引起利益群体的多元化，人们思想活动的独立性、选择性、多变性和差异性明显增强。科学技术的迅猛发展，尤其网络的普及，它对大学生的强势吸引，引发了一系列的问题，网络教育也显得尤为重要。

（二）是优化高校思想政治教育模式的需要

模式是一种重要的科学操作与科学思维的方法。它是为解决特定的问题，在一定的抽象、简化、假设条件下，再现原型客体的某种本质特性，它是作为中介，从而更好地认识和改造原型客体构建新型客体的一种科学方法。模式构建是高校思想政治教育科学推进的必要支持。当前，高校思想政治教育模式存在一些问题，如教育方法陈旧、教育途径单一等。随着社会政治、经济、文化的发展，教育水平和受教育者自我意识的不断提高，以往的思想政治教育模式已不再适应当代大学生的需要。我国进入了社会转型的新的历史时期，市场经济的飞速发展以及经济全球化浪潮的席卷而来，让我们面临着机遇与挑战。外

部环境的急剧变化使得我国思想政治教育工作也面临着新的难题与困境，思想政治教育环境、对象以及内容都发生了深刻变化，因此也需要更新思想政治教育方法，优化思想政治教育模式，才能增强教育成效。“三全育人”模式强调全员参与、全程设计以及全方位实施，为高校思想政治教育提供了科学架构，明确了其实施路径与发展方向。

（三）是提高高校思想政治教育科学性和实效性的需要

当前，在经济全球化和科学技术迅猛发展的浪潮冲击下，国际国内环境发生了深刻的变化，开放的网络更加速了各种思潮的相互激荡，大学生群体的价值观、人生观、思维方式极易受到不良思想观念的冲击。同时，我国正处于全面、迅速的社会转型期，社会变革的新发展，在推动社会进步的同时，也不可避免地产生了一些问题，利益群体及其分配方式的多元化，人们之间的关系可能会因为利益的驱动或者竞争的加剧而有所紧张，如何在利益多元化及多元文化共存的情况下科学实施高校思想政治教育，是一项十分艰巨的任务。“三全育人”模式是一个开放、系统、严密的德育模式，它强调将校内、校外的各种教育资源整合起来，形成思想政治教育合力，让思想政治教育贯穿、渗透于学生学习、生活、成长的每个阶段，形成时时有思想政治教育、处处有思想政治教育的局面。“三全育人”模式适应当前开放的、多变的时代要求，因而有助于提高思想政治教育的科学性。它强调动员全部力量进行育人，形成全员育人的格局，抓住大学生成长的关键时期，建立全方位育人的机制，开展全方位育人，从而最大限度地挖掘思想政治教育资源，拓宽思想政治教育渠道，提高思想政治教育对开放、多变的环境的适应能力，增强思想政治教育的实效性。

三、创建高校思想政治教育“三全育人”新格局

（一）全员育人

在高校思想政治教育中，全员育人要求包括教师、行政人员、后勤人员、学生党员、学生干部等在内的所有人都要提高育人意识，自觉投入到高校思想政治教育工作中。并将思想政治教育渗透到教学、管理、服务的各个环节中去，责任落实到每个人，构建教书育人、管理育人、服务育人的教育模式。

1. 思想基础：转变传统观念，走出思维误区

人们通常把党团组织、班级以及辅导员、班主任认定为思想政治教育工作的机构与人员。从思想政治教育专门的组织管理来说，这种观点有其合理性。但思想政治教育工作并不是一件具体的事务性工作，大学生思想素质的提升也不是单靠某个机构或某个人的专门训练来实现的。思想政治教育工作的复杂性、思想观念的社会性、大学生品德形成的长期性等特点，都对全员育人模式的建立提出了要求。

2. 组织基础：健全领导体制，深入推进师德建设

育人首先要自育。高校广大教职工作为育人者，要做到以科学的方法教育学生、以正确的思想引导学生、以高尚的情操感染学生、以模范的行为带动学生、以出色的工作影响学生，首先必须进行自我教育。一方面，要不断提高自身思想道德修养，坚定共产主义理想信念，具备崇高的思想道德品质；另一方面，要不断学习专业技术知识和理论，提高业务素质，不断充实和丰富自己。

3. 物质基础：完善工作制度，落实经费投入

一方面，全员育人的顺利实施有赖于各项工作规范制度的建立和实施。全员育人工作规范制度的建立，既有利于各种教育力量统一目标、明确责任、分工协作，也有利于育人工作体系的管理与维护。另一方面，资金投入是实现全员育人的物质基础。进行高校思想政治教育，特别是进行多样化的教育活动，如果缺乏资金、场地等支持，是难以顺利实施的。

4. 生成合力：将全员育人与学生自我管理相结合

通过参与学生事务，及时与大学生群体保持信息沟通，发挥桥梁纽带作用，引导大学生党员和干部参与到学生事务中，做到管理与自我管理相结合。同时，建立党团支部思想教育体系，形成自上而下、党员带动、共同参与的思想政治教育模式。

（二）全方位育人

要实现全方位育人，应着力完善思想政治教育课的主渠道作用，不断强化专业课教学和学术活动的渗透作用，大力倡导大学生群众团体的“三自”教育作用，推进学校各部门的配合联动，建立以学校为主导，构建学校、社会和家庭三位一体的教育模式，进而形成高校思想政治教育全方位育人的新格局。

1. 发挥“两课”的主渠道作用

“两课”即马克思主义理论课和思想政治教育课，是进行思想政治教育的主渠道。要充分发挥课程教学在高校思想道德教育中的主导作用，发挥思想政治理论课在高校思想政治教育中的主渠道作用。国外高校十分重视思想政治理论课教育，就课堂教学的形式而言，英国设有政治课、宗教课，法国设有道德公民课、哲学课，德国设有伦理课、社会课，美国设有社会研究课、职业道德课，澳大利亚设有价值观课。目前，国内多数高校的“两课”只是象征性地开设了一两门思想政治教育课，而且无论是教师配备还是教学方式，都存在突出问题，与大学生的新特点不相适应，教育成效不佳。对此，要充分发挥“两课”的主渠道作用，保证教育内容、教育方式同大学生的具体实际相适应，提高高校思想政治教育的针对性。

2. 发挥专业课教学和学术活动的渗透作用

专业课教学和学术活动本身就承载着高校思想政治教育信息与内容，有助于使大学生在参与专业课教学和学术活动的体验与交流过程中提高思想政治素质，是大学生学习、实践、成才的重要途径。不断强化专业课教学和学术活动的渗透作用，应做到以下两点：一是强化专业课教学的渗透作用。为保证高校思想政治教育不被边缘化，必须建立思想政治教育与专业教育相结合的机制，将思想政治教育内容渗透进专业课教学中，促进大学生专业素养和道德素质的提升。二是强化学术活动的渗透作用。学术交流活动既能为大学生营造自由平等、开放活跃的学术氛围，也有助于大学生在参与讨论和交流的过程中形成开拓进取的意识，为大学生自由交流、大胆实践搭建了平台。将思想政治教育内容渗透到学术活动之中，是提高思想政治教育的针对性和实效性的重要途径。

3. 发挥大学生群众团体的自我教育、自我管理、自我服务作用

自我教育、自我管理、自我服务是大学生“三自”教育的主要内容。发挥大学生群众团体的教育作用，应当大力推进学校教育与自我教育相结合的体制建设，形成学校教育与自我教育的合力，以有效促进大学生思想道德素质的提升。思想政治教育是“治道”内化与实践外化相统一的过程，只有将社会要求的思想观念内化为自身的自觉要求，才能外化为指导实践的动力，这才是有效的思想政治教育。大学生的认识水平相对较高，有开展“三自”教育的要求，也具备开展“三自”教育的能力，因而必须充分发挥大学生的“三自”教育作用。大学生党团组织、群众组织、学生会、班级、各类社团都是大学生开展“三自”教育的群众团体，学校和社会应当大力扶持，为大学生群众团体开展“三自”教育创造良好条件，以获取良好教育效果。

4. 学校各部门配合联动，形成全方位、立体式的育人格局

育人是一项综合性工程，需要整体规划，更需要学校各部门的共同参与和协调配合。学校要积极推进教育教学改革创新，全面构建适应大学生发展的实践教育体系，共同抓好学风建设，充分调动教师教学和大学生学习的积极性。如学校学工处和教务处两个部门可以共同制定《教师课堂行为规范》和《大学生课堂行为规范》并抓落实，强化课堂管理；共建“学风之窗”网站，全面展示学校的学风建设动态；共同组织人员开展课堂情况检查，做好对日常教学的及时监控；共同制定《大学生第二课堂教育实施办法》，积极开展大学生实践教育活动。

5. 要以学校为主导，构建学校、社会和家庭三位一体的思想政治教育体系

高校要重视与社会各界的合作，搭建大学生培养锻炼的平台，这既能促进地方社会经济的发展，也能对大学生进行全方位培养，提高大学生的综合素质。而学校与家庭的协作则是创建全方位育人体系的另一重要联动机制，让家长了解本校的办学情况以及大学生在

校期间的表现，共同参与高校思想政治教育，既能拉近家长与学校间的距离，也能为大学生的素质提升提供更多关怀，促进其全面发展。

（三）全过程育人

全过程育人就是把思想政治教育融入大学生从入学到毕业的各个阶段，贯穿于教育的整个过程。思想政治教育在大学生培养的不同阶段有不同的侧重点，全过程育人既着眼于育人的阶段性，又注重育人的连贯性。

1. 入学阶段重点进行理想信念教育

为顺利推进高校思想政治教育工作，要进行整体规划，各阶段的工作层次清晰、重点突出、不断深入。在大学生入学阶段，应该重点进行以理想信念教育为主的系列入学教育，包括爱国主义和集体主义教育、校纪校规学习、职业生涯规划、安全常识宣传以及心理健康指导等内容。以院系、班级多个层次，邀请领导、管理服务部门人员、专业课教师等开展院校发展、学籍管理、培养目标、专业课程介绍、学习方法等方面的入学教育，促使大学生的个人理想与社会理想达到和谐统一。同时，以理想信念教育为主，帮助大学生学会用马克思主义，特别是马克思主义中国化最新成果分析并解决实际问题。

2. 培养阶段侧重道德养成教育

大学生处于成长成熟的重要阶段，具有较强的可塑性。在高等教育中，应当以思想道德养成教育为主，培养其集体荣誉感和良好的道德修养。在大学生道德养成教育过程中，一要重视环境的影响和教育的力量。环境特别是社会环境对人的身心发展起着重要影响作用。大学生的道德养成教育也必须重视环境建设，使大学生在良好的环境中形成正确的政治思想观点和道德品质。二要强调道德实践的作用。党和国家历来高度重视实践育人工作。坚持教育与生产劳动和社会实践相结合，是党的教育方针的重要内容。三要重视道德行为习惯的培养。道德养成教育就是培养大学生养成良好道德习惯的教育，通过开展针对性强的思想道德教育和举办系列活动，引导大学生确立科学的奋斗目标，增强其辨别是非的能力，并使他们养成良好的道德行为习惯。

3. 就业阶段重点进行职业道德教育

在毕业就业阶段，高校思想政治教育的重点是培养其良好的职业道德和创业意识。通过讲座、讨论、模拟招聘以及社会实践等活动，引导大学生形成良好的职业道德、心理素质和社会适应能力。各高校应不断完善就业指导服务，提供就业信息，开展派遣工作，指导职业生涯规划。有条件的高校还应设立创新创业中心，专门负责大学生创业意识教育和创业实践指导。同时印发《毕业生就业与择业指南》《就业与择业手册》等，开设就业指导课程，承担关于职业生涯规划与创业教育等方面的课题研究，为毕业大学生提供多种形式的就业指导、职业道德教育活动。在高等教育中，要灵活采取多种方式，增强毕业生的职业道德与创业意识，引导他们树立科学的就业观念。

4. 完善课程思政教育模式

课程思政是指将高校思想政治教育融入课程教学和改革的各环节、各方面，实现立德树人润物无声，即寻求各科教学中专业知识与思想政治教育内容之间的关联性，并在课程开展的过程中，将思想政治教育的相关内容融会于学科教学当中，通过学科渗透的方式达到思想政治教育的目的。课程思政与思政课程属于两个不同概念，思政课程主要指学校专门开设的为实现思想政治教育目标的一系列显性课程，在课程内容上主要是以马克思主义为指导传播社会主义意识形态，具有鲜明的政治属性。在高等教育中，要注重课程开发，挖掘蕴含于专业课程中的显性及隐性的思想政治教育资源。无论哪门课程，其中都蕴藏着丰富的德育资源，如何科学、有效地发掘这些资源是推行课程思政的一个关键问题。各类学科都有其特定的知识体系，因此，相关的专业课教师需要在深入把握学科体系的基础之上明确其中所蕴含的思想政治教育资源，实现专业知识传授与育人目标的统一。通过打破原有学科的思维束缚，将育人放在课程教学的首位，才能实现教育立德树人的根本任务。

构建“三全育人”新格局是高校思想政治教育工作实践的指导，应当在具体的工作中努力推进新格局的建立和完善，不断提高高校思想政治教育理论和实践水平，提高大学生的综合素质，为社会主义现代化建设提供优秀人才。

第五节　完善思想政治教育评估机制

完善思想政治教育考核评估机制，是对思想政治教育的成效进行准确描述与评估的需要，有助于教育者发现思想政治教育工作的不足，为高校改进思想政治教育的策略与方式提供科学的依据。高校思想政治教育考核评估是一项严密的科学论证工作，必须严格遵守考核评估原则，采用科学的评估方式才能达到预期的效果。

一、高校思想政治教育考核评估的内涵

思想政治教育评估就是根据社会对思想政治教育的要求以及思想政治教育评估对象的实际，确立指标体系，运用测评和统计等先进方法，对思想政治教育的实际效果进行价值判断的过程。据此，思想政治教育评估就是教育主管部门或高校根据学生思想政治教育的目标、要求以及学生的思想实际，确立指标体系，运用测量和统计等先进方法，对思想政治教育的保障机制、实施过程及实际效果等进行价值判断的过程。它为考核部门的工作绩效和制定科学的思想政治教育决策提供了重要依据。

思想政治教育评估的首要内容是对思想政治教育是否实现了预期目标进行评估。思想政治教育的根本目标在于提高学生的思想政治素质，思想政治教育的一切活动都必须围绕这个根本目标，促进这个目标的实现。如果通过实施日常思想政治教育，学生的思想素质、政治素质、道德素质、理论素质都得到了较大幅度的提高，这说明思想政治教育取得了良好的实际效果，否则，说明思想政治教育的效果还不够好，没有实现学生思想政治素质教育的目标。因此，思想政治教育评估，必须依据思想政治教育的目标，围绕学生思想政治素质的表现力，构建评估指标体系，客观地反映学生思想政治素质的变化情况，评估思想政治教育的实际效果。

此外，思想政治教育的保障机制、实施过程也是评估的重要内容。思想政治教育的保障机制、实施过程是影响思想政治教育取得实效的关键因素。只有建立健全完善的领导机制、管理制度，保证一定的人员配备、物质投入，组织、落实好每次教育活动，思想政治教育才能达到预期的目标。对思想政治教育的保障机制、实施过程进行评估，实质上是对思想政治教育的指导、要求，体现了评估的调控功能。

二、高校思想政治教育评估的基本方法

（一）调查评估的方法

1. 调查法

调查法是指评估组通过向被调查者发放问卷，直接测试其思想政治理论水平高低、观

点和立场是否正确，以此作为评估被评估单位开展思想政治教育情况的重要依据。调查法主要是抽样调查，适用于较大范围的评估对象。

2. 实地考察法

实地考察法是一种较为直观、比较注重感受性的评估方法。评估者直接深入到思想政治教育第一线，对思想政治教育过程和效果的诸要素、诸环节进行实际考察和调查研究，详细了解教育主客体的思想、工作、学习和生活情况，从而获得对评价对象的直观感性认识。实地考察时通常使用的方法有查阅资料法、听取汇报法、访问座谈法等，通过看、听、问等形式从不同侧面了解评估对象，获得关于评估对象的第一手资料和信息。

（1）听取汇报法

听取汇报的方法是思想政治教育评估最基本的方法。它是指由实施思想政治教育评估的部门组建的评估组，通过听取被评估单位领导做关于开展思想政治教育工作的汇报，对被评估单位开展思想政治教育的效果进行评估。实施思想政治教育的单位领导的汇报，能比较全面地反映出其对思想政治教育的认识高度、准确度和重视程度，能够迅速了解被评估单位开展思想政治教育的全貌、特色和存在的主要问题，从而确定评估的重点。

（2）查阅资料法

查阅资料的方法是思想政治教育评估的常用方法。它是指评估组通过查阅被评估单位的相关资料，掌握其开展思想政治教育的制度是否完善，人力、财力投入的多少，活动的规划情况及教育效果等，从而对被评估单位开展思想政治教育情况做出价值判断。

（3）访问座谈法

召开座谈会、访谈的方法。召开座谈会、访谈的方法也是思想政治教育评估必不可少的方法。它是指评估组通过召开思想政治教育工作人员座谈会掌握思想政治教育工作人员的素质和能力，了解思想政治建设的情况，从而对被评估单位开展思想政治教育情况进行评估。

（二）分析和综合的方法

要对高校思想政治教育评估做出科学的判断，必须有科学的思维方法，即辩证思维的方法，其中归纳和演绎、分析和综合起着首要的作用。归纳是从个别事实出发而得出一般结论的科学思维方法；演绎则是从一般原理、原则、结论出发，得出个别结论的科学思维方法。在归纳和演绎过程中，要有分析和综合，所谓分析是在思维中从事物、现象的整体中，分解出构成事物的基础和本质的东西的思维方法；所谓综合就是在思维中把分解成的各部分、本质、基础方面，再结合成一个整体加以研究的思维方法。

对高校思想政治教育的整体必须进行全面的辩证的分析，才能做出科学的评估。也就是说，把高校思想政治教育的整体分解成各部分，既要分析评估高校思想政治教育的目的、动机、目标设定、内容选择、实施方法，又要分析评估高校思想政治教育的效果、社会作用，教育对象的素质、思想政治道德状况、水平；既要分析高校思想政治教育取得的成绩、经验、有效性方面，又要分析高校思想政治教育出现的缺点、教训、无效性方面；既要分析评估高校思想政治教育的本质方面和主要方面，又要分析它的非本质方面和次要方面；既要从静态中分析评估，又要从动态的变化、发展中分析评估高校思想政治教育。在分析的基础上再进行综合，即进行整体性的整合，形成对高校思想政治教育效果、社会作用等更高层次的整体性的认识。

（三）比较的方法

比较是自然科学和社会科学研究常用的思维方法。所谓比较法，是通过彼此有联系的不同事物或同一事物的不同方面进行对比，以认识它们之间的差异性和共同性，从而得出科学结论的思维方法。

比较的方法也是评估高校思想政治教育的重要方法。就比较对象的数量上来看，可分为单项比较和多项比较。就比较的方面看，可分为横向比较和纵向比较。纵向比较可以打破时间空间的界限，从动态上比较，以用事物时间先后顺序，对不同阶段过程进行比较。把实施高校思想政治教育作为一个过程，我们把实施高校思想政治教育以后取得的效果、发生的变化，同开展高校思想政治教育以前的状况做一个比较，从而对高校思想政治教育的效果做出评估。就施加影响的个体来看，也可以把实施高校思想政治教育的前后加以对照比较，从而判断高校思想政治教育是否有效及有效的程度。这是纵向的比较。高校思想政治教育的横向比较更加复杂，这种比较，在单位的选择上必须有可比性，否则无法进行比较。在进行横向和纵向比较之后，再运用分析和综合，对高校思想政治教育的效果和社会作用进行科学的评估，就比较对象的范围宽窄看，可分为宏观比较和微观比较。前者从高校思想政治教育的总体上、全局上进行比较，后者是从局部上或某几方面进行比较。因此，比较的方法也是高校思想政治教育评估的重要方法。

三、完善高校思想政治教育评估模式

评估模式既反映着思想政治教育的形态特征，又反作用于特定形态的思想政治教育，还给评估提供便于操作的样式。思想政治教育的评估模式主要有质与量相结合的模式、自评与他评相结合的模式两种。

（一）质与量相结合的评估模式

所谓质与量相结合的评估模式即将定性评估与定量评估相结合的模式。也就是说，在思想政治教育评估中，既要对评估对象进行“整体和性质的分析综合，以鉴别和判定思想政治教育实践效果性质”，也要对评估对象“运用数据的形式，通过对评估对象表现出来的一些数量的关系的整理分析，从数量上相对精准地把握思想政治教育实践效果状况”的评价模式。

1. 质与量相结合评估模式的优势

（1）事物都是质与量的统一

唯物辩证法认为，事物都包含一定的质，也都有一定的量，是质与量的统一。因此，思想政治教育评估，就要既看其质，也有其量，这样才符合事物的发展规律，才能使评估客观、准确、和谐。

（2）量的评估必须以质为前提

“数学、统计学和计算机科学的发展，为思想政治教育量化评估奠定了基础”，量化评估在现实中逐渐被采用。但是，“离开定性的定量评估毫无疑义，定性是定量的前提和结果”。

（3）仅有质的评估难以精确

质的评估是我们传统的评估方式。这种方式“容易过多地依靠经验和印象，导致主观随意性”。即仅有质的评估是难以进行精确的估计的，因此，是不科学、不和谐的。

（4）质与量结合的评估才准确

质是不同事物相互区别的规定，量是保持事物性质的规定性。质的评估以便区分优劣，认识其性质；量的评估以便区分优劣的程度，对同性质的对象做出精确的鉴别。可见，质与量结合的评估才准确、和谐。

2. 质与量相结合评估模式的程序

（1）看、听、问—形成初步印象—有了初级的质

对思想政治教育对象的评估，不论是对个体的评估抑或群体的评估，一般来说，评估者首先通过看、听、问等活动，看评估对象的面貌、状态，听评估对象汇报，问评估对象的教育安排、效果等。通过这样的看、听、问，评估者对评估对象会形成初步的印象，好或者比较好，或者不够好，或者比较差，或者很差，以及类似程度的初级质的判断。

（2）查、调、访—深入了解分析—获取足够的量

在有了初级的质的判断后，评估工作进入重要的阶段——深入了解分析。一般来说，深入了解分析主要是通过查阅资料、调查、访问的方式进行的。查阅资料即查阅评估对象提供的反映本次评估情况的文本资料。调查即对文本材料“看、听、问”阶段了解的情况等加以查证、核实。访问即深入受教育者之中，了解、掌握更具体的情况。通过这样的查、调、访，获取足够的量。

（3）依据量研究质—质与量相结合

在有了初级的质，获取了足够的量以后，依据量分析研究质，判断起初的质是否妥当，对质做出更为精确的判断。依据量研究的质，即质与量的结合，才是更客观、更真实的评估。

3. 质与量相结合评估模式的基本要求

（1）质的判断必须以量为基础

在质与量相结合的评估模式中，初级的质的判断，可能没有充分的量的支撑，但是，这时质的判断，也是以通过“看、听、问”获取的一定的量为基础的；否则，质的判断就是无据的。在获取了足够的量以后进行质与量相结合的评估时，质的判断无论对一定质的程度的判断抑或不同质的判断，都必须以量为基础，否则，对质的断定就难以客观、准确，就难以服人，因此，就没有评估预期的好结果。

（2）进行量的分析要充分

在质与量相结合的评估模式中，量也是很重要的，它规定着质，或者精确质，或者确定质。所以，在进行量的分析时，要脚踏实地，认认真真，要了解足够的量、真实的量，对量的分析研究要充分、要精细，防止形式主义、走马观花。

（3）进行质的判断要谨慎

起初的质的判断对整个评估起着基础的、导向的作用。最后质的判断是对评估对象的质的判定。无论前者还是后者在评估中都是至关重要的，因此，在进行质的判断时要谨慎，尽力使判断客观、准确。否则，不仅评估失真，对评估对象也可能会造成很大的不利，如若这样，评估就是消极的了。

（4）量的分析必须以质为前导

在质与量相结合的评估模式中，虽然量的分析是重要的和必要的，但是，对于量的分析必须以质为前提和指导，即必须看清是什么质上的量。否则，离开定性评估的定量评估，毫无现实意义。

（二）自评与他评相结合的评估模式

所谓自评与他评相结合的评估模式即将被评估对象自己评估与其他评估主体的评估结合起来进行的评估模式。具体说就是，被评估的教育者或受教育者对自己进行评估。另外的其他评估主体或者教育者、领导、专家、相关人员对评估对象进行评估，并将两方面抑或多方面的评估相结合，得出最终判断的评估模式。

1. 自评与他评相结合评估模式的优势

思想政治教育之所以倡导自评与他评相结合的评估模式，主要有以下几方面的理由：

（1）自评与他评相结合的评估有利于激发、调动被评估对象的积极性

正因为被评估对象最清楚思想政治教育的情况，而既往的思想政治教育评估没有或者很少让被评估对象参加，致使评估难以准确并且难以为被评估对象积极接受。所以，运用自评与他评结合的评估模式，让被评估对象参与到评估过程中去，有利于激发、调动被评估对象的积极性，使他们易于接受评估结果，更使他们积极地投入到持续的思想政治教育

过程中去。

（2）自评与他评相结合评估才客观、准确

评估是为了掌握思想政治教育的情况和促进教育活动深入地开展。谁最清楚思想政治教育的情况？被评估对象。被评估对象是思想政治教育的主体、亲历者，他或他们对教育的过程及其效果心知肚明，所以，被评估对象要自评。但是，现在有些人不那么坦诚、谦逊了。不仅如此，喜欢自夸或者夸大其词，甚至弄虚作假者也不鲜见了。还有“不识庐山真面目，只缘身在此山中”的制约。再者，人们看自己时往往看到的优点多、缺点少，而看他人则相反。因此，不能仅有自评，还需要他评。他评可以保证评估的客观性。这样，自评与他评相结合，评估才会客观、准确。

（3）自评与他评相结合是对既往思想政治教育评估的改革和创新

上面已经谈到，应该让被评估对象参与评估。特别是在当代社会，我们倡导以人为本，人们的自主意识、民主意识、参与意识普遍增强，仅有他评，把被评估对象看作机械的客体，这样的评估是很难让被评估对象接受的，所以，思想政治教育提出自评与他评相结合的评估模式，可以改革既往的、不合理的评估模式。

（4）自评与他评相结合评估才和谐

虽然被评估对象最清楚思想政治教育的情况，但是，较长时期以来，在现实的评估中，被评估对象难以参与评估，盛行的仅有他评。这往往导致评估仅关注了那些显性的东西，甚至形式。对教育过程、受教育者思想认识的提高、心理的变化等难以顾及，而这些却是思想政治教育中的重要方面。正因为这样，对于评估给出的判断，被评估对象往往有意见，甚至影响了思想政治教育的持续进行。所以，坚持自评与他评相结合的评估模式，评估才会和谐。

2. 自评与他评相结合评估模式的基本程序

自评与他评相结合评估模式的基本程序如下：

（1）被评估对象自评

被评估对象自评，即让被评估对象对自己的思想政治教育工作（对教育者而言）或接受思想政治教育的过程与效果（对受教育者而者）做出评估。被评估对象的自评，可以采用定性评估，一般是定等级。也可以运用一定的量的表达，定分数。不管运用哪种方式，都必须有依据，即对判断的足够的支撑，以防止自评的虚假。

（2）其他评估主体

其他评估主体的个数难以确定，有可能就是一个主体；有可能是多个主体，如教育者（对被教育者的评估）、受教育者（对教育者的评估）、领导者、专家学者、思想政治教育的职能部门、知情者（或同事、同学、家长、朋友、与被评估对象有较多交往者等）。参与评估的其他主体越多，评估的结果就越客观、准确。其他主体的评估，一般是定性与定量相结合的评估。参与评估的主体务必带着对被评估对象、社会负责任的态度，认认真真地进行评估，不可草率从事，搞形式主义，弄虚作假。

(3) 自评与他评相结合

在自评与他评的基础上，将自评与他评相结合，即将两个评估结果进行整合。所谓整合不是将两个结果简单相加或按一定的权重计算出最后的结果，而是要认真地对比、分析、研究各评估的客观、合理之处，对各评估结果进行“去粗取精，去伪存真”，然后由各评估主体的代表协商出最终的评估结果。

3. 自评与他评相结合评估模式的基本要求

(1) 动员被评估对象如实自评

长时期以来，在思想政治教育评估中，自评未被重视，或者未被采用，原因是多方面的，如教育观念问题——没有把评估对象当作主体，以及社会理念问题——没有以人为本理念等。但是，更为主要的原因可能还是不相信被评估对象。前面曾说到，在现实社会条件下，弄虚作假者有之，自评很可能有一定的“水分”。因此，在采用自评与他评相结合的评估模式时，评估领导者、组织者要对评估对象加以动员、引导、指导，让他们有求实的态度和作风，要告知他们除了自评还有他评，虚假迟早会暴露，弄虚作假者最终要吃亏。

(2) 各评估主体独立进行评估

为保证各主体评估的真实、准确，在采用自评与他评相结合的评估模式时，各评估主体要独立进行评估，自主地表达自己的意见；否则，就等于没有了多个评估主体，还是一个主体主宰评估。特别是对于自评，要确实保证被评估对象不被控制、操纵、愚弄，成为某个人或某些人的玩偶。

(3) 其他主体评估要客观、公正

评估中的客观、公正非常重要，否则就违背了评估的初衷——总结经验教训，推进思想政治教育持续、深入开展，其他评估主体的客观、公正，首先取决于态度的客观、公正。其次取决于工作的认真、扎实，特别是那些平时与被评估对象接触较少、了解较少的评估主体，要保持评估的客观、公正，必须深入到被评估对象的日常教育、工作、生活中做细致的观察、了解、调研、核实。否则，难以保证评估的客观、公正。

(4) 对评估结果的整合要科学

由于种种原因，比如，对评估对象的了解程度、评估者先入为主的成见和评估中的态度、评估者的水平、评估中工作的认真程度等，各评估主体的判断肯定是有差别的，对于各个主体的评估如何赋予权重、整合，这是个复杂的问题，需要认真研究。一般来说，谁更知情，谁更懂得评估，谁获取的证据更有力，在赋予权重时谁的意见就更为重要些。在整合中，要充分发扬民主，各评估主体平等地表达自己的意见、阐述自己的理由，通过民主协商得出最终的评估结果。

评估机制是判断高校思想政治教育成效的必要支撑。探讨高校思想政治教育评估的基本原理和具体方法，无论是对于加强和改进高校思想政治教育还是对于搞好高校思想政治教育学科建设，都具有十分重要的意义，因为高校思想政治教育是有目的、有计划、有组织的教育活动，是一个动态发展的过程。为保证高校思想政治教育目的、计划的顺利实现，必须及时掌握高校思想政治教育的反馈信息，对高校想想政治教育过程实施有效调控。思想政治教育评估既是高校思想政治教育过程的一个基本环节，又是高校思想政治教育信息，反馈的一种基本方法。构建完善的思想政治教育评估机制，有助于准确掌握高校思想政治教育的实际状况，总结经验，吸取教训，及时解决思想政治教育中存在的问题，改进教育方式，优化教育模式，为思想政治教育工作提供方向指引。

参考文献

［1］蒋海彬．大学生思想信息分析方法研究［M］．沈阳：辽宁大学出版社，2020.

［2］徐原，陆颖，韩晓欧．“互联网＋”时代高校思想政治教育创新研究［M］．燕山大学出版社，2019.

［3］陈胜国．新时代高校思想政治教育创新发展研究［M］．北京：印刷工业出版社，2019.

［4］杨学玉．新媒体背景下大学生思想政治教育研究［M］．北京：北京理工大学出版社，2019.

［5］唐波，赵庆寺，李进付．高校教师思想政治工作研究（2018 年卷）［M］．上海：上海人民出版社，2019.

［6］燕艳．转型与发展信息时代下高校思想政治工作的创新与实践［M］．长春：东北师范大学出版社，2019.

［7］杨大鹏，马亚格，罗茗．高校学生工作管理创新研究［M］．北京：北京理工大学出版社，2019.

［8］陈艳萍．大数据时代高校意识形态教育工作研究［M］．徐州：中国矿业大学出版社，2018.

［9］杨方旭．大数据时代背景下大学生思想政治教育新思路［M］．长春：东北师范大学出版社，2018.

［10］魏彬．大数据与高校思想政治教育艺术［M］．延吉：延边大学出版社，2018.

［11］郑磊．大数据时代高校思想政治教育的发展与创新［M］．北京：中国商务出版社，2018.

［12］赵平，吕洛乐，韩冰．大数据时代高校思想政治教育创新研究［M］．长春：吉林文史出版社，2018.

［13］孙迪．高校思想政治教育的新视野和新路径［M］．北京：经济管理出版社，2018.

［14］王祥，吴海燕，唐雪雷．高校思想政治教育方法创新与有效路径探索［M］．中国广播影视出版社，2018.

［15］刘永志，王媚．大数据在高校思想政治理论课教学中的应用研究［M］．咸阳：西北农林科技大学出版社，2018.

［16］王军政．新时代研究生教育改革发展与实践探索［M］．北京：北京理工大学出

版社，2018.

[17] 孙茂华 . 论主体间性下的高校思想政治教育 [M]. 北京：北京交通大学出版社，2017.

[18] 马增敏 . 大数据与高校思想政治教育 [M]. 延吉：延边大学出版社，2017.

[19] 张玉婷 . 高校思想政治教育反馈体系研究 [M]. 长春：吉林人民出版社，2017.

[20] 吕海滨 . 大数据视域下高校思想政治教育的现实回应及优化创新 [M]. 北京：中国商务出版社，2017.

[21] 袁翠婵 . 大数据时代大学生思想政治教育研究 [M]. 北京：北京燕山出版社，2017.

[22] 王琳媛 . 当代中国大学生政治社会化进程研究 [M]. 上海：上海人民出版社，2017.

[23] 李阎 ."互联网 +"时代大学生公民素质现状及教育对策 [M]. 中国原子能出版社，2017.

[24] 杨章钦，徐章海 . 思政理论课教学改革与大学生思政教育互动研究 [M]. 上海：上海财经大学出版社，2017.

[25] 呼勤，黄少平 . 高校思想政治教育学原理 [M]. 成都：电子科技大学出版社，2016.

[26] 吴琼 . 高校思想政治教育范式转换研究 [M]. 北京：北京交通大学出版社，2016.

[27] 汤雪峰 . 高校思想政治教育多元化发展 [M]. 长春：吉林大学出版社，2016.

[28] 李雪萍 . 高校思想政治教育的理论与实践 [M]. 北京：中央编译出版社，2016.

[29] 陈张承，魏茹冰，郎彩虹 . 新时期高校思想政治教育有效教学研究 [M]. 北京：新华出版社，2016.

[30] 刘华丽，王喜荣 . 新媒介环境下高校思想政治教育效果研究 [M]. 北京：知识产权出版社，2016.